どうすれば
エネルギー転換は
うまくいくのか

丸山康司・西城戸 誠 編

新泉社

目次

II 地域からのエネルギー転換 ——発想の転換から複数の文脈をつくり出す

＊ブックデザイン……藤田美咲
＊カバー表 写真……遠藤みどり作「向日葵畑を渡る風」
（一般社団法人 日本風力発電協会
「風力発電のある風景 フォトコンテスト」
二〇一〇年 最優秀賞）
＊カバー裏 写真……茅野恒秀
＊カバー袖 写真……高橋真樹・三上直之・西城戸誠（表）
寺林暁良・高橋真樹・本巣芽美（裏）
＊本扉 写真……新泉社編集部

どうすれば

エネルギー転換は

うまくいくのか

序章

エネルギー転換と「やっかいな問題」

丸山康司

1　エネルギー転換はなぜ必要か

エネルギー転換は誰のためになぜ必要で、それはどうすればうまくいくのだろうか。これが素朴かつ根源的な本書の問いである。

社会を支えるエネルギー基盤を化石燃料や枯渇性資源から持続可能なものへと転換する「エネルギー転換」は世界的な潮流である。私たちの日々の生活を支える基盤となっているのがエネルギーであり、現代の社会では必要不可欠である。その一方でエネルギーの利用に伴う問題も明らかになっており、現状からの転換が求められているという認識は多くの人々の間で共有されているだろう。

その理由はさまざまであるが、国際社会の主要な問題関心の一つが気候変動対策（緩和策）である。原因となる温室効果ガスのほとんどがエネルギー由来の二酸化炭素であることから、エネルギー分野での脱炭素化が必要とされている。問題解決に向けた取り組みの始まりが一九九四年の気候変動枠組条約（UNFCCC：気候変動に関する国際連合枠組条約）であるとすると、すでに三〇年近くの歴史がある。停滞していた時期もあるが、二〇一五年のパリ協定（COP21：第二一回国連気候変動枠組条約締約国会議）以降、その動きは加速している。パリ協定では地球の平均気温の上昇を産業革命後の二度以内、できれば一・五度以内に抑制することと、そのために二〇五〇年における温室効果ガスの排出を実質ゼロにすることが合意された。年限や数値目標が具体的に示されたことによって、産業界も含めてエネルギー転換への動きが活性化している。日本でも同様の目標が設定されており、大枠としての脱炭素の方向性は共有されている。目標を実現する技術や政策については さまざまな議論があるものの、再生可能エネルギーの普及拡大も含めて何らかの転換が必要ということへの異論は少ない。

パリ協定とも深く関わるが、国際連合のSDGs（Sustainable Development Goals：持続可能な開発目標）もエネルギー転換を促している。SDGsでは、環境だけではなく経済や社会の持続性も対象として一七の目標が定められているが、その中の一つが「クリーンなエネルギーをすべての人に」である。グローバル・サウス（グローバル化の負の影響を受けているアジア、アフリカ、中南米の発展途上国）も含めて地球規模でみた場合は、気候変動の抑制に加えて現代的なエネルギーの普及も課題である。その手段としても、資源が枯渇せず分散的な設置も可能な再生可能エネルギーが注目されており、大幅な拡大が謳われている。

東日本大震災(二〇一一年)以降は原子力への抵抗感も強くなった。これもエネルギー転換を進める推進力となっている。これは日本だけの現象ではなく、世界の国々でも脱原子力は進行している。脱原発の背景に、福島第一原子力発電所事故の深刻さや後処理の困難さへの認識や、リスクを特定の地域に押しつけてきたことへの問題意識が存在するのは間違いない。だが、そうした理念だけが理由ではない。原子力発電所には厳格な安全対策が求められるようになったため単純にコスト増になっていたり、開発期間が長期化することに伴いファイナンス上のリスクが大きくなったという事情もある。こうしたことから、相対的には安価で開発期間の短い再生可能エネルギーが経済的にも合理的になりつつある。

こうした社会的背景と同時に、再生可能エネルギーのコストが大幅に下がってきたこともエネルギー転換の要因となっている。発電コストの比較では世界的には再生可能エネルギーは最も安価になりつつある。燃料費が不要であることから運転費用が安く、製造技術の改良によって設備費用も安くなっている。つまり、単純な経済合理性に基づいてエネルギー転換が進んでいるという側面もある。日本では再生可能エネルギーはコストが高いという印象がいまだ根強いが、世界的にはすでに過去の認識となりつつある。実際のところ日本においても発電コストは下がり続けており、単価だけを比べるとほとんどの種別で家庭用電気料金よりも安くなっている。

以上のように、気候変動対策とSDGs、脱原発、経済性といった要因からエネルギー転換が進みつつあり、なかでも再生可能エネルギーは大量導入の時代を迎えつつある。日本では二〇一二年七月に固定価格買取制度（FIT：Feed-in Tariff）が施行され、二〇二〇年までに導入量が三倍を超えている。FITによって経営面での見通しが立ちやすくなり、しかも買取価格が当時の国際的な水準と比較して高かったこともあり、国内外の民間事業者の新規参入が相次いだ。再生可能エネルギーによる発電電力量は二〇一一年から二〇二〇年で四倍となり、二〇二〇年時点で約二〇％を占めるようになっている。二〇五〇年までの脱炭素という政府の目標や、二〇三〇年までに温室効果ガスの四六％削減という目標と比べれば、この数字は少ないともいえる。だが導入量は増加し続けており、日本においてもエネルギー転換は進行している。今後はFITに代わって入札制などの新たな制度への変更が予定されており、「安い再エネ」を求める傾向は継続する見込みである。

2 エネルギー転換は誰のためか

エネルギー転換は社会的要請であり、少しずつではあるが着実に普及しつつある。このこと自体は社会全体としては望ましいことのようにも思える。その一方で、それがよりよい社会の実現に資するものなのかという点については議論の余地がある。

具体的な議論に入る前に、エネルギー転換の現状をみてみよう。**図序-1**は日本の発電所の分布を示したもので、一九八〇年と二〇二〇年の状況を比較したものである。円の大きさは発電所の規模を示している。両者を比較すると、エネルギー転換が地理的にはどのような現象なのかを

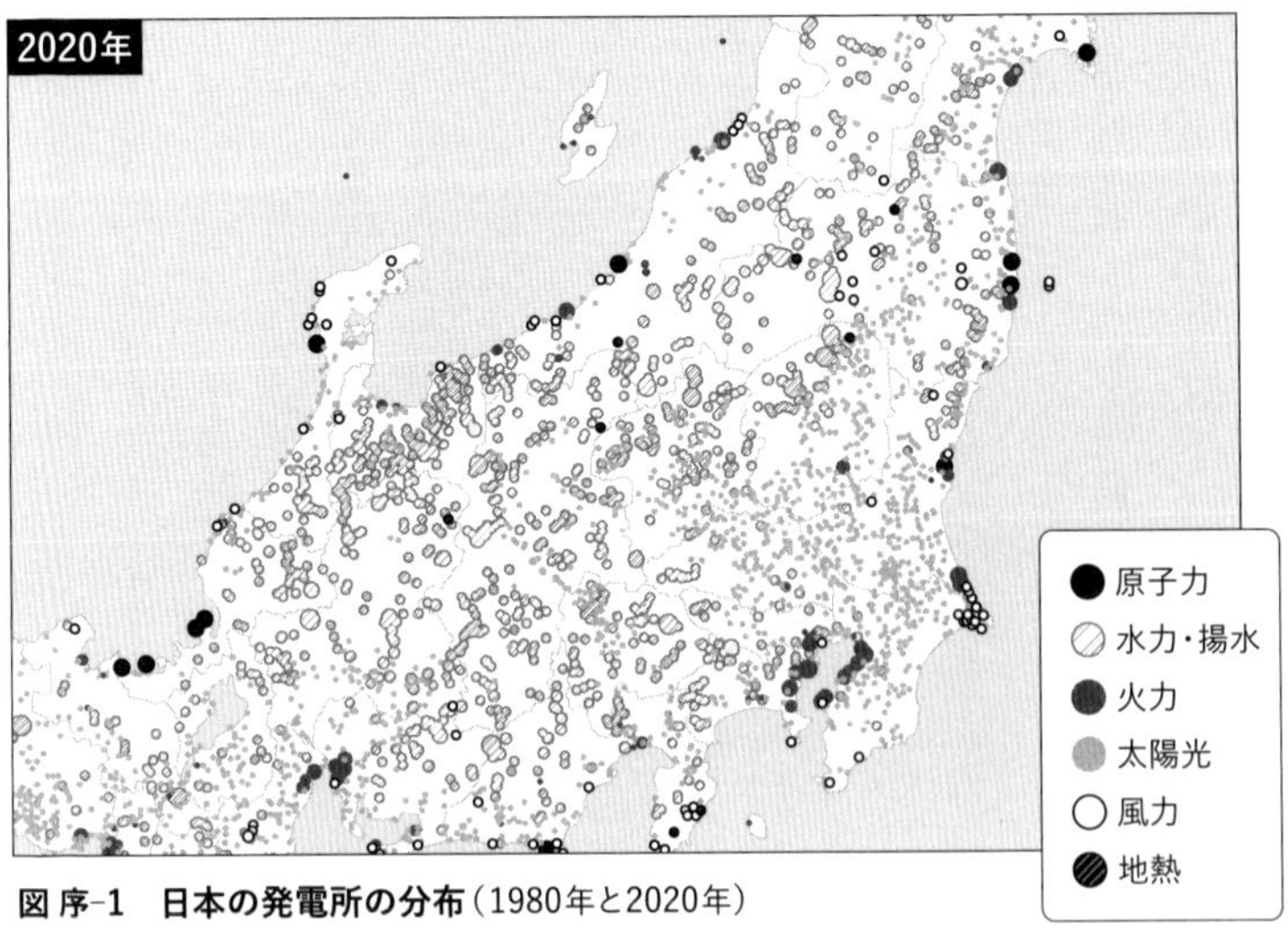

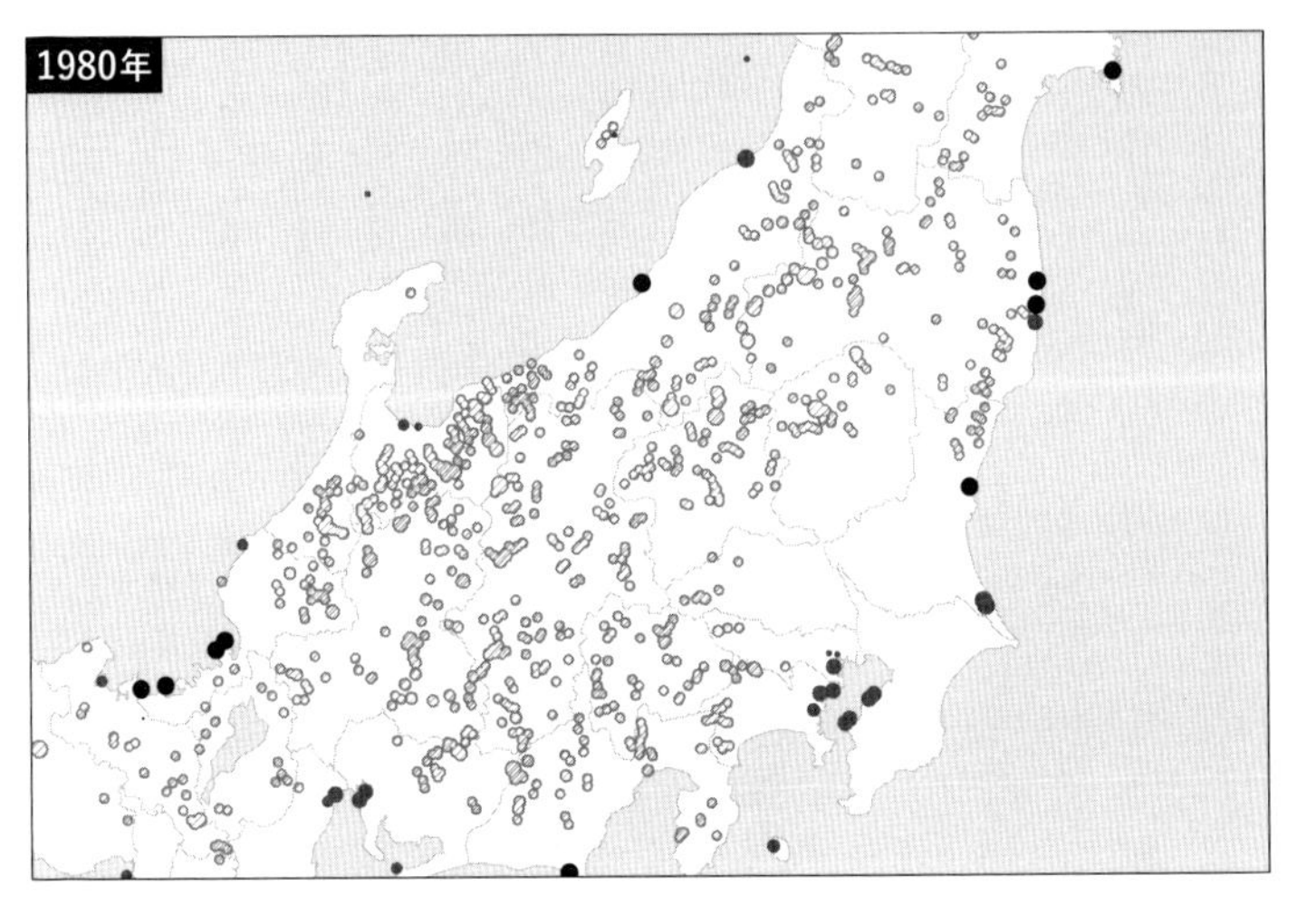

図 序-1　日本の発電所の分布（1980年と2020年）

出所：エレクトリカル・ジャパン ウェブサイト
（http://agora.ex.nii.ac.jp/earthquake/201103-eastjapan/energy/electrical-japan/）
をもとに筆者作成.

みることができる。水力には大きな違いはないが、一九八〇年では比較的少数の大規模な発電所が海岸部などの周辺的な場所に立地している。その構造は現在でも継続しているが、大きく変わったのが再生可能エネルギーである。二〇二〇年の図を見ると、比較的小規模な発電所があらゆる場所に多数分布している。再生可能エネルギーは既存技術よりも面積あたりのエネルギー生産量が少ないので、このような分布になる。

大規模集中と小規模分散という立地場所の特徴の違いから、エネルギー転換を進める上で二つの問いが生じる。一つ目は、これまで大きな発電所が立地してきた地域はどうなるのだろうかという問いである。大規模集中型からの転換が必要だとしても、そこで働いていた人々の暮らしや、産業と深く関わる地域社会はどうなるのだろうか。もう一つは、発電所が新たにできた地域はどう変化しているのだろうかということである。実際問題として、再エネ設備の立地によって自然環境や生活環境への影響といった「環境問題」の原因となっていたり、事業計画への賛否が地域社会の分断をもたらすといったトラブルも発生している。鳥類や生態系への影響の懸念から自然保護団体に反対される事業も少なくない。中山間地の山林に設置され、農山村の景観を一変させるなど、地域住民との軋轢が起きている例もある。騒音などの健康被害が懸念されることもある。あるいは観光や漁業など既存の社会経済活動との軋轢が懸念される場合もある。再生可能エネルギーの開発に伴う環境改変はゼロではない。影響範囲はローカルなレベルにとどまるとしてもリスクが顕在化する可能性そのものは否定できない［丸山 2017: 61］。

ある問題を解決しようとするためのエネルギー転換が別の問題を引き起こす可能性がある。こういう性質をもつ課題は「やっかいな問題（Wicked Problem）」と呼ばれている［Rittel and Webber 1973］。きれいな答えが見つからず、個別の事例での試行錯誤によってしか回答がみつからないといった問題の性質ゆえに「やっかい」なのである。環境問題にはさまざまなトレードオフ（一方を追求すると他方を犠牲にしなければならない二律背反の状態）があり、「やっかいな問題」に直面することは珍しくなく、再生可能エネルギーが地域社会や人々の生活、生態系などに影響をもたらす環境負荷の問題（「環境影響」）も一つの典型例である。

最大多数の最大幸福という考え方をするのであれば、こうした影響は地球の危機を回避するという「大義」のために必要な犠牲として正当化されてしまうのかもしれない。だが、そのような考え方はSDGsの求める「誰ひとり取り残さない」という理念と矛盾する。また実際のところ、再生可能エネルギーの環境影響は決して一部の人々の問題ではない。個々の事業の問題が分散的に発生しているために人口の多い都会からは見えにくく、話題になりにくいだけである。あるいは社会全体としては必要なものであるという理解ゆえに異を唱えにくいということもあるかもしれない。実際には多くの地域でリスクをどう受け止めるかという悩みが発生しており、反対運動が起こることもある。開発に対して警戒的になっている市町村も増えている。こうしたリスクを重視して現状維持を求める考え方もありうるかもしれないが、その場合には将来世代に負担が発生する。エネルギー転換は望ましいものだとしても、「誰にとっての」と問い始めると難問が続出するのである。

こうした懸念が存在する一方で、再生可能エネルギーの事業を使いこなし、地場産業として発展させたり地域づくりに生かしている事例は日本も含めて多数存在する。ヨーロッパでは地域の主体が担い手となる事業が多数存在し、導入量の大半を占める国もある。これも一つの可能性である。

3　社会的受容性という考え方

再生可能エネルギーの立地は自然資源の状態に依存するため、地理的な条件は似ている場合も多い。その一方で立地地域の反応には正否の両方が存在する。つまり再エネ事業そのものが本質的に悪であったり善であったりするわけではなく、立地地域での人々や社会との関係で善きものとなったり悩みの種となったりする。

そのいずれになるかを決める条件を示すことは容易ではないが、本書ではその「やっかいな問題」と向き合いたい。

出発点としては、世界各国での経験を集約する形で示されている「社会的受容性」という考え方が参考になるだろう。社会的受容性の定義は複数あるが、代表的なものの一つにWüstenhagenらが提唱している図式がある［Wüstenhagen et al. 2007］。社会全体と立地地域での受容性を明示的に分けていることが特徴で、前者はマクロレベルの社会的・政治的受容（Socio-Political acceptance）と市場的受容（Market acceptance）、後者についてはコミュニティ的受容（Community acceptance）という参照点を設定している。国際エネルギー機関（IEA）の風力発電の社会的受容に関する研究タスク（Task

28)なども、この図式を用いて再生可能エネルギーの受け入れられやすさを説明しようとしている。ただし単に反対されなければよいとするわけではなく、能動的な行動を伴う賛同が望ましいとしている[IEA 2013]。

立地地域との関連については、コミュニティ的受容の観点が重要となる。その要素として、再生可能エネルギー事業によって利益が適切に分配されているかという「分配的正義」と、事業に関わる意思決定における「手続き的正義」が担保されているか、そして地域社会の住民と事業者など地域外の部外者との「信頼」が担保されているか、の三点を提示している[Wüstenhagen et al. 2007: 2685]。世界風力エネルギー協会のように、こうした考え方を取り入れながら地域社会に資する再生可能エネルギー事業を「コミュニティ・パワー」として推奨している団体もある(1)。

4 「やっかいな問題」と相乗効果

社会的受容性の考え方をSDGsの考え方で補完すると、単なる利益配分ではなく、それが別の課題の解決につながる相乗効果が重要ということになる。つまり、単に再エネを導入すればよいというわけではなく、導入することが立地地域の問題解決につながることが必要となる。もう一つはトレードオフの扱いである。再エネの導入が大義だとしても、そのことだけで負の影響が正当化されるわけではない。トレードオフの適切な制御は必須である。両者は相互に影響する場合もあり、適切に便益が配分されていれば景観などへの嫌悪感が解消するといったことも報告されている［Warren and McFadyen 2010］。再エネによる環境影響には景観以外にも音や臭いなどの感覚公害が多いため、こうした問題解決の方法もありうるかもしれない。ただし、何がリスクで何が便益であるかは地域ごとの特徴がある。また答えの出し方も一様ではないだろう。まずは事例に学びながら、何が問題で何が望ましいのかを明らかにしたい。

エネルギー転換や再生可能エネルギーの導入は単なる技術転換ではない。技術のあり方が社会に影響を及ぼすことは不可避であるから、望むと望まざるとにかかわらずエネルギー転換には社会変革ととらえるべき現象が伴う。安易な「全体の利益」に拠って立つのではなく、「誰ひとり取り残さない」解決のために立地地域で起こっているさまざまな成功や失敗から学ぶ必要がある。その上で、どのような取り組みを成功とみなすことができるかを問い直しながら問題を解きほぐす考え方を示していきたい。

5 本書の構成

本書は三部で構成されている。第Ⅰ部では地域トラブルと社会的受容性の課題を取り上げる。再生可能エネルギーの導入に伴う環境影響のリスクは社会的公正という観点から重要であるし、再エネ事業を進める際に向き合うべき課題でもある。具体例を通じて問題を抽出した上で、どのように考えるべきかを整理する。

第Ⅱ部はエネルギー転換における地域の試行錯誤を取り上げる。地域から見ると、エネルギー転換そのものは必ずしも目的ではない。気候変動のような当面の危機を克服した後も持続可能であるという意味では、むしろ地域づくりの手段となるのが「成功」といえる。そのためには地域の多様な課題と結びつけるための試行錯誤が必要となる。エネルギー転換を通じて派生する多様な効果やこれを生み出す仕組みを紹介する。

第Ⅲ部は公正で持続可能なエネルギー転換のために必要な条件や萌芽的取り組みを取り上げる。エネルギーは現代社会の基盤であるため、これを転換させようとするとさまざまな技術的・社会的課題が発生する。ステークホルダーが向き合うべき課題は少なくないが、課題解決のための技術的・社会的イノベーションも生まれつつある。これらを俯瞰しながら前向きな問題解決の可能性を探りたい。

まとめとなる終章では、全体を振り返った上で「やっかいな問題」をどのように解決するのかということについて考えている。エネルギー転換という複雑な問題を無理に単純化せずに解きほぐすことによって見えてくる可能性を提示したい。

本書を通じて再エネの導入が立地地域にもたらす影響を明らかにし、その上で持続可能な社会を実現するエネルギー転換のあり方を示したい。

註

(1) コミュニティ・パワーの具体的な定義は第8章で紹介されている。

I

地域トラブルと社会的受容性

——「分配的正義」「手続き的正義」と「信頼」の構築

第1章

太陽光発電の地域トラブルと自治体の対応

山下紀明・丸山康司

1 太陽光発電の急拡大

太陽光発電は太陽の光を直接電気に変換することができ、多くの場所で利用可能な発電方法である。さらに近年コストが大幅に低下し、国によっては化石燃料による発電方法よりも安くなっているため、世界中で急激に拡大している［IEA 2020］。一般に家庭の屋根などに設置される太陽光発電は四〜一〇キロワットという規模である。地面に設置された大規模な太陽光発電では、一〇〇〇キロワット＝一メガワットを超えるものもあり、メガソーラーと呼ばれる。

日本では、二〇一一年三月の東日本大震災と東京電力福島第一原子力発電所事故を経て、二〇一二年七月に固定価格買取制度（ＦＩＴ法）が施行された。その結果、二〇二一年三月末時点で太陽光発電の導入容量は新規認定分と移行認定分を合わせて、一〇キロワット未満の住宅用が一二四〇万キロワット（二八二万件）、一〇キロワット以上一〇〇〇キロワット未満が二六二五万キロワット（約六六万件）、一〇〇〇キロワット以上のメガソーラーが二二二九万キロワット（七九一四件）となっている［資源エネルギー庁 2021］。FIT法導入以降の再生可能エネルギー電源のキロワットベースの増加量（新規認定分）のうち、太陽光発電の割合は九一・二％と大半を占める。

こうした太陽光発電の急拡大は、国内の電源構成にも影響を与えている。環境エネルギー政策研究所の試算によれば、二〇二〇年度に太陽光発電は国内の発電電力量の八・九％を占め、二〇一〇年度と比較すると二〇倍以上に増えている［環境エネルギー政策研究所 2021］。

一方で、太陽光発電の急激な増加に対し、制度面や社会面での準備は不十分だったといえる。その結果として、本書序章にある「やっかいな問題」が顕在化してきた。二〇二〇年一〇月に菅義偉首相（当時）が二〇五〇年までに温室効果ガス排出量を実質ゼロとする方針を打ち出し、太陽光発電をはじめ再生可能エネルギーの拡大は今後も進められると考えられるため、次節以降で述べる地域トラブルの予防と対応は今後さらに重要な課題となりうる。

2　太陽光発電の増加と地域トラブル

◎太陽光発電の地域トラブルの発生

太陽光発電の増加に伴う副作用として、地域トラブルが顕在化してきた。設備完成後の暴風や豪雨による事故もすでに報告されているが〔経済産業省 2019〕、事業開発段階および運営段階において事業者と住民や各種団体、行政の間で合意が成り立たず、住民による反対運動や行政からの指導を受ける事例も多い。本章ではこれらを地域トラブルとして取り上げる。

本書第12章で紹介する全国市区町村へのアンケート調査(二〇二〇年)は、再生可能エネルギー施設をめぐる地域トラブルや懸念が増えていることを裏付けている。「あなたの自治体にある再生可能エネルギー施設について、地域住民等からの苦情やトラブルはありますか」という設問に対して、「過去に発生していたが、現在は発生していない」は二一・〇%、「現在、発生している」は一三・二%となっており、合計で三四・二%となった。二〇一四年調査では合計一〇・三%、二〇一七年調査では合計二五・二%であったことから、増加傾向が続いている。また「発生している、発生が懸念される苦情やトラブルの内容」の回答では、「景観」や「光害」「土砂災害」「住環境の悪化」「敷地内の雑草の管理」など太陽光に起因すると考えられるものが多い。FIT法における太陽光発電の増加と、アンケートの結果から、太陽光の地域トラブルは全国的に発生し、警戒感も高まっていると推定される。

◎国の制度対応

太陽光発電の地域トラブルに関し、国の政策的対策は大きく三つに分けられる。

第一にFIT制度などの改正である。二〇一七年四月施行の改正FIT法では、事業計画認定への変更などと合わせて「法令および条例遵守の義務づけ」と「地域住民との適切なコミュニケーションの推奨」が制度に盛り込まれた。前者では、自治体が適切な条例を定めておくことで、条例違反があった場合には事業計画認定の取り消しにつながる。後者はあくまで事業ガイドラインによる推奨事項であり、罰則などは定められていない。また固定価格ではなく入札となる規模も引き下げられてきており、調達価格の引き下げなどにより、新規開発の太陽光発電事業では大きな利益を得ることは難しくなっている。二〇二二年四月から施行される改正再エネ特措法では、地域にとって懸念の一つとなっている事業終了後の設備の廃棄について、事業者に確実に廃棄費用を積み立てさせる制度も含まれることとなった。また事業計画認定後、一定期間内に運転を開始しない場合、認定を失効する制度も盛り込まれ、旧制度で高い認定価格を維持していた案件も今後減少すると予想される。

第二に、環境影響評価(環境アセスメント)法の対象化である。二〇二〇年四月から四万キロワット(一〇〇ヘクタール程度)以上の太陽光発電事業には環境影響評価の手続きが義務化された。ただし、制度施行時点で未着工の超大規模事業が対象であることと、そもそも環境への影響を低減するためのコミュニケーションの制度であり事業の可否を判断する制度ではないことに注意が必要である。また、環境省は同法の対象よりも小さい規模の太陽光発電事業の環境配慮ガイドラインを公表し、環境配慮や地域との丁寧なコミュニケーションを促している[環境省 2020]。

第三に、林地開発に関わる規則など関連制度の改正である。日本では傾斜のある林地に建設される太陽光発電事業が多くあり、土砂流出などが起こっている。一ヘクタール以上の開発では森林法に基づき林地開発許可を都道府県から得る必要があり、二〇二〇年四月から「太陽光発電施設の設置」という基準を新設し、とくに平均傾斜度三〇度以上の自然斜面への設置の場合の防災施設の確実な設置や、森林率および残置森林の配置についての運用基準の改訂などが行われた。

このように国の制度対応は一定程度行われているものの、地域トラブルの抑制にあたっては、立地自治体の条例や協議に委ねられている部分も大きい。さらに大局的にみれば、開発と規制の不均衡の問題がある。過去には工業開発、リゾート開発やゴルフ場開発による地域トラブルが発生した。太陽光発電の地域トラブルが何らかの形で落ち着いたとしても、二〇～三〇年後に新たな開発問題が持ち上がる可能性は否定できない。

◎地域トラブルの発生状況と要因

全国紙および地方紙四七紙において、「太陽光発電」「反対」をキーワードとして記事検索を行った結果を中心にまとめた筆者の調査では、数百キロワットのものから四万キロワット以上の大規模なものまで含めて、太陽光開発関連の地域トラブルは全国で二〇二一年八月末までに一五九件確認された（表1-1）。これらのデータはこれまでの調査で把握できたものだけであり、五〇キロワット未満の中小規模も含め、実際にはさらに多くの地域トラブルが起こっている。以下では、今回の調査で確認された一五九件を指して地域トラブル報道案件とする。

地域別にみると、長野県（二七件）、山梨県（一一件）、静岡県（九件）で多くのトラブル事例がみられる。これは、日射量が多く、開発対象となりやすい山林や共有地が多いことが主な要因と考えられる。大分県や岩手県では四万キロワットや一〇万キロワットを超える非常に大規模な事業での地域トラブル報道案件がみられる。一方、本州の日本海側では地域トラブル報道案件はあまりみられなかった。

トラブルの理由は複合的なものがほとんどであるが、最も多いものは自然災害発生への懸念（九五件）であり、半数以上が該当する（表1−2）。自然災害発生への懸念は山林での開発が多いことから、水害や土砂の流出を懸念している。景観への懸念（六七

表1-1　地域トラブル報道案件数　上位10都道府県と規模別内訳（2021年8月現在）

順位	都道府県名	地域トラブル報道案件数	事業規模別の内訳（推計を含む）			
			1,000kW未満	1,000kW以上1万kW未満	1万kW以上4万kW未満	4万kW以上
1	長野県	27	7	11	8	1
2	山梨県	11	3	5	3	0
3	静岡県	9	2	2	5	0
3	三重県	9	1	2	5	1
5	兵庫県	8	4	3	1	0
5	高知県	8	1	5	2	0
7	茨城県	7	4	3	0	0
7	栃木県	7	1	1	4	1
7	大分県	7	1	3	1	2
10	岩手県	6	0	0	4	2
	その他地域	60	12	21	10	17
	全国合計	159	36	56	43	24

出所：筆者作成.

表1-2　トラブル発生要因と件数（2021年8月現在）

トラブル発生要因（複数要因あり）	件数
自然災害発生への懸念	95
景観への懸念	67
生活環境への影響の懸念	50
自然保護への懸念	49
その他	39

出所：筆者作成.

件)については、景勝地や山林での開発に伴う自然景観への影響の懸念が多い。生活環境への影響の懸念(五〇件)は、建設予定地の下流域での水質汚染の懸念、住宅地近くでの電磁波や反射光の懸念が含まれる。自然保護への懸念(四九件)については、森林や河川、海洋の保全、鳥類や希少な動植物への影響が含まれる。その他の項目(三九件)として、事業者や行政による説明不足を指摘するなどの住民との合意形成プロセスの問題、事業者が林地開発などに必要な手続きを取らずに行政から指導を受けるなどの法的手続きの問題などもある。ただし、これらは主として新聞記事に掲載された理由であり、ヒアリングを行えばより複雑な要素や地域固有の事情も伺える。

開発主体については、東京や大阪など都市部の事業者や海外事業者による外来型開発だけではなく、県内の事業者が進める場合でもトラブルは発生していることがわかった。

開発規模別にみると、新しい事業であれば環境影響評価法の対象となる四万ワットを超える事業が二四件、一万キロワット以上四万キロワット未満の事業が四三件、一〇〇〇キロワット以上一万キロワット未満が五六件、一〇〇〇キロワット未満が三六件となっている。事業数が多い一〇〇〇キロワット以上一万キロワット未満での地域トラブル報道案件も多くなっているが、メガソーラー未満の比較的小規模な事業でも報道されるような地域トラブルが多いことは重要な点である。

◎地域トラブル報道案件のその後

地域トラブルが発生した事業は、その後どうなるのであろうか? まず、数は少ないものの、

写真1-1　伊東市内のメガソーラー事業計画地周辺
撮影：筆者（山下）

協議を続けて地域の合意を得て稼働を開始したものが数件あった。次に、合意を得られなくとも、法令上問題はないため稼働を開始したものも散見される。住民や首長の反対なども受けて対応を続けているものや訴訟段階に入ったもの、大規模な事業では環境アセスメントの手続きに入ったものなど、現時点でも稼働していない事業は多い。さらに、合意形成の状況やＦＩＴ法の買取価格の低下および買取期間の短縮を踏まえ、事業計画を撤回したものが三一件確認できた。

二〇二一年時点で、条例の適用や訴訟といった要素も含め、最も事態が複雑化しているのは静岡県伊東市での地域トラブルであろう。海外事業者の日本支社などを親会社とするA社が、伊東市内の別荘地近く（**写真1-1**）で四万キロワットを超えるメガソーラー計画を進めていた。二〇一七年四月頃から周辺住民や漁業関係者などから景観や水環境の悪化について懸念の声があがり、二〇一七年五月の市長選挙でも、当該計画は主要な論点となった。住民グループは反対署名を集め市や県に提出するなど活動を続けてきた。その後、伊東市は「市全域において、五〇キロワット以上の新たな太陽光発電事業に対し市長は同意しない」という条項を含む「伊東市美しい景観等と太陽光発電設備設置事業との調和に関する条例」を策定し、二〇一八年六月に施行した。ここでは、同条例の施行前に事業が正式に着工しているか否かで条例の対象となるかどうかが決まる。A社は宅地造成等規制法の許可は取得済みであり、二〇一八年五月時点で着工したと主張したが、市は六月時点でいまだ着工していなかったとして同条例が適用されるとの立場をとった。また、静岡県知事は計画に懸念を示していたものの、造成面積が四五ヘクタールであることから環境影響評価条例の対象には当たらず、県森林審議会の答申を踏まえ許可条件をつけた上での林地開発許可を二〇一八年七月に与えた。

その後、A社が工事に伴う事業地内河川の占有の許可を市に求め、伊東市が不許可としたことから裁判に発展した。一審では伊東市の主張は認められなかった。二〇二一年四月の高裁判決では、不許可理由の提示が不十分として市側の控訴を棄却したものの、当該事業が市の同条例の対象となることや不許可処分自体には違法性がないことを認めている。そのため、現時点では事業継続はきわめて難しい状況となったものの、同年一一月にA社は市を相手取り、同条例に基づく市長の同意義務および事業の中止義務がないことの確認を求める訴えを静岡地裁に起こしており、今後の展開を注視する必要がある（静岡新聞、二〇二一年一一月二五日）。

3　自治体の調和・規制条例

◎地域トラブルへの自治体の四つの対応策

前節で示したように、国は制度の改正を行ってきたが、地域トラブルは依然として続いているため、地方自治体が対応を求められてきた。内藤[2019]は、太陽光発電施設をめぐる地域問題について、行政実務の視点から自治体の対応策を大きく四つに分けている。第一にガイドライン・要綱等制定、第二に林地開発基準などの審査基準の改定、第三に環境アセスメント、景観、土地利用などの既存条例の改正、第四に太陽光発電設備の調和・規制を示す条例の新設である。

第一、第二のタイプのガイドラインや要綱、林地開発基準に基づいた行政指導を行う自治体は多い。長野県が運営するウェブサイトでは「太陽光発電施設設置に係る県内市町村取組状況等調査結果」を公開しており、その中にはガイドラインや各種基準を制定しているものなどが多数示されている[自然エネルギー人材・情報バンク 2020]。

第三のタイプのうち、環境影響評価条例は都道府県や政令指定都市などが定めており、太陽光発電の規模要件については、国の環境影響評価法よりも厳しく設定している自治体がある。仙台市の環境影響評価制度では従来、地域に応じて敷地面積五ヘクタール以上(国定公園・県立自然公園の特別地域など)、一〇ヘクタール以上(国定公園、県立自然公園など)、二〇ヘクタール以上(全地域)の太陽光発電事業を対象としていたが、森林地域での太陽光発電事業は一ヘクタール以上または出力四〇〇キロワット以上を対象とする要件の見直しを行い、二〇二一年四月から適用している。また既存の景観条例や自然保護条例、まちづくり条例などの要件を活用する、または改正により太陽光発電を対象に加えている条例は、非常に多いと考えられる。例えば長野県小諸市は二〇〇〇年から施行していた小諸市環境条例を二〇一八年四月一日に改正し、国立公園を除く小諸市の全区域において五〇〇平方メートル以上の太陽光発電事業については、届出を義務づけている。またガイドラインにより、太陽光発電設備を設置すべきでないエリアも示している。

次項からは、現在も増えている第四のタイプの調和・規制を示す条例について、検討する。

◎自治体の再エネ条例の変遷

かつては地方自治体の再生可能エネルギー条例は、北海道の「省エネルギー・新エネルギー促進条例」(二〇〇一年一月施行)のように、促進のための理念条例が主流であった。二〇一一年のFIT法制定以降には、各地で地域の再生可能エネルギー事業を促進するための各種条例が増加した。とくに再生可能エネルギーを地域固有の資源ととらえ、活用していくための滋賀県湖南市の「地域自然エネルギー基本条例」(二〇一二年九月施行)や長野県飯田市の「再生可能エネルギーの導入による持続可能な地域づくりに関する条例」(二〇一三年四月施行)はよく知られている。他に、固定資産税の減免や導入促進のための基金の設置などに関わる条例も各地で制定された。

一方で、前節で紹介した太陽光発電に関する地域トラブルが増え、懸念も高まってきたことから、大分県由布市の「自然環境等と再生可能エネルギー発電設備設置事業との調和に関する条例」

（二〇一四年一月施行）をはじめとして、調和や規制を示す条例が増えた。

藤吉［2021］による再生可能エネルギーの普及促進型条例および紛争未然防止型条例（調和・規制を示す条例と同じ）の制定過程についての調査によれば、二〇一二年から二〇一八年までに制定された再生可能エネルギー関連条例のうち、他の自治体に参照されている条例として多いのは、普及促進型条例では飯田市（被参照数八）、湖南市（同五）、紛争未然防止型条例では群馬県高崎市（同八）、静岡県富士宮市（同六）、由布市（同四）、栃木市（同四）、群馬県太田市（同四）、栃木県足利市（同四）である。さらに時系列も考慮して参照／被参照関係を整理すると、普及促進型条例の増加は二〇一〇年代前半までに停滞し、それ以降は紛争未然防止型条例が増えていることが明確になっている。

◎調和・規制条例と届出条例

調和・規制を示す条例について、鹿児島大学司法政策教育研究センターが提供している「全国条例データベース powered by eLen」を用い、「太陽光」「再生可能エネルギー」と「調和」などをキーワードとして組み合わせて検索し、前述の自治体アンケートや各自治体のウェブページ、一般財団法人地方自治研究機構の太陽光発電設備の規制に関する条例調査等も確認して調査したところ、太陽光発電の立地規制など強い規制的要素を含む条例（以下、「調和・規制条例」）と、届出と協議や行政指導を組み合わせた条例（以下、「届出条例」）の二つに分類できた。また、両者を合わせて「広義の調和・規制条例」とする。

①調和・規制条例（一三四件）

調和・規制条例は、太陽光発電などの設置を抑制または禁止する地域を定める、市長の同意や許可を要件とするなどの形で太陽光発電の設置を抑制・規制する条例である。景観や自然環境と太陽光発電の「調和」という文言を含む条例も多い。調和・規制条例については次項で詳しく述べる。

②届出条例（二八件）

届出条例は、調和・規制条例ほどの規制的な条項は含まず、事前に届出や行政との協議、住民への説明会などを義務づける手続き的手法を用いて、開発の影響を軽減する、住民との丁寧な合意形成を促すなどの狙いを持った条例と考えられる。

これらを都道府県ごとに整理すると、二〇二一年八月時点では、山梨県、兵庫県、和歌山県、岡山県の四県がこうした条例を制定していて、市町村では一五八件の条例を制定している。とくに条例制定数が多い都道府県は、静岡県（二〇件）、長野県（一八件）、茨城県（一四件）である（**表1−3**）。これらの県では大規模な地域トラブルが報じられている自治体があり、その周辺自治体でも広義の調和・規制条例が導入されていると考えられる。また前節で示した地域トラブル報道案件の初出時期と、調和・規制条例および届出条例の公布時期を時系列で整理した**図1−1**を見ると、二〇一三年度の大分県由布市の条例を皮切りに、二〇一九年度は四六件もの条例が公布されている。ただし、二〇二一年八月までの調査であるため、二〇二一年度の地域トラブル報道件数や条例数は少ないことに留意する必要がある。

表1-3　広義の調和・規制条例の導入件数(2021年8月現在)

条例導入自治体数(県条例も含む)	都道府県名
20	静岡県
18	長野県
14	茨城県
10	栃木県
9	群馬県
6	北海道, 岐阜県, 京都府, 兵庫県, 和歌山県, 岡山県
5	宮城県, 愛媛県
4	福島県, 千葉県, 三重県, 大阪府, 高知県
3	埼玉県, 山梨県, 愛知県
2	岩手県, 奈良県, 佐賀県, 沖縄県
1	山形県, 神奈川県, 滋賀県, 山口県, 福岡県, 長崎県, 大分県, 宮崎県

出所:筆者作成.

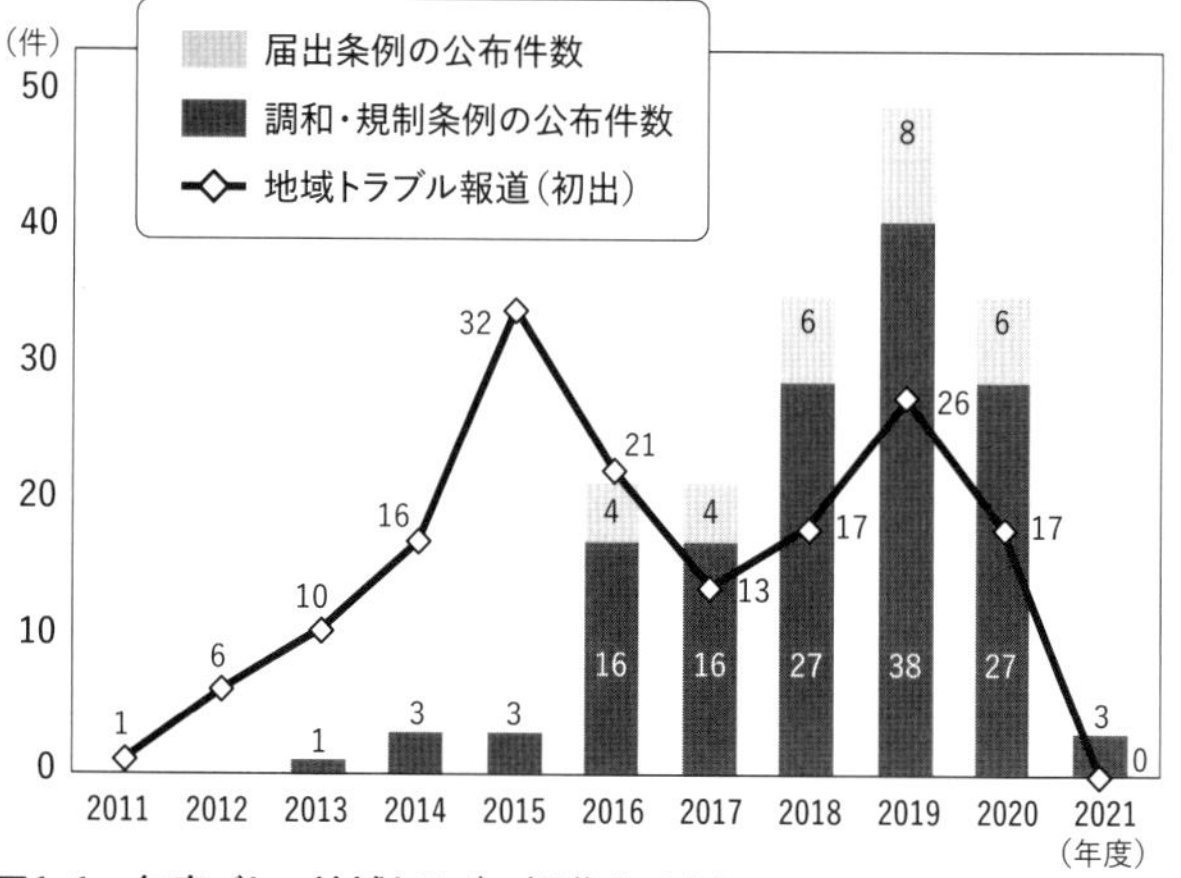

図1-1　年度ごとの地域トラブル報道(初出)と調和・規制条例および届出条例の公布件数

注:2021年度については8月までの件数.
出所:筆者作成.

◎調和・規制条例の特徴的要素

調和・規制条例には多様な内容が含まれている。ここでは太陽光発電事業への規制の観点からとくに特徴的と思われる要素を四点検討する。ただし、これらの要素は厳密に分類することは難しく、便宜的なものである。また一件の条例の中で複数の要素を組み合わせているものも多い。

①抑制区域、禁止区域の設定

用語は抑制区域、禁止区域、設置抑制区域、保全区域などさまざまであり、自治体ごとに定義も内容も異なるが、大きく「事業を行ってはならない」または「首長は同意や許可を与えない」と明示しているものと、「事業を自粛するよう要請する区域」等として指定しているものに分かれる。

前者の強い抑制区域・禁止区域を設定している条例は五三件あり、抑制区域以外の地域では届出と許可・同意や行政との事前協議・協定書の締結と組み合わせているものもある。違反に対しては、事実の公表などを定められているものが多い。後者の指定した区域内ではただちに不許可、不同意とは定めていない自治体も五五件と多く、千葉県我孫子市や長柄町(ながらまち)など自粛を求めるよう要請する区域を設定している自治体や、設置を避けるべき区域(茨城県石岡市)などの形で設定する自治体もある。

大分県由布市および静岡県富士宮市はこうした抑制区域を初期に制定した例であり、由布市条例では事業を行わないよう求める規定、富士宮市は原則、市長は同意しない規定となっている。

茨城県つくば市は事業禁止区域という文言を用い、対象も規模にかかわらず野立ての太陽光発電（および風力発電）と広くとっている。岩手県遠野市および静岡県伊東市は景観計画を策定している景観行政団体として、市内全域を抑制区域としている。山梨県や岡山県は、県単位での条例により設置禁止区域を設定している。

② 届出と許可、同意

事業者に事業の届出を義務づけ、要件が整っている場合に首長の許可や同意を与えるものであり、特別保全区域などの区域を定める場合も多い。今回の調査では届出と許可・同意を求める条例は三七件確認された。

群馬県高崎市は自然環境、景観との調和が必要な地区として三地区を特別保全区域に設定し、許可基準は厳しく、処分性のある措置命令を運用している。和歌山市の条例では、対象事業者からの事業計画に対し審議会において審議を行い、市長の許可を出すこととしている。該当自治会の同意書の提出も必要である点は特徴的である。許可を与えた事業計画に事業者が従っていない場合は、工事の停止や設備の除却、事業区域の原状回復などの措置を命ずることができるとしている。

和歌山県太陽光発電事業の実施に関する条例では、五〇キロワット以上の太陽光発電事業について自治体との協議、関係自治会への説明、事業計画の公表を行った上で、知事の認定を受ける必要があり、実質的には許可・同意に近い。

③ 行政との協定

事前協議などをもとに事業者と行政の間で協定の締結を行い、事業が環境や景観に与える影響を確認し、協定の内容を守るよう指導するものであり、一〇件が該当した。岐阜県恵那市の条例では、事前の申請・協議に基づき、市長との協定を結ぶことが定められている。二〇二一年六月に条例を改正し、事業者と地域住民との協定を結ぶ努力義務などが追加された。同様に、事業地周辺の自治会などと協定を結ぶよう定める条例も八件確認された。長野県木曽町の条例は二〇一九年に条例を改廃し、二〇二〇年に改正した上で、該当自治会からの求めがあった場合に事業者は合意または協定の締結を行い、町に提出することが定められている。

④ その他

廃棄費用の積立を求める条例は茨城県の北茨城市や守谷市、三重県名張市、兵庫県神戸市の四件が確認された。とくに神戸市は二〇二〇年の条例改正に伴い、五ヘクタール以上の事業では事業開始前の事前積立の義務を追加した。国の政策対応の項でも述べたとおり、改正再エネ特措法に基づく廃棄費用の積立と重複する部分があるため、今後、各自治体で調整していく必要がある。

滋賀県大津市は二〇二一年四月に条例を改正施行し、事業者と周辺住民との紛争が起こった場合に、意見の調整やあっせんを市が行う制度が導入された。規制・調和条例ではこうしたあっせん制度は他に見られないため、今後の運用を注視する必要がある。

◎地域トラブルと広義の調和・規制条例の関係

地域トラブルの発生と、広義の調和・規制条例の制定には何らかの関係があると考えられる。なぜなら、自治体が条例による権利の制限や義務づけを行う際には、その必要性や内容の合理性を裏付ける事実(立法事実)とのバランスが求められ、事業者や市民への説明責任も生じるからである。地域トラブルの発生は自治体にとってまさにこうした立法事実となりうる。

前述の藤吉[2021]によると、広義の調和・規制条例の内容について、特定の都道府県では近隣の市町村の条例内容を参照した「引き写し」が多いことから、近隣市町村での深刻な地域トラブルの発生を契機として周辺自治体が強い規制項目を持つ条例を導入していったことが示唆されている。

そこで、前節までのデータをもとに分析を行うと、地域トラブル報道案件数が多い都道府県では広義の調和・規制条例の制定数が多い傾向があることが確認でき、統計的に有意な中程度の正の相関関係(相関係数 0.68)がみられた。ただし、いずれの項目にも都道府県内での太陽光発電の導入件数や導入容量が強い影響を与えている可能性がある(疑似相関)。そこで、一〇キロワット以上の太陽光発電の導入件数の影響を除いた両者の相関(偏相関係数)を計算すると0.38となり、やはり弱い正の相関がみられることがわかった。また、大規模な太陽光発電事業の導入件数などと両者との相関はあまりみられなかった。さらに、市町村単位での地域トラブル報道案件数や太陽光発電の導入件数などの各種のデータと、広義の調和・規制条例の有無との相関(相関比)を求めると、相関関係はみられなかった。

こうした結果を総合すると、自らの自治体内で地域トラブルは発生していなくとも、同一都道府県内の自治体での深刻な地域トラブルの発生が多いほど、周辺の自治体が予防的な意味合いを込めて太陽光発電に対する強い規制を導入する傾向が高いことがわかる。太陽光発電は多くの自治体で導入が可能な脱炭素の有効なツールであり、本来は各自治体で適切な推進方針も策定する必要がある。しかしながら、前述の結果と実務上の知見を総合すると、地域トラブルに関する報道や住民運動の全国的な増加を受け、その懸念に対処することに精一杯で、適切な推進まで検討することができていないという自治体が多くあり、今後の地域のエネルギー転換の大きな課題となることがみえてくる。

4 どうすれば太陽光発電の地域トラブルを低減できるのか

本章では、太陽光発電の地域トラブルの概況と、調和・規制条例に象徴される自治体の対応策について述べてきた。太陽光発電の地域トラブルは増え続けていて、その原因も制度面、社会面、事業面のそれぞれの要素が複雑に絡み合っている。その結果、序章で紹介している広い社会的・政治的受容と立地地域でのコミュニティ的受容の両方が下がっている状況にある。こうした状況を転換していくことは容易ではないが、以下のように、制度、社会的仕組み、事業スキームのそれぞれを変えていくことは、地域トラブルを予防・低減し、望ましい再生可能エネルギー事業を増やしていくための適切なガバナンス体制構築に資するであろう。

◎本来のゾーニングを目指す

再生可能エネルギーの立地問題の根本的な解消には、統合的なゾーニング(禁止区域・推進区域などを総合的に評価する取り組み)が必要である。現状は自治体が抑制・禁止区域を定める条例を増やしているが、ゾーニングは本来的には国や地域の目標値やポテンシャルを考慮した上で、環境や社会的条件を考慮して禁止区域と推進区域の両方が設定されるのが望ましい。地域の持続可能性や経済効果、気候変動対策を念頭に置いた望ましい自然エネルギーのあり方を考え、市町村や都道府県と国が相互に調整しつつ、省庁横断的なゾーニングや支援策も同時に進めていくのが理想的であるが、抜本的な転換が必要であり、時間を要するであろう。

二〇二一年五月に成立した改正地球温暖化対策推進法は、こうした転換の兆しを含んでいる。同法の中で、地域の再エネを活用した脱炭素化を推進する事業を推進するための計画・認定制度を創設し、関係法令の手続きワンストップ化等の特例を受けられることなどが定められている。また都道府県、政令指定都市、中核市には再エネ導入目標値の設定を義務化している。市町村は地域の再エネを活用した脱炭素化を促進する事業(地域脱炭素化促進事業)に係る促進区域や環境配慮、地域貢献に関する方針等を定めるよう努めることとしている[環境省 2021]。こうした制度を活用するための自治体への支援事業もさらに拡充させたい。

ゾーニングを行ったとしても、個別の事業については地域トラブルが発生する可能性が残る。

◎ドイツの自然保護とエネルギー転換の専門センターに学ぶ

ドイツでは再生可能エネルギーのゾーニングが行われているものの、とくに風力発電事業の地域トラブルが存在することから、裁判外紛争解決手続(ADR)機能を備えた「自然保護とエネルギー転換の専門センター(KNE:Kompetenzzentrum Naturschutz und Energiewende)」を二〇一六年に設立した。KNEには当初、三つの部門があった。①適切な情報を集め、FAQサイトなどを通じて提供し、紛争を予防する情報部門、②既存の紛争事案に対し、メディエーターと呼ばれる仲介者を通して意見の調整や整理を行い、解決に向けて支援を行う相談部門、③州や連邦レベルの制度的対応が必要な場合に対話の場を設ける対話部門である。その後、州政府がADR機能を担うようになり、KNEはメディエーターの質を確保する役割を担いつつ、よりシンクタンク的な機能を強化している。日本でもこうした機能を果たしていく組織やネットワークを構築し、社会的仕組みを整備していくことも有用であろう。

◎地域主導型の太陽光発電事業を増やす

地域が主体的に取り組み、地域に便益をもたらすような地域主導型事業を増やしていくことは地域トラブルの抑制にも有効である。

福島県富岡町での三万二〇〇〇キロワットのソーラー事業は、原子力発電所事故の放射能汚染により利用が難しくなった土地を使った、地元住民が主体となった事業である(写真1-2)。市民出資により全国から復興の思いを込めた資金を集めて事業を開始し、利益の一部を花卉(かき)園芸などの地域復興事業に用いている。

神奈川県小田原市での市民主導型事業は、東日本大震災と福島第一原子力発電所事故により、観光客が激減したことなどがきっかけとなった。行政・民間・専門家が連携し、二〇一二年に市内

写真1-2
富岡復興ソーラー高津戸・清水前太陽光発電所の竣工式
写真提供:環境エネルギー政策研究所

写真1-3
小田原留学パイロットプログラムでの太陽光発電所訪問
撮影:筆者(山下)

企業二四社(のちに三八社)の出資により「ほうとくエネルギー株式会社」が設立された。ほうとくエネルギーの初期事業は、公共施設の屋根借り太陽光発電と、地元の方の用地協力によるメガソーラー事業であり、市民出資手法も用いて事業を成功させた。その後も、湘南電力による電力小売事業や蓄電、電気自動車のカーシェアリングとも連携し、地域での効率的なエネルギーマネジメントや防災時のレジリエンス(回復力)向上に向けて取り組みを発展させている。また小田原市や武蔵野大学、全国ご当地エネルギー協会などと連携し、地域活性化と人材育成を兼ねたプログラム(小田原留学)を開発しており、二〇二一年九月にはパイロット版を開催した(**写真1-3**)。

こうした地域主導型の再生可能エネルギー事業を増やすための制度的インセンティブ(誘因、動機づけ)の提言や新たな事業モデルの開発、ネットワーク構築も重要である。

◎環境共生型の太陽光発電事業を増やす

自然環境への影響を減らす、もしくは生物多様性に貢献するような事業も考えられる。**写真1-4**は南ドイツのモースホーフ(Mooshof)に二〇一一年に建設された四五〇〇キロワットの自然共生型メガソーラーである。自治体エネルギー公社、市民エネルギー協同組合、市民エネルギー企業の出資によって建設されたこのメガソーラーは、線路の両脇の元トウモロコシ畑(一七ヘクタール)に設置された。ドイツの著名な自然保護団体や農家などが協働で計画策定やモニタリングを行っている。在来種の多様性を考慮した草原を再現する、自然保護型の草刈り機を用いる、あえて水溜まりを残してカエルやトンボの産卵場所とする、ハチの巣箱を設置するなど、多くの工夫を行い、単一作物の農耕地から昆虫、植物、鳥類が生息する場に変えている。計画と管理の手間は増えるだろうが、日本でも検討する意義がある事例であろう。

本章で紹介した太陽光の地域トラブル報道案件や自治体の条例については、状況が絶えず変化するため、環境エネルギー政策研究所のウェブサイトにレポート等を掲載して随時更新している。詳細はそちらを参照されたい。

写真1-4　独モースホーフの自然共生型メガソーラー
写真提供：滝川薫

謝辞

＊　太陽光発電の地域トラブル報道案件の新聞記事調査については、人間文化研究機構基幹研究プロジェクト「北東アジア地域研究推進事業」の助成をいただいた。また本稿の執筆にあたっては、環境エネルギー政策研究所のインターン、ボランティアの多大な協力をいただいた。

第2章

風力発電所の立地をめぐる問題と住民の認識

本巣芽美

1　風力発電所による環境への影響

風力発電は他の再生可能エネルギーと比較し発電コストが低く、発電の効率が高いため、化石燃料の代替エネルギーとして世界的に普及促進されている。また、風力発電は気候変動対策になることから、一般的には導入に対する賛成の意見は多い。例えば、アイルランドの調査では、風力発電を非常に良いものと評価した割合が五〇%、まずまず良いものと評価した割合が三四%であり、回答者の八四%が風力発電を肯定的に評価している［Sustainable Energy Ireland 2003］。日本においても、筆者らが二〇一〇年に行ったインターネット調査では、風力発電全般を支持すると回答した割合は五九%であった［本巣 2016: 48–49］。しかし、実際に風力発電所を建設する際には、立地計画地域の住民や環境保護団体などから反対される例は少なくない。発生件数は少ないものの、風車からの油漏れや強風による風車の倒壊なども起きており、事故に対する不安から反対する声もある。とくに景観、野鳥、騒音の問題は計画段階から論点になりやすいため、本節ではまず、これらについて地域でどのような問題が起こっているのかについて紹介したい。

まず、景観問題は風力発電所の立地によって景観が変わることへの嫌悪感や、風力発電の数や大きさといった規模が与える視覚的なインパクトが原因となっている。とくに、景勝地や景観を観光資源としている地域では、風力発電所が立地することによる景観破壊が問題であり、反対するケースが散見される。また、地域住民にとっては地域の歴史的な景観や、地域の人々が心のよりどころとしている景観もあり、第三者が景観と風力発電所の融合性について評価することはきわめて困難である。あるプロジェクトでは、計画どおりに風力発電所が建設されると、地域の神社の鳥居の中から風力発電所が見えてしまうことから、神様の通り道に風力発電所があるというのは何ごとかと問題となった例もある。一定規模以上の風力発電事業においては環境影響評価が義務づけられているため、景勝地からの見え方は調査され、景観問題が回避もしくは軽減される可能性はある。しかし、地域住民のみが共有する景観の重要性については外部の人には把握されにくいため、地域住民と十分なコミュニケーションをとっていないと景観問題が発生しやすい。

次に、野鳥問題は風力発電所に鳥が衝突するバードストライク、風力発電所の建設による餌場や産卵の場所の破壊、渡りの妨害といった点が問題となっている。風力発電は普及促進が期待されるエネルギー技術ではあるが、立地地域にとっては、地域の生態系を破壊する開発行為として映ることもある。特定地域の野鳥への影響は、地球全体で見れば非常に軽微とみなせるかもしれないが、地域でも同様の受け止め方になるとは限らない。地域によっては野鳥のために湿地の保全を行っていたり、地域の環境保護団体が長期にわたり野鳥の保護に取り組んできたような例もある。また、生態系の連鎖により、その野鳥を軸に地域の環境が守られているというような地域も存在するだろう。それゆえ、目の前で起こる野鳥の問題は、地域にとっては緊急性の高い問題となる。

三つ目の騒音問題は、音がうるさいことや音が大きいわけではないが音が気になることが原因となり、睡眠への影響や不快感などが問題となっている[風力発電施設から発生する騒音等の評価手法に関する検討会 2016]。加えて、一部の住民から不眠、だるさ、めまい、吐き気、頭痛などが報告されており、その原因は一般的には聞き取りにくいとされる超低周波音であるという主張もある[Pierpont 2009]。こうした風力発電が健康に与える影響は、風力発電の導入量が多い欧米でも報告されており多数の調査研究があるが、現状では直接的に人体に害を及ぼすことは科学的には確認されていないという報告が多い[American Wind Energy Association and Canadian Wind Energy Association 2009]。では、なぜ風力発電所の建設後に健康への影響が生じるのかについては、風力発電所の立地がストレスとなり、そのストレスによって生じているのではないかと考えられている[風力発電施設から発生する騒音等の評価手法に関する検討会 2016]。

以上のような問題により、計画地域では地域の環境や人体に与える影響に対する懸念から、風力発電は本当に環境に優しいのかと疑問が呈されており、反対の声があがりやすくなっている。

そのため、人の居住地から離れた海であれば、騒音などの問題を一定程度は回避できるのではないかという思惑から、昨今では陸上ではなく洋上での立地を進めようという考え方もある[1]。しかし、立地場所を洋上に移せば、導入をめぐる問題は本当に解決できるのだろうか。また、陸上においても、実際に風力発電所が建設された地域では住民にどの程度の影響が生じているのだろうか。本章では、すでに風力発電所が立地している地域の住民への影響の実態について明らかにするとともに、洋上風力発電における問題回避の可能性について検証したい。

2 風力発電に対する住民の認識

風力発電所の近隣住民を対象とする意識調査は国内外で複数行われている。また、国際エネルギー機関の風力発電技術協力プログラム(IEA Wind)における社会的受容性に関するタスク(Task 28)では、各国の地域住民への影響に関する報告や国際研究などが行われている。筆者らも日本において風力発電の立地地域住民を対象とした調査をこれまでに行ってきているため、本節では主にTask 28 の委員が行った米国と欧州における調査および筆者らが日本で行った調査[2]に基づき、風力発電所の近隣住民への影響について明らかにする。

◎風車音と健康影響の自覚症状

まず、風力発電所の立地において論点となりやすい風車音の可聴と健康影響の自覚症状につ

写真2-1　民家に近い風力発電所
撮影：筆者

いてみてみよう。筆者らが行った国内の大規模風力発電所の近隣住民を対象とする調査では、風車音の可聴については、一〇・三％（九三人）が聞こえたことがある、八三・六％（七四九人）が聞こえたことがない、六・〇％（五四人）がわからないと回答し、聞こえたことがない回答者が大半を占めた。次に、聞こえたことがある九三人の回答者に、自宅の敷地内のうち屋外での風車音の可聴について尋ねたところ、五一人が聞こえると回答した。さらに、この五一人に窓の開閉による風車音の可聴を尋ねたところ、窓を開けた状態で聞こえると回答したのは三二人で、この三二人のうち窓を閉めた状態でも聞こえると回答したのは一八人であった。

風力発電事業の計画が公表されると、風車音が反対理由の一つになりやすいが、大規模風力発電所が立地する地域でも風車音が聞こえる割合は全体の一〇％程度であり、また、自宅の敷地内でも聞こえる割合はさらに減ることを踏まえると、実際には風車音の問題は風力発電所の立地地域全体にわたる問題というよりは、一部で発生している問題であると思われる。

次に、風力発電所が原因と思われる身体的もしくは精神的な健康への影響に関する自覚症状についてみてみよう。筆者らの調査では、健康影響があると答えたのは三・一％（二八人）、ないと答えたのは八四・四％（七六四人）、わからないと答えたのは一二・五％（一一三人）であり、健康影響を受けていると回答する者は少数であった。本調査は五九の風力発電所を対象に調査エリアを設定したため、単純に計算すればすべての風力発電所の近隣で健康影響の自覚症状が起こるわけではないことがわかる。この健康影響を受けていると回答した二八人にどのような影響が生じているかを尋ねたところ、「よく眠れない、何度も目が覚める」「なかなか寝つけない」など睡眠に関するものが最も多く、次いで「集中できない」「不安になる」が多かった。

では、健康影響の自覚症状は海外と日本で違いがあるのだろうか。Hübner らが行った調査では、米国では三％程度、欧州では四％から五％程度と報告されており［Hübner et al. 2019］、健康影響の自覚症状は日本と同程度であった。詳しく述べると、米国の調査では三・三％が機嫌が悪い、三・二％が寝つきが悪いという症状を挙げており、他方、欧州では四・七％がよく眠れない、四・六％が寝つきが悪いという症状を挙げており［Hübner et al. 2019］、やはり睡眠に関する影響が多かった。

以上の結果を参照すると、健康影響のすべてが風力発電に起因するとは限らないものの、一部の住民に自覚症状があることは確かである。しかし、その割合から検討すると、必ずしも風力発電所の近隣で健康影響が生じるわけではなく、風力発電に対するイメージと実際の地域住民の状況にはやや食い違いがあるように思われる。ただし、自覚症状のある住民が少ないからといってその状況を否定したり、看過するようなことは適切ではなく、対応が必要であることはいうまでもない。また、風車音の可聴の割合が低いことから推察すると、騒音に関する規制が一定程度の効果があると考えられるため、政策的にはさらなる規制の強化よりも、後述する事業の進め方など社会科学的な手法による解決策を探る方が住民の負担を軽減するためには有効であると考えられる。

◎近隣住民は風力発電に賛成しているのか

風力発電所の近隣住民への調査から、健康影響や風車音の可聴は近隣住民全員が自覚するわけではないことがわかったが、そうであれば、近隣住民は地域の風力発電所を肯定的にとらえているのだろうか。もしくは、健康影響などが生じていなくても、反対しているのだろうか。

筆者らが行った調査において、地域の風力発電所に対する賛否を「大いに反対」から「大いに賛成」の五段階評価に「わからない」を加えた六つの選択肢で尋ねたところ、「どちらでもない」の回答の割合が四二・九％で最も高く、次いで「やや賛成」が二二・〇％、「大いに賛成」が一六・一％、「やや反対」が八・四％、「わからない」が六・二％、「大いに反対」が四・四％であり、全体として否定の声は少なかった。

しかし、新規計画を想定した風力発電所の賛否について同様に尋ねたところ、「どちらでもない」の回答の割合が最も高い点は共通するが、新規の方が賛成の割合は低かった（図2−1）。新規の方が賛成の割合が低くなる点は、筆者らが過去に行った質問紙調査と一貫しており［Motosu and Maruyama 2016］、既存の風力発電所に対し賛成であっても、新規に対しては反対へと否定的な評価に転じることがあらためて明らかとなった。この理由について分析したところ、住民が意見を述

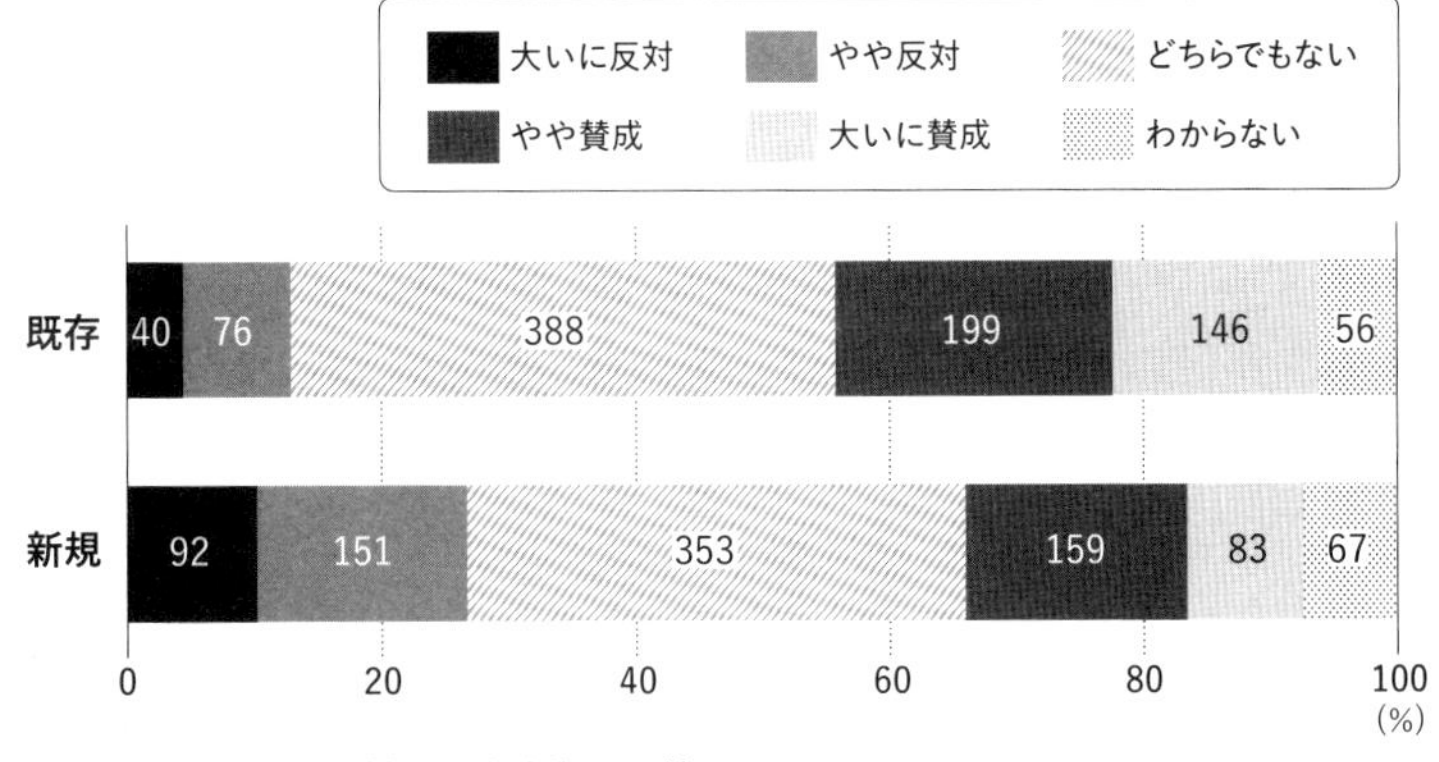

図2-1　風力発電所に対する地域住民の賛否

注：グラフ内の数字は回答者数を示す.
出所：筆者作成.

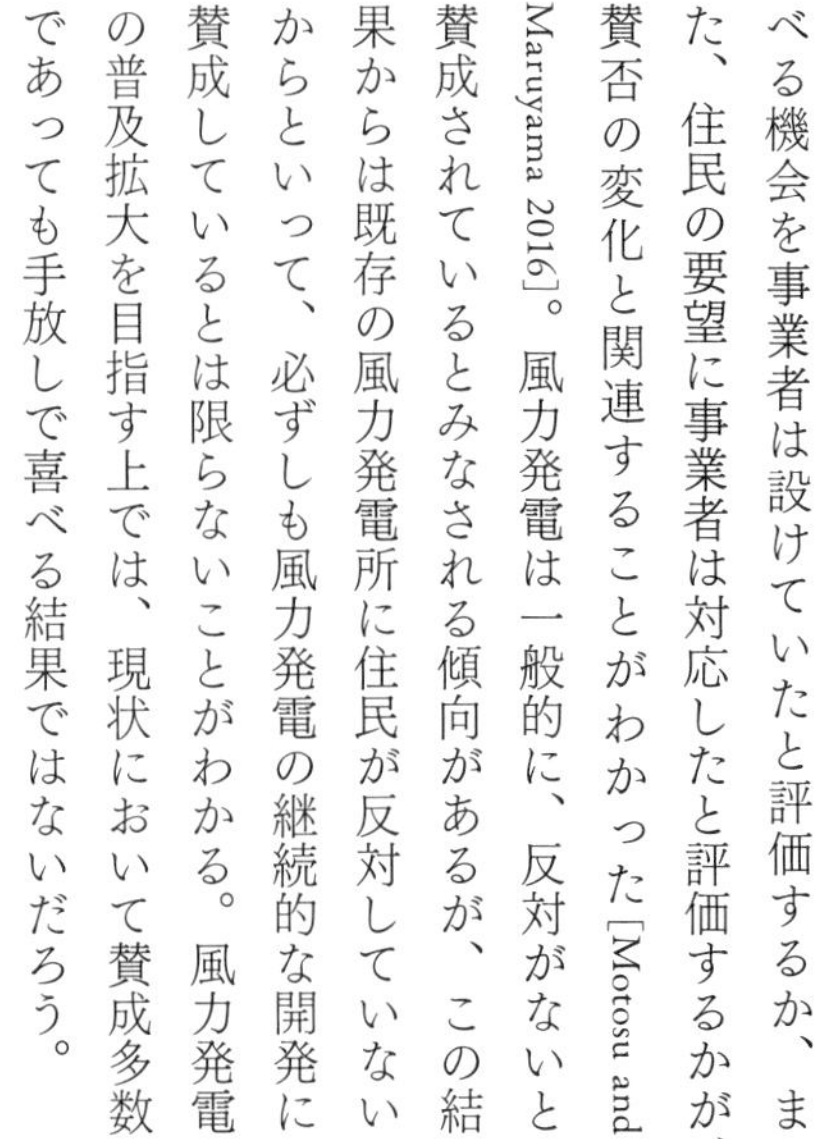

べる機会を事業者は設けていたと評価するか、また、住民の要望に事業者は対応したと評価するかが、賛否の変化と関連することがわかった[Motosu and Maruyama 2016]。風力発電は一般的に、反対がないと賛成されているとみなされる傾向があるが、この結果からは既存の風力発電所に住民が反対していないからといって、必ずしも風力発電の継続的な開発に賛成しているとは限らないことがわかる。風力発電の普及拡大を目指す上では、現状において賛成多数であっても手放しで喜べる結果ではないだろう。

では、近隣住民はどのような理由から地域の風力発電所に賛成したり、反対したりするのだろうか。本研究において既存の風力発電所に対する賛否と関連のある要因について相関分析した結果、「風車音による不快感」「事業者に対する不快感」「建設過程の公正性」などに中程度の相関関係が確認された。その一方で、健康影響、風力発電所の見え方、敷地内における風車音の可聴、距離などは有意差が確認されないか、もしくは、ほとんど相関がないという結果であった。この結果から考察すると、地域の風力発電所に対する賛否は、計画段階で論点となるような風車が見えることや風車音が聞こえること、風車からの距離といった風力発電所の物理的な要因だけでなく、発電事業者や建設過程に対する評価といった社会的な要因も作用するといえる。また、自らの意思で建てたものであれば賛成するのは当然であるが、この調査では民間企業が建設した風力発電所を対象としているため、自ら望んで建てたものでなくても、事業者に対する不快感がないことや建設過程が公正であると判断されれば、賛成の意向は高まることが示唆される。

同様の結果は米国と欧州の調査でもみられる。Hoen らが米国で行った風力発電所の近隣住民を対象とする調査では、風力発電に対する賛否は風力発電所からの距離や自宅からの風力発電所の視認とほとんど相関がなく、その一方で、景観との適合性や事業プロセスに対する公正性と相関があることが明らかにされた[Hoen et al. 2019]。つまり、風力発電所が見えること自体が風力発電に対する嫌悪感と結びついているのではなく、風力発電所が景観に融合しているかどうかといった人の価値観に関する点や、事業の進め方といった公平性に関する点が賛否と関わりがあるのである。また、Hübner らが米国と欧州の調査結果を分析したところ、前述の健康影響の原因として、騒音、景観の変化、航空障害灯、シャドウフリッカー(風車が回転してできる影)のうち、騒音が最も高い割合であった[Hübner et al. 2019]。しかし、騒音の不快感(アノイアンス)と相関のある要因を分析すると、風力発電所の音量や風力発電所からの距離とは相関関係が低い一方で、風力発電に対する態度、建設過程の公正性、建設過程でのストレスと中程度の相関関係が確認された

[Hübner et al. 2019]。すなわち、音をめぐる不快感や健康影響の訴えの背景には、事業の進め方など他の要因も関わっている可能性があると考えられる。

このような物理的要素以外の要因が風力発電の受容性と関連していることが推察される例を挙げよう。ドイツのダーデスハイム(Dardesheim)には、三二基の大型風車が並ぶウィンドファームがあるが(写真2-2)、住民は風車音に悩まされておらず、むしろ風力発電所は利益を生み出すものと認識しているようである。しかし、別のある地域では、騒音や景観などさまざまな理由により住民から反対されているウィンドファームもある。この反応の違いを引き起こす原因として、発電による住民の受益を指摘できる。例えば、前者ではダイナミックプライシングの実証試験が行われ、風力発電が多くの電力を供給する時間に住民は安く電気を使うことができた。他方、後者は風力発電事業が行われても住民には利益がなく、所有者である民間企業が売電利益を得る。そのためか、リスクのみが認識されやすくなる。

写真2-2　独ダーデスハイムのウィンドファーム
撮影：筆者

3 洋上風力発電の導入問題と受容性

前述したとおり、洋上風力発電は陸から離れていることから、陸上風力に比べ人への影響が少なく、導入に伴う環境影響は少ないと認識している人は多いのではないだろうか。また、日本は海に囲まれているため、洋上風力発電所の立地場所は広大であるととらえている人も多くいるかもしれない。しかし、洋上の場合、周囲に民家がないことや陸に比べ海の方が風況が良いことなどから風力発電設備が大型化しやすいため、景観への影響や建設工事に伴う環境影響などは小さいとはいえない。加えて、海洋生物、漁業、船舶や軍事への影響など、陸では発生しなかった問題群もあり、洋上特有のステークホルダー（利害関係者）が存在する。さらに、日本には多くの島があり、船舶は島民にとって移動手段や物資の輸送など重要なライフラインの一つでもある。こうしたステークホルダーに対し、再生可能エネルギーが必要だからという理由で洋上風力発電所を設置し、経済活動や生活を妨げるようなことは適切ではない。洋上風力発電開発においてはこうした海の先行利用者との合意形成が必要となる。したがって、洋上には洋上特有の問題があるため、導入に際しての問題がなくなるわけではなく、立地場所が陸から海に変わったとしても、社会的受容という概念の重要性は変わらない。

洋上におけるさまざまな導入問題のうち、日本ではとくに漁業への影響が注目される傾向がある。洋上風力発電所の建設工事や稼働に伴う騒音や振動による海洋生物の逃避、また、それによる漁業への影響、洋上風力発電所が林立することによる底引き網などの引網漁業の操業妨害などが問題になりやすい。欧州ではすでに多くの洋上風力発電所が稼働しており、洋上風力発電所設置後の海洋環境に関する科学的知見は蓄積されつつある。例えば、バルト海の洋上風力発電所で行われた調査では、洋上風車から近い方がその周辺よりも魚の数が多く確認されたことから、人工魚礁として機能する可能性が指摘されている［Wilhelmsson et al. 2006］。しかし、魚種や漁法など漁業に関する多くの点が日本とは異なるため、海外の知見が必ずしも日本に適用するとは限らな

写真2-3　日本の着床式洋上風車（ウィンド・パワーかみす）
撮影：筆者

写真2-4
ノルウェーの浮体式洋上風車の実証実験機（Hywind）
撮影：筆者

いだろう。既存の日本の洋上風力発電所はまだ小規模であるため、大規模展開された場合の海洋への影響については未知な部分が多く、リスク回避を望む地元の意見は強い。その一方で、風力発電事業に協力する漁業者や洋上風力発電を好意的に受け止める漁業者もいる。例えば、洋上風力発電所を建設する前の環境影響調査や完成後の洋上風力発電所の視察などに協力する漁業者がいる。また、一般社団法人海洋産業研究・振興協会は洋上風力発電所が漁業の妨げとならないだけでなく、洋上風力発電事業を通して漁業を支援できる方法についても検討しており[海洋産業研究会 2015]、漁業と洋上風力発電の協調の活路が見いだされている。

漁業者の他にもさまざまなステークホルダーが存在し、日本では洋上風力に対する反対の声が散見されるが、洋上風力発電の導入量が世界で最も多い英国の人々の意見は異なる。Hattam らが二〇一五年に行ったインターネット調査[3]では[Hattam et al. 2015]、回答者の洋上風力発電に対する認識は全体的に良好であり、過半数が洋上風力発電は人間の健康を害さず、英国経済に良い影響を与え、地域の雇用を創出し、漁業者の収入に悪影響を及ぼさないと認識していることが報告されている。とくに、居住地や休日に訪れる場所にある洋上風力発電所に反対するかという質問に対しては、反対しないという回答の割合が英国全土では五八・七%、東海岸では六七・四%であるのに対し、反対するという回答の割合は英国全土では二二・八%、東海岸の割合が二一・二%であった。また、この結果についてとくに注意したいのは、東海岸の回答者の方が洋上風力発電に肯定的な評価であったことである。東海岸の回答者の六二・四%が海岸沿いに居住しており、英国全土の回答者の一二・一%が海岸沿いに住んでいることから考察すると[4]、洋上風力発電所が建設される海の近くに居住する回答者の方が、そうでない回答者よりも洋上風力発電により肯定的な意見を有している。

このような結果となるのは、洋上風力が地域に何かしらの良い影響を及ぼしているからではないだろうか。英国の一部の洋上風力発電所では、オペレーションとメンテナンスのベースが所在する地域やその周辺地域にコミュニティ基金が設立され、地域のボランティア活動や環境保護活動、人材育成などの活動が支援されている。また、英国で洋上風力開発を行うエネルギー企業の一つが、沿岸地域で海洋資源の研究を行う機関と組み、洋上風力発電事業を通して沿岸域の地域活性化や若者の雇用創出など沿岸域の少子高齢化問題に取り組んでいた例もある。こうした企業のように、洋上風力発電を単なる電力供給源として開発するのではなく、地域の持続性をも考慮しそのために洋上風力発電を役立てる術はないかを検討している点は非常に興味深く、今後の再生可能エネルギー開発に必要な姿勢ではないかと思われる。もし今後、洋上風力発電事業が地域の自立のきっかけとなり、地域が持続的発展もしくは現状を維持できるようになれば、風力発電は地域に反対されないばかりでなく、積極的に受け入れられるものへと変わるかもしれない。

4 まとめ

これまで述べてきたように、風力発電所の立地地域は環境影響を被る可能性がある。それにもかかわらず、気候変動対策のために再生可能エネルギーは必要だという大義名分により、風力発電の導入を推し進めようとする例はある。しかし、地球環境を守るために、地域が犠牲になることは許されてよいわけではない。風力発電をはじめとする再生可能エネルギー事業は一般的に、リスクを被る者と利益を得る者が異なるため、受苦受益の不均衡問題が生じる。そのため、リスクに見合う便益があるかどうかは、立地地域にとっては受け入れを判断する重要な要素になるだろう。ただし、立地地域住民を対象とした調査からは、建設前に懸念されているような問題がすべての近隣住民に起きているわけではないことが明らかにされた。とくに、地域の風力発電所に対する賛否は事業の公正性などの社会的な要因からも影響を受けており、風車音などの発電所の物理的インパクトからのみ影響を受けているわけではなかった。つまり、風力発電の実際の導入問題は、一般的には風力発電所そのものによる環境影響に注意が向きがちであるが、事業者との関わり方や地域への配慮の仕方といった手続き的正義や分配的正義にも目を向けることで問題の解決の糸口が見つかる可能性があるのである。

風力発電所は迷惑施設となる潜在的な可能性を有している。しかし、実際にどのように評価されるかは一様ではなく、さまざまな要因によって変化する。風力発電の導入が拡大されつつある今こそ、土地の規制や風況といった理由で風力発電所の立地場所を選定しエネルギー開発をするだけでなく、地域にとってもメリットとなる事業のあり方を開発プロセスに組み込むことが重要なのではないだろうか。

註

（1） 洋上は陸上に比べ高い発電効率が見込まれるなど工学的な理由もある。

（2） 本調査では、国立研究開発法人新エネルギー・産業技術総合開発機構（ＮＥＤＯ）の日本における風力発電設備・導入実績の一覧表の区分を参考に、二〇メガワット以上を大規模な風力発電所とし調査対象とした。その結果、上位五九の風力発電所が選出され、これらの風力発電所が立地する市町村を調査エリアに設定した。調査方法はインターネット調査である。調査期間は二〇一九年二月二〇日から二七日までである。本調査では合計で九〇五件の回答を得た。平均年齢は四七・九歳で、最高齢が八五歳、最低齢が一八歳であった。風力発電所から自宅までの距離は、平均が八・八八キロメートル（標準誤差 SEM=0.25）、最大が三五キロメートル、最小が〇・四キロメートルである。ただし、回答者は主観的に距離を回答しているため、実際の距離とは異なる可能性がある。本章で述べる結果は、本巣・丸山［2020］に基づく。

（3） 英国全土から一〇七八件、イングランドの東海岸から四九四件より回収されたデータをもとに分析。陸上風力発電所を見たことがある割合は、英国全土の回答者（以下、英）は八五・四%、東海岸の回答者（以下、東）は八八・三%、洋上風力発電所を見たことがある割合は、英は五六・八%、東は八三・七%。また、家から洋上風力発電所が見える割合は、英の三・六%に対し東は二四・三%。

（4） その他の割合は、意見なし、わからない、無回答である。

第3章

バイオエネルギー市場急拡大の経験からの教訓

持続可能なバイオエコノミーの成長管理に向けて

相川高信

1 はじめに ——パーム油発電所の建設トラブル

本稿を執筆している二〇二一年時点で、環境NGOや立地地域の市民からのバイオマス発電（木材や植物残渣（ざんさ）等の生物資源を燃料にして行う発電の総称）に対する反対の声が無視できないものになっている。例えば、京都府舞鶴市でパーム油（アブラヤシの実から採れる植物油）を使う発電所の計画は、事業主体の合同会社から出資者である外資系企業が脱退し、建設運営を担う予定だった日本のプラントメーカーも事業撤退を明らかにした。二〇二〇年六月二五日付の京都新聞の報道によれば、「地元住民や環境団体は、稼働に伴う騒音や窒素酸化物排出などの住環境への影響、油の原料となるアブラヤシの農園開発に伴う東南アジアでの熱帯林破壊を懸念し、建設に反対していた」という。パーム油生産に関わる環境・社会的な問題をご存じの方は、パーム油を利用する発電所の計画が日本にあること自体に驚かれるかもしれない。実は、同じくパーム油を燃料にした発電所の計画で、強い反対を受けているものが、宮城県仙台市などにある。

加えて、日本の複数の環境NGOは、「バイオマスはカーボンニュートラル(温室効果ガスの排出量から吸収量と除去量を差し引いた合計をゼロにするという概念)ではない」という言い方で、パーム油のみならず、カナダやアメリカから輸入される木質ペレット(木材を顆粒状に破砕し小粒の棒状に圧縮成型した固形燃料)を使っての発電事業全般について、現地のNGOとも連携し、政府への提言やセミナーの開催、現地でのPR行動などの反対活動を展開している[FoE Japan 2020]。

騒音など立地をめぐるトラブルは、本書の他の章でも紹介されているように、太陽光や風力発電などにも起こりうるものである。一方でバイオマス発電の場合は、海外も含めた燃料生産地の問題やカーボンニュートラルの考え方など、個別に考慮しなければならない点が多い。こうしたバイオエネルギー利用の持続可能性に関する批判は日本だけにとどまらず、世界的に大きな議論になっている。

2 バイオマスエネルギーの特色

問題を考える前提として、太陽光や風力、地熱、水力といった他の自然エネルギーと違って、バイオマスエネルギーだけが燃料を利用するものであるという、物理的な特徴を確認しておきたい。このことは、燃料調達コストがかからない太陽光や風力などに比べて、バイオマスエネルギーの利用コストの高止まりの原因にもなっている。

その一方でバイオマス燃料は、例えばガソリンの替わりにバイオエタノールを用いることができるように、すでにあるボイラーや発電所、エンジンなどの機器において、(必要に応じて改造を施せば)機器の交換なしに化石燃料を代替することができるという特徴を持っている。加えて、貯蔵が可能で自律的に出力を調整できるため、気象条件に左右される太陽光や風力発電の時間的・季節的な出力変動を補完することができる。さらには、発電しかできない太陽光・風力などとは違い、熱を生産したり、自動車や船舶・飛行機の燃料として用いることができる。こうした特徴から、エネルギーシステムの完全な脱炭素化の実現に向けて、バイオエネルギーは重要な役割を果たすと言われている[IEA 2021]。

しかし、輸送が可能という点は長所である一方、燃料の生産地と消費地が離れることがある点は、さまざまな問題を引き起こすリスクをはらんでいる。つまり、輸送費を負担しうるような条件であれば、いかなる国からも燃料を輸入してのエネルギー利用がありうるということである。実際に冒頭に紹介した事例では、ＦＩＴ制度(再生可能エネルギー固定価格買取制度)において高い売電価格が保証されているため、インドネシアやマレーシアから燃料としてパーム油を輸入しても、採算のとれる事業だからこそ計画されていたのである。

本来ならば、こうした批判を予見して、望ましい発電事業のみが計画されるように、丁寧な制度設計がなされるべきだったといえる。そこで次に、日本のＦＩＴ制度がどのような意図で設計され、どのような成果を上げ、どのような課題を抱えるに至っているのか、簡潔に見ておこう。

3 日本でのFIT制度の特徴とバイオマス発電の導入状況

◎バイオマス燃料別の買取価格の設定

日本のFIT制度では、燃料種別に買取価格が設定されている。燃料の区分としては、一般廃棄物（のバイオマス分）、建築廃材、メタン発酵、（間伐材などの）未利用木材、そしてパーム油や輸入ペレットが含まれる「一般木質バイオマス・農業残渣」がある。[1]

本稿で関係するのは、主に「未利用木材」と「一般木質バイオマス・農業残渣」の二つの燃料区分であるが、複数の区分の燃料を使う発電所もあるため、導入状況を概観するためには、使用する燃料と対応する規模によって、二つの類型に分けて見ていくことがわかりやすいだろう。

◎主に国産材を利用した中小規模発電

第一の類型として、主に国産材を利用した中小規模のバイオマス発電事業がある。FIT制度を契機とし、切り捨て間伐材など「未利用木材」を用いる発電事業者に、キロワットアワー（一キロワットの電気を一時間使ったときの使用電力量）あたり三二円という高い買取価格が設定された。これにより全国的に普及し、現在では各道府県に一カ所程度ずつ稼働している。五メガワットの発電規模を想定して収支モデルがつくられたが、その後、規模は拡大傾向にあり、一〇メガワットを超えるものも建設されている。事業主体はさまざまであるが、地元企業が主導し、森林組合連合会なども参画している事例も多い。

五メガワットの発電所の燃料使用量は、年間一〇万トン程度と決して少なくないが、調達エリアはおおむね一つの県で収まる程度である。FIT制度開始直後は、こうした発電所が乱立することにより、「燃料不足が起こる」「はげ山になる」といった懸念の声がしばし聞かれた[田中 2013]。そのため二〇一六年に、都道府県の林業部局がFIT認定前に燃料調達の実現性をチェックすることが制度化されたことなどで、拡大がコントロールされるようになったこともあり、現在のところ、バイオマス発電所の建設を直接の要因として森林資源の劣化や枯渇が起きているというデータは報告されていない。しかし、北海道や東北、九州など、製材や合板用途も含めて伐採活動が盛んな地域において、森林資源の質と量が保てるかは慎重に判断していく必要がある。

一方で、低質材の需要が生まれたことを、前向きにとらえている林業関係者も多い。実際に、懸念されていた燃料不足が起こらなかったのも、素材生産業者の歩留まり向上努力や、積極的な投資による生産力の向上、地域協議会などを通じた安定供給の工夫があるという指摘もある[佐藤 2018]。また、発電所の立地市町村が積極的に林業政策に取り組むようになるなど、ポジティブな影響が観察されることに触れておくことも必要であろう[相川 2021]。ただし、発電原価の六〜七割を燃料費が占めているといわれているが、今のところ燃料供給コスト低減の目処は立っていないため、FITによる二〇年間の補助が終わった後の経済的な自立が見えてこないことは、依然として課題である。

なお、より小規模なバイオマス発電の振興も行われている。バイオマスの発電を行うのであれば、小規模分散型で、かつ廃熱を利用した熱電併給プラントであるべきだという主張がなされてきたためである〔熊崎編 2016〕。こうした声を受けて、二〇一四年から、二メガワット未満の発電容量であれば、キロワットアワーあたり四二円という最も高い買取価格でとくに優遇されることになった。必要な燃料量も限られていることから、一つの市町村内程度の集荷圏から地域材を調達すれば完結するため、地域に受け入れられやすいモデルといえる。しかし、小型の発電機で利用できる均質で良質な燃料の供給、具体的には木質ペレットの生産体制が確立していないため、手厚いインセンティブが与えられているにもかかわらず、二〇二一年六月までで四八件の導入件数にとどまっている。

◎主に輸入燃料を利用した大規模発電

そしてもう一つの類型が、主に輸入燃料を利用した大型の発電所である。規模は数百メガワット以上となり、最近は七五〇メガワットクラスのものも出てきている。また、数ギガワットの大型石炭火力発電所の中に、バイオマス燃料を一部混焼して用いている事例もある。これらの発電所が使用する燃料は年間数十万トン以上になるため、地域からの調達は当初からほとんど想定されておらず、輸入を前提に港湾部に立地する場合が一般的である。

問題なのは、このFIT区分にキロワットアワーあたり二四円という国際的な相場からみれば破格の買取価格が適用されたことである。例えば、同じくバイオマス燃料を輸入しての発電が多いイギリスで七〜九円程度、韓国でも九〜一二円程度なので[2]、日本の買取価格がいかに高いかが理解できる。この高い買取価格により、認定量が急増し、実際に燃料輸入量も増加している。実際に、PKS（Palm Kernel Shell：パーム椰子種殻）と木質ペレットの輸入量は、二〇二〇年でそれぞれ二〇〇万トンと三四〇万トンに達し、さらに二〇二五年には五〇〇万トンずつ程度に増加すると予測されている。

FIT開始当初より、燃料の量は膨大なものになることが予想され、燃料についての「持続可能性基準」を設けるべきだという主張があった［相川 2012］。しかし、それに対する政府の反応は鈍く、パーム油などその持続可能性のリスクが高い燃料についても無条件で認定が出されていた。二〇一六年に入って、認定量が二〇三〇年のエネルギーミックスにおける目標量を大幅に上回る事態となって、買取価格の引き下げなどが行われた。

そしてようやく二〇一九年四月に、資源エネルギー庁により「バイオマス持続可能性ワーキンググループ」が設置され、持続可能性基準の導入の議論が始まったところである。二〇一九年度の検討により、日本のFIT制度が求める持続可能性基準が整理された。また、その証明に用いることができる第三者認証制度の審査や、LCA（ライフサイクルアセスメント）分析に基づく温室効果ガス（GHG）基準の策定が進められている。しかし冒頭に紹介したように、強い批判を浴びているプロジェクトがすでに存在していることから、後手に回った検討により、バイオマス燃料の持続可能な利用を担保し、もって社会的受容性を取り戻すことにつながるか楽観視はできない。

4 欧州の苦悩から教訓を導き出す

ここまで、FIT制度下での発電事業を中心に、日本のバイオエネルギーの発展状況を概観してきた。一般に、日本の自然エネルギー政策は欧州の先行的な取り組みを参考にしてきたため、先行する欧州の経験を自国の政策形成に生かすことができた可能性がある。とくに、バイオエネルギー発電については、社会的な批判を招いた経験を持つ国も多く、問題に対処すべく行った軌道修正の経験などが、日本でも参照されるべきだった。そこで次に、地域資源を使ったドイツのバイオガス事業と、輸入燃料を使ったイギリスの大型発電事業の二つを取り上げて、その経験を教訓としたい。

◎地域資源の活用を目指したドイツのバイオガス発電の苦い経験

ドイツでは、バイオマスも含めた自然エネルギーによる発電の政策的な普及(再生可能エネルギー法〔EEG〕制度)が二〇〇〇年から始まっている。ドイツは森林国のイメージが強く、実際に木質バイオマス利用も一定程度の普及があるが、熱利用が中心であり、実はバイオマス発電の中で大部分を占めるのはバイオガスによるものである(写真3-1)。

ドイツの畜産・酪農農家は、糞尿処理のため発酵槽の設置が義務づけられており、すでにメタンガスが発生している状況があった。ここに発電設備を追加すればメタンガスを用いた発電・売電ビジネスが展開できる。また、同時に発生する熱(温水)は、発酵槽や家畜小屋の加温に使ったり、熱導管を通じて近隣の住宅で使うことができる。日本では処理に頭を痛めることが多い消化液についても、ドイツでは、液中の窒素分を牧草が吸収できるように農地面積あたりの飼育頭数が決められているため、自らの農地内に散布して処分することが可能である。

しかも、こうした取り組みは、ゲッティンゲン大学やカッセル大学の社会実験プロジェクトとして始まり、意欲のある農村が選定されるなど、住民の主体的な参加を促す、よくデザインされたものだった。その最初期のものの一つが、ドイツ最初のバイオエネルギー村として有名になったユーンデ(Jühnde)村であり、日本でも複数の文献で紹介されている[千葉 2013 など]。このように畜産・酪農家による発電事業に普及の下地があったことから、EEG制度の支援を受けて爆発的に広まり、二〇二〇年末までの累計の導入は件数で八〇〇〇件以上、容量は四ギガワットを上回り、発電量は三〇テラワットアワーに達している。

写真3-1　ドイツのバイオガス発電所.
農家自らが所有・経営しているのが一般的
撮影：筆者

一方で、普及が進むにつれ明らかになったのは、メタンガスの量を増やすために、家畜糞尿だけではなく、トウモロコシなどのカロリーの高いエネルギー作物が大量に投入されることになっていた点だった[3]。実はエネルギー作物の利用は、ユーンデ村など初期のプロジェクトでも行われていたものであったが、二〇〇四年からエネルギー作物も含めた未利用資源利用への割増(NawaRo ボーナス)が設けられると、エネルギー作物の利用が拡大した。

エネルギー作物は休耕地で生産されることで、ドイツで二〇〇〇年前後に問題になった農作物の過剰生産の調整弁としての役割や、農作物価格の下支えの効果を期待されたと考えられるが、単一作物の生産拡大が景観・環境面から強い批判を引き起こした。実際にはこの期間の穀物畑拡大の主要因は肉の生産量の増加であったことも指摘されているが、ともかくも二〇一四年にはNawaRo ボーナスは廃止され、エネルギー作物の投入割合は二〇%未満に制限されるようになった[Thrän et al. 2020]。

その後、太陽光・風力の変動型電源の普及が進んだドイツの電力取引市場の中で、柔軟な運転により調整力の提供が可能なバイオガス発電は重要な役割を果たすようになり、EEG制度もこうした方向を支援する方針で改正が行われた。この点では、技術特性を引き出すための制度的な解決が一定の効果を示したといえるだろう。一方で、ガスに比べて柔軟な運転が難しい木質バイオマス発電の場合は、将来のビジネスモデルを見いだせていない[自然エネルギー財団 2019]。

再生可能エネルギーの大きなメリットの一つは、「自分たちの資源を使ってエネルギーを生産することができる」という点にある。ドイツのバイオガス発電のケースは、このモデルケースとなりうるものであった。しかし、ドイツのバイオガス発電の事例では、「自分たちの資源」である農地をエネルギー作物の栽培に用いることが社会的に許容されず、大きな教訓を残すことになった。

◎イギリスの大規模発電所が巻き起こしたグローバルな論争

ドイツでバイオガス発電の導入が絶頂を迎えていた頃、イギリスではまったく異なるバイオエネルギーの利用が検討されていた。それは、イギリスで最大の石炭発電所であるドラックス(Drax)発電所をバイオマス発電所に転換するという前代未聞のものであった。

石炭火力発電所において木質ペレットなどのバイオマス燃料を混ぜて、石炭使用量を一割程度減らすという混焼発電は世界中で多く見られる。しかし、三・六ギガワットもの容量(正確には六基あり、一基ずつの容量は六〇〇メガワットである)の大型石炭火力発電所を、一〇〇%バイオマス発電所に転換するということは、後にも先にも例がない。このような着想が生まれた背景としては、ドラックス発電所が立地するセルビー(Selby)市周辺には、二〇〇四年まで発電所向けの石炭生産を続けていた炭鉱があり、雇用を維持する必要があったこと、また容量の大きな送電線や燃料輸送のための鉄道引き込み線など、すでにあるインフラを活用できることなどがあったと考えられる。[4]

しかも、農林業の生産量が決して多くないイギリスでは、アメリカやカナダから大西洋を越えて、ペレットを大量に輸入することになったのである。そして需要拡大を受けて、とくにアメリカ南部に多くのペレット工場が建設された。このことが、生産国を巻き込んでの世界的な論争に発展することになる。

アメリカ南部は、かつては綿花やたばこ栽培などの大規模な農場経営が行われていた。一九五〇年代くらいから、こうした農園からマツなどの植林地への転換が進み、当該地域だけで世界の木材供給の一六%を占める世界最大の木材供給エリアとなった。しかし近年、製紙需要の落ち込みに苦しんでいたところ、その空白を埋めるように、ペレット生産工場が建設されていったのである。

こうした歴史的な経緯から、この地域は綿花プランテーション跡地への植林が多いなど、個人所有の森林が多い。加えて、低地湿地帯が多く、生物多様性のホットスポットになっている。それにもかかわらず、アメリカの中でも州の森林法の規制が弱く、また森林認証の取得率も低いという土地柄である。そのためイギリスでは、この地域からの木質ペレットの大量輸入を見越し、世界で初めてのバイオマス発電に関する持続可能性基準を二〇一二年に定めた。これにより、ドラックス社も含めたすべてのバイオマス発電所は、土地に関する基準(ここでは森林経営と木材生産に関する基準)と温室効果ガス削減の両方の基準を満たす燃料のみを用いていることになっている。しかし、そのような基準が定められたにもかかわらず、湿地林での伐採などが報告され[5]、イギリスだけではなくアメリカのNGOからも批判を巻き起こすことになってしまった。

とくに、木質バイオマス燃焼時に発生するCO_2の再吸収に時間がかかるため、「気候変動対策上は伐採せずに成長させておいた方がよく、カーボンニュートラルとするのは誤りである」という批判の声があがっている。これに対しては、「そもそもペレット生産目的での皆伐は行われておらず、分解の速い残材が使われている」などの反論もあり、科学界をも巻き込んでの論争に発展している。

一方で、こうした批判は、持続可能性を担保する取り組みの強化をペレット供給者に促していることも確かである。例えば、アメリカ南部に複数のペレット工場を持ち、生産量で世界一となっているエンビバ(Enviva)社では、木材調達方針を明らかにするとともに、すべての原料調達取引を公開する「Track & Trace」というシステムを構築・公開するようになった。加えて二〇二一年二月には、二〇三〇年までの温室効果ガス総排出量ゼロの宣言を行っている。また、イギリスなど欧州市場向けには、SBP(Sustainable Biomass Program)という認証制度が活用されていたが、運用後五年を経て、基準の改定作業が進行している(二〇二一年一二月現在)。さらには「バイオマスはカーボンニュートラルではない」という批判があるなか、ドラックス社はバイオマス由来のCO_2を人工的に再貯蔵するBECCS(Bioenergy with Carbon Capture and Storage)のための実証プラントを建設し、ニュートラルどころか「ネガティブ・エミッション」(排出削減にとどまらず、過去に排出し大気中に蓄積した分も回収・除去)を達成するべく準備を進めているところである。

こうした大西洋をまたいだ英米の木質ペレットの生産・利用チェーンは、世界のどこよりも早く制度的・技術的な「環境対応」を進めることにより、常に批判の一歩先に立とうとしているようにみえる。また前述のとおり、ドラックス社の発電所は閉鎖された炭鉱地帯に立地し、エンビバ社のペレット工場は木材需要の回復に貢献するなど、地域社会に経済的な利益をもたらしている点も見逃せない。一方で、環境NGOや一部の科学者からのバイオマスエネルギー利用に関する批判は根強く残っており、このような大規模発電についての社会的受容性の今後は不透明といえる。

5　持続可能な「バイオエコノミー」への転換に向けて

◎欧州の経験を日本に生かす

前節でみたように、ドイツやイギリスなど欧州の国においても、バイオエネルギーの急速な増加に伴い、国内資源と輸入資源の両方において、さまざまな社会的な軋轢が生じ、政策的・技術的な軌道修正が行われてきたことがわかる。

日本では、国内資源を活用するものについては、FIT制度の認定プロセスに都道府県が組み込まれたことで、当初懸念された「はげ山が広がる」ような事態にはならなかった。一方で、ドイツのバイオガスの経験にみるように、国内資源であっても爆発的に普及すると、負の側面が現れてくることもある。バイオマス発電については、FITによる補助が終わった後の経済的な自立に課題があるとわかってきたこともあり、成長を鈍化させているが、熱やマテリアル利用(原材料としてのバイオマスの利用)なども含め、今後も持続可能な利用量を見きわめた、慎重な成長管理が必要だといえるだろう。

次に、輸入燃料を利用した大規模発電については、日本においても高まっている持続可能性リスクへの批判に対して、基準づくりなど、遅ればせながら政策の修正がみられる。しかし、イギリスやアメリカの対応をみると、制度的な対応を行っても、社会的信頼の獲得は簡単ではないという状況が見て取れる。このことは、バイオマス資源の利用拡大の進め方についての大きな教訓とするべきである。

◎教訓をバイオエコノミーの成長管理にどう生かしていくか

本章冒頭に述べたように、エネルギーシステムの脱炭素化のためには、バイオエネルギーが果たす役割は大きいと考えられている。これに加えて、近年盛んに議論されていることは、エネルギー分野だけではなくマテリアル利用分野での化石燃料の使用を制限し、バイオマス由来の素材に置き換えていくことの必要性である。鉄やプラスチック、コンクリートなどの素材は、生産時に大量のエネルギーを消費する上、鉄鉱石の還元など原材料からもCO_2を排出する。また、プラスチックに至っては、廃棄・燃焼時にCO_2を排出するからである。

従来の化石燃料に依存した経済に対して、このようなバイオマスの資源循環に基づく経済のことを「バイオエコノミー」と呼び、欧州ではすでに二〇一二年にその推進戦略が策定され、二〇一八年には改訂版が公表されている。今後、バイオエネルギーはバイオエコノミーシステムにおける利用の一形態になっていくと考えられる。したがって、これまでのバイオエネルギー政策で得られた教訓をバイオエコノミー政策に生かしていくということが、バイオエネルギーの社会的受容性を高めていくという点でも発展的な解決になっていく可能性がある。そこで以下に、三つの必要な点を提示したい。

①全体像を明らかにする

第一に必要なことは、今後の脱炭素社会において、必要なバイオマスの量を明らかにすることである。すべての産業は、成長を始めると「慣性の法則」が働くので、すぐには止められない。したがって、このように成長の飽和点を早い段階で共有することで、成長を管理していくというメカニズムが、持続可能な転換には必要だろう。

エネルギー利用については、太陽光や風力、そこから製造される水素などが中心となり、その残った需要をバイオマスなどがまかなうというシナリオが見え始めている。これに加えて、バイオプラスチックなどのマテリアル利用も考慮に入れることが必要である。もちろん、エネルギー利用の削減(省エネ)や物質利用量の削減(サーキュラー・エコノミー)の対策もあわせて考えたい。

このような検討の後に、「持続可能」と証明できるバイオマスだけを使うことになる。農地や森林からの一次生産の持続性はもちろん、多段階の加工・流通までのシステム全体で、資源利用の効率と経済性に優れたフローをデザインすることが必要になる。

②ローカルなモデルを日本でもつくるという努力を継続する

第二に、日本においては、ローカルなモデル構築の努力を引き続き行うべきである。バイオマスの利用者が自分自身であったり、それが地域のコミュニティレベルで集合的に行われる程度であれば、社会的な問題にならない場合がほとんどである。興味深いことに、環境NGOもローカルな利用については批判の対象外としていることが多い。

バイオガス発電では苦い経験を味わったドイツであるが、北欧なども含めて欧州のエネルギー転換を下支えしているのは、こうした地域からのボトムアップの取り組みである。オーストリアにおける木質バイオマスの小規模熱利用など、理解をより深めるべき事例も多い。本書第11章で山本が提唱している薪ストーブの利用も、エネルギー転換の入り口的な意義を持っているといえるだろう。

実際、日本の自治体の多くでは、まだ使われていないバイオマス資源が存在する。例えば、中山間地域であれば、家庭・業務部門の熱需要量の相当程度が自給できることがわかっている［Goh et al. 2020］。こうしたローカルな利用は、後述するグローバルなレジームに対する、持続可能性の高いオルタナティブのモデルとして追求される意義があるものだと考えられる。

③ 持続可能なバイオエコノミーのガバナンスへ

その上で第三に、都市部や重厚長大な産業部門などの日本全体のエネルギー需要を考えれば、国内資源だけでは不足が予想され、一定量を輸入するという選択肢も検討せざるをえない［相川 2020］。その際に、「持続可能」なバイオマス量だけを峻別するために、第三者認証の取得などを通じたスキームの構築は必須である。

一方で、そのような形式的な確認にとどまらず、グローバルに流通する農林水産物、バイオマス燃料やバイオマテリアルの生産・流通・消費のあり方の見直しにつながるような長期的な視座も必要である。この点は、バイオマス燃料に限らず、すべての農林水産物やコモディティ(商品)の流通に関係するものであり、燃料だけ厳しい認証を設けても、他のマテリアルや食料などが、何の持続性の確認もなく流通し続けるのであれば意味がない。

さらには、トウモロコシや大豆、サトウキビ、パーム油などを原材料とするバイオ燃料の生産の多くが、多国籍企業によって行われていることを考えると、バイオマス産業が、金融市場の影響などさまざまな負の側面が指摘されるグローバルなフード・レジームの一部であることを認めざるをえない。ただし、バイオマス燃料の利用が、生産地域の森林所有者やコミュニティの生活向上に結びついている/結びつけることができるという主張もありうる。その意味では、歴史的な文脈を踏まえて、生産現場における人々の生活を社会学的なアプローチで記述していく作業も有効である。

持続可能なバイオエコノミーのガバナンス構築に向けて、バイオエネルギー分野での経験のみならず既存の農林水産業も視野に入れつつ、さまざまな空間・時間スケールでの現状分析と、それに基づく将来への提言が必要である。

註

(1) なお、パーム油については二〇一八年度より「液体燃料」区分が新設されたが、ほとんどの案件がこの区分新設前にFIT認定を取得しているため、統計上は「一般木質バイオマス・農業残渣」に含まれている。

(2) イギリスについては、Ofgem(ガス・電力市場局)の “Renewables Obligation Aunnual Report 2018–19” (二〇二〇年)、韓国については、Korea Institute of Energy Research の Jin-Suk Lee 氏の講演資料 “An Overview of Bioenergy Pilicy and Market in Korea” (二〇一八年九月六日)による。

(3) "IEA Bioenergy Task 40: Country Report Germany 2011" によれば、ドイツの六二二のバイオガスプラントで使用されているバイオマスは、エネルギー作物が四六%(重量ベース)で、家畜糞尿の四五%をわずかながら上回っていた。

(4) セルビー(Selby)炭鉱は、オイルショックのさなかに労働党政権により作成された"Plan for Coal 1974"に基づき、他の零細で生産性の低い炭鉱の閉鎖・合理化の引き換えとして、政策的に建設されたという歴史的な背景を持っている。このような政治的な決定の影響を特定することは難しいが、その後、一九八〇年代の保守党・サッチャー政権の合理化を免れた比較的新しい炭鉱だったという事実は指摘できる。

(5) エンビバ社の調達管理システムが整備される前に、望ましくない伐採ソースからの調達があった可能性がある。ただし、それがどの程度の量的な規模だったのか、どの程度の頻度で、どのくらいの期間行われていたのかは明らかではない。

第4章

「土地問題」としてのメガソーラー問題

茅野恒秀

1 問題の所在

◎メガソーラー＝「新たな土地開発手段」

長野県は全国に八県ある「海なし県」の一つだ。海岸線がなく、平野部も少ないため、再生可能エネルギー普及の世界的な柱となっている風力発電と太陽光発電のうち、風力発電の大量導入が見込めない。このため、電力の黎明期から盛んに開発されてきた水力発電とともに、太陽光発電の導入がエネルギー転換の鍵を握る。その象徴は、二〇二〇年に策定した県の「気候危機突破方針」で、二〇五〇年までにすべての建物に屋根ソーラーを設置するとしていることだ。資源エネルギー庁が公表しているデータ(二〇二〇年一二月時点)によれば、県内に導入済みの太陽光発電の総

表4-1　長野県内の主な大規模メガソーラー計画

立地地域	出力規模	開発面積	土地の状況（括弧内は所有者）	現状（2021年6月時点）
上田市生田	10.5MW	20ha	山林（企業）	未着工
佐久市香坂	30MW	58ha	山林原野（複数の個人等）	アセス方法書手続き終了（2021年1月）
富士見町大沢山	11.6MW	18ha	山林（財産区）	運転開始（2020年11月）
諏訪市四賀	92.3MW	196ha	山林原野（牧野農協，共有地組合）	中止（2020年6月）
富士見町境	24MW	28ha	山林（財産区）	中止（2017年1月）
長和町大門	18.7MW	33ha	牧草地（牧場）	運転開始（2018年1月）
川上村大深山	37MW		ゴルフ場跡	着工（2021年4月）
駒ヶ根市中沢	32MW		ゴルフ場跡	運転開始（2020年12月）
大町市八坂	10MW	13ha	山林	着工（2021年5月）
諏訪市豊田	46.7MW		ゴルフ場跡（旧林野利用農協）	運転開始（2017年12月）
佐久穂町海瀬	30MW	61ha	山林（複数の個人等）	中止（2020年8月）
佐久穂町大日向	78MW	210ha	山林（複数の個人等）	中止（2020年8月）
川上村居倉	30MW		ゴルフ場跡	着工（2021年4月）
木曽町三岳	19MW		ゴルフ場跡	未着工（町との協定未締結）

出所：資源エネルギー庁公表情報，新聞報道，現地調査等をもとに筆者作成．

出力は約一・五ギガワットで、その導入量は四七都道府県の一七番目に位置する。県土が北海道、岩手、福島に次いで四番目に広いことを考えればそれほど多い量とは言えないが、信濃川、木曽川、天竜川など八つの一級河川の源流域を持つ山岳県である分、中山間地域への太陽光発電の立地も目立つ。

表4-1は、資源エネルギー庁の公表資料と筆者の調査をもとに、県内に進出または計画が浮上したメガソーラーのうち、とくに規模の大きな事例を一覧にまとめたものだ。開発の対象となった土地の形態については、ゴルフ場跡地が目立つほか、土地所有者が地元の財産区（市町村の一部地域で山林や用水

路などの保有財産を管理するために設けられる法人格を有した特別地方公共団体）や専門農協という案件もある。

表中の上田市生田の事例は、地元自治会による反対運動が起こった。現況は森林であるが、一九七〇年代に予定地と尾根を挟んで隣り合う土地が別荘地に開発された後、業者が手前の土地も開発しようと多数の所有者から順次買い上げ、なんと二〇ヘクタールが「一筆」の土地になっていたと地元住民から聞く。開発を目論んで何十年も「塩漬け」になっていた土地が、ＦＩＴ（再生可能エネルギー固定価格買取制度）の到来によってメガソーラー事業の適地とされた典型例といえる。

この例のように、まとまった面積の土地が、一者ないし少数の者によって所有されていれば、開発事業者にとって難関の一つである地権者との交渉というハードルが大幅に下がる。表4-1に多いゴルフ場も、過去には同じような経過をたどり開発されたものが少なくない。つまり、メガソーラーはかつての「日本列島改造」やリゾート法などによって生じた土地開発ブームと同じ構造的特質をもつ、エネルギー転換を契機に二〇一〇年代に登場した新たな土地開発手段ととらえることができる。

◎歴史的アプローチで構図を解きほぐす

これから紹介する長野県内最大のメガソーラー事業は、諏訪市の霧ヶ峰高原と、近世から霧ヶ峰一帯の地権者であり、草や薪を生活の糧にするため入会（いりあい）利用してきた麓の集落との間にある、およそ二〇〇ヘクタールの土地に計画された。そこは、かつて幾度かあった開発の波に乗れず、さりとて山林を維持管理し続ける価値も見いだせず、土地を発電事業者に委ねようとした場所だった。

大手家電メーカーのエアコンのブランドで全国に知られる「霧ヶ峰」に国内有数規模のメガソーラーが立地するとあって、建設予定地の下流部に位置する住民たちから発せられた反対の声は、やがて全国の注目を集めるようになった。事業に対する疑念の矛先は、事業者を飛び越えて地権者にまで及ぶ兆しもあり、また一部とはいえ太陽光発電そのものへの懐疑や拒否感に近い空気の広がりさえ、感じられた。再エネへの転換が地域に新たな亀裂を生み出しかねない状況となったことは、筆者自身にとっても憂慮すべき事態だった。地権者である集落は父の出身地、つまり代々の先祖は建設予定地を生活の糧としてきたからである。

偶然にも「父祖の地」がメガソーラー問題の現場となった私は、研究者として自身がすべきことは何かを自問した。一九四八(昭和二三)年生まれの父が生前、秋に一家総出で霧ヶ峰へ採草に出かけた少年時代の記憶を楽しそうに話す姿は印象に残っていた。同じような経験をしたに違いない集落の人々が、なぜ、先人から受け継いできた土地をメガソーラーのために手放す判断をしたのだろうか——。この問いを解明する必要性と必然性が、私にはあった。

環境社会学には環境史と呼ばれる歴史的アプローチがあり、この地になぜメガソーラーが計画されるに至ったのかを通史的な視点から探ることができる。その結果、この問題を規定する根底的な性格を明らかにすることができれば、各地の太陽光発電をめぐってしばしば見られる推進と反対の構図を解きほぐし、真の課題がどこにあるのかを見定めることができるのではないか。本章は、こうした課題に応えてみたい。

2 霧ヶ峰メガソーラー事業の概略経過

まず、章全体の見通しをよくするために、霧ヶ峰におけるメガソーラー事業の経過を簡単に述べる。霧ヶ峰は標高一九二五メートルの車山(くるまやま)を最高地点とするなだらかな高原で、八ヶ岳中信(ちゅうしん)高原国定公園の一角をなすとともに、八島(やしま)湿原や踊場(おどりば)湿原など、学術的に貴重な湿原植物群落は天然記念物に指定されている。

二〇一二年にFITが始まってまもなく、東京のある企業によって七五メガワット(申請時、最終的には九二・三メガワット)のメガソーラーが資源エネルギー庁に認定された。事業計画が公になったのは、二〇一四年四月の地元紙の報道が最初だ。その記事は、予定地の大部分を所有する「上(かみ)桑原牧野(くわばらぼくや)農業協同組合」と事業者が土地の売買契約を結び、残る部分の地権者である「上桑原共有地組合」も全組合員から同意を得て売却する方針を固めた、という内容だった(信濃毎日新聞、二〇一四年四月一日)。二つの組合は旧上桑原村(現在の諏訪市四賀に属する桑原、普門寺、細久保、武津の各地区)に暮らす住民のうち、およそ二〇〇人で構成されている。両組合の構成員は同じで、事実上、同一組織とみて差し支えない。

予定地は、国定公園や天然記念物に指定されている霧ヶ峰高原の中心部から麓の集落までの間にある、標高一三〇〇～一四五〇メートルの約二〇〇ヘクタールの森林である(写真4-1)。近傍には、一九七〇年代から八〇年代に開発された別荘地や宗教法人の研修施設、また戦後開拓で入

植した人々によって開墾された農場が広がる。

事業は二つの手続きを経ることが必要とされた。森林を一ヘクタール以上開発する場合に必要な林地開発許可（森林法）と、長野県の環境影響評価条例に基づく環境アセスメントだ。県は二〇一五年に条例改正を行い、二〇ヘクタール以上の森林開発を伴う太陽光発電事業をアセスメントの対象とした。事業者は二〇一六年にアセス方法書を、一九年に同準備書を県に提出し、県の技術委員会が審議を行った。約二〇〇ヘクタールのうち一〇〇ヘクタール弱に太陽光パネルを敷設するため、森林が大規模に伐り開かれ、敷地内に降った雨を受け止められず外に流出する水の量は増加する。これを食い止めるために、大きく三カ所の堰堤（調整池）を設ける対策が立てられたが、その悪影響が下流域住民の懸念となり、大きな争点となった。

写真4-1　霧ヶ峰高原から麓を見下ろす．中腹の森林の一部がメガソーラー予定地
撮影：筆者

なお、経済効果は事業形態によってさまざまだが、立地自治体には固定資産税収入が確実に見込まれる。報道を参考に二〇〇億円の設備を事業者が投資・建設したと仮定すると、一七年間で約一八・六億円の固定資産税が諏訪市に納付される。

後段で詳しく述べるように、アセスは審議未了のまま、二〇二〇年六月に事業は中止となった。

3 霧ヶ峰の環境史・開発史の延長線上にあるメガソーラー計画

◎人の営みによって形成された草原景観

予定地はどのような来歴を持った土地なのだろうか［茅野 2020］。

霧ヶ峰は、近代化以前には「上桑原山」と呼ばれてきた。麓の旧上桑原村が山元すなわち地権者となって、近隣の村々は入会権（いりあいけん）を持ったり、年貢米を山元に納めることと引き替えに利用権（札（ふだ）山（やま）入会と呼ぶ）を獲得するなどして薪や草の採取をする、入会地・共有地であったことがその由来である。

郷土史によれば、一六世紀末に近隣集落で山争いが起こり、当時の高島藩が合計一三五〇ヘクタールの境界と入会村の範囲を定めた記録が最も古い［四賀村誌編纂委員会 1985］。その以前は定かでないが、霧ヶ峰では草原植生に特有に現れる黒色土の形成が縄文時代から始まっていたことが明らかになっており、本来なら落葉広葉樹林帯～亜高山帯の森林が成立する土地が、伐採、刈取り、火入れ等によって広範囲に草原となってきた［須賀ほか 2019］。生態学ではこうした植生を「半自然草原」と呼ぶ（写真4-2）。

半自然草原はかつて日本列島の各地に存在した。煮炊きや暖をとるためには薪や炭が必要であったし、化学肥料や輸入飼料のない時代、田畑への肥料や農耕牛馬の飼料には自然に生育している草を用いるほかなかったからだ。上桑原に生まれ育った私の父は、「小学生のときに握り飯を腹巻きに入れて、親と山へ草採りに行った。親の手伝いそっちのけで、草っ原で滑って遊んでたけどなあ」と、一九五〇年代後半頃まで、住民には採草慣行があったことを話してくれたものだった。

浦山[2007]は、文献資料と聞き取り調査を踏まえて、霧ヶ峰における近世末期と昭和初期の資源利用の様子を概略的に再現している。その成果によれば、近世末には現在の諏訪市と茅野市の両市に位置する村々が草刈り、灰焼き、炭焼きなどを広く行っていた。昭和初期になっても、比較的標高の低いところに植林地が一部あったほかは、刈敷(肥料用の草)、秣(牛馬の飼料用の草)、萱、薪といった草原景観の形成につながる利用形態が大部分を占めていた。

写真4-2　霧ヶ峰の高原地帯(組合員の境界確認作業の様子)
撮影：筆者

◎山と集落に押し寄せた近代化の波

明治期から昭和初期にかけて、麓の集落では現金収入を求め養蚕に取り組む家が増え、山へ投入する労力が減少した。同時に、標高の低い地域では鉄平石と呼ばれる石材の採掘、標高の高い地域では草原をスキーとグライダーに活用する動きが始まる一方、八島湿原、踊場湿原と車山周辺の草原群落の約四五〇ヘクタールは学術的価値が認められて天然記念物に指定された。現在のJR上諏訪駅方面からのバス路線が開通し、山小屋も開設されレジャー客が訪れるようになり、「霧ヶ峰」の呼称が一般に広まるのもこの時期である。

開発の利権をきっかけに、入会に関わる集落同士が訴訟の原告・被告となり、土地の所有権を大審院（現在の最高裁）まで争うこともあった。当時、諏訪湖周辺で製糸業が発展し、とくに入会集落の下桑原村に属していた上諏訪宿の界隈が急激な経済成長を遂げたことは、集落の力関係に地政学的な変化をもたらしていたのだ。山元の上桑原は、江戸時代には地域の中心的な集落であった。しかし明治に入り、上諏訪宿を核として一八九一（明治二四）年にいち早く町制を施行した上諏訪町が、上桑原などが合併してできた四賀村を飲み込む形で一九四一（昭和一六）年に諏訪市となるまでの約五〇年の間に、人々の生活・経済の拠り所は山から都市へと明瞭に切り替わった。つまり、山と集落に押し寄せた近代化の波が、上桑原が山元ゆえに持っていた「辺境」としての性格を一挙に顕わにしたのだった。

◎農地改革と強いられた「経営」

近代化の波は山林原野の土地所有にも大きな変化をもたらした。明治の地租改正と官民有区分は有名な歴史的転換点であるが、霧ヶ峰では先述のように大審院まで争った裁判で、一帯の土地は上桑原に所有権があることが確定していた（ただし地租改正後、上桑原は入会集落に対して利用実態に応じた地租の負担を求めていた）。しかし戦後の農地改革のために制定された自作農創設特別措置法の下で、この山元と入会集落の歴史的関係が地主と小作の関係に相当するとみなされ、一九四九年、入会集落の求めにより上桑原山は山元・入会・札山入会として関わりを持ってきた各集落に分割解放された。

この受け皿となったのは、新たに各集落が設立した七つの牧野農業協同組合(牧野農協)であった。牧野農協は農協法に基づく専門農協の一種で、入会地の管理組織として採用されることの多い財産区が、地方自治法に基づく特別地方公共団体の一つとして固定資産税等が非課税となるのに比べ、農協の所有地は純然たる民有地として位置づけられる。この牧野農協という組織を選択したときから、各集落は土地を活用した「経営」という課題を背負うこととなった。

しかし、各牧野農協の経営は総じて困難をきわめたと言わねばならない。

標高の高い高原地帯を得た入会集落の小和田牧野農協は、一九六〇年に県が打ち出した大規模畜産協業建設五カ年計画に基づいて、牧野に乳牛を放牧して畜舎や管理棟の設備投資を行ったが、わずか数年で借入金がかさみ破産寸前に追い込まれた。この畜産開発事業は、高原の天然記念物指定を一部解除させてまで実行に移されたものだが、小和田牧野農協は一九六六年、長野県企業局にすべての土地を売却することでしか破綻を免れる道はなかった[相沢 1967]。

踊場湿原の南側二九〇ヘクタールは上桑原、小和田、下桑原、赤沼の四集落の住民から出資者を集めて設立した霧ヶ峰牧野農協が所有し、夏の間、農家の牛馬を預かる放牧地として活用していた[諏訪市教育委員会 1971]。ところが、一九五〇年代末には農業機械が普及し農耕牛馬の数が激減、預託金収入が途絶えたことで霧ヶ峰牧野農協は一九六四年に解散を余儀なくされた。以後、出資者が集落単位で共有地組合などを設立したが、土地を開発業者に売却する組合も出て、入会地の所有は「虫食い」状態になっていった[諏訪教育会編 1986]。

山元であった上桑原牧野農協はどうだったか。農協設立から二年後の一九五一年頃の文書とされる「上桑原山牧野解放問題の経過を顧みて」には、「植林を益々行って部落としての収益を上げると共に樹間を利用する個人の収益も益々多くなることと思う。上桑原山もいよいよ開発の端緒についたのである」との記載があり、山林経営に希望を見いだしていた様子がうかがえる。事実、農協設立の翌年から造林を積極的に行い、一九五八年までに一六〇ヘクタール弱の植林地をつくり上げた［林野庁 1959］。上桑原が農地改革を経て確保したのは、いずれも天然記念物に指定されている旧御射山(もとみさやま)（祭祀遺跡）と踊場湿原の二カ所に加えて、集落からアクセスのよい、つまり高原地帯から離れた土地であった。この判断は山元としての立場と、農林業資源を確保しやすいという観点からはきわめて合理的なものだった。しかし、小和田が畜産に失敗、四集落が合同で設立した霧ヶ峰牧野農協が農業の機械化のあおりを受け収入源を絶たれたのと同様に、林業に期待をかけた上桑原牧野農協にとっては、高度経済成長に伴う資源不足に端を発する外国産木材輸入自由化をきっかけとする国内林業の急速な斜陽化の流れは、経営環境を厳しいものにした。

この時期に長野県が打ち出した、すでに蓼科(たてしな)、白樺湖まで開通させていた有料観光自動車道路「ビーナスライン」を霧ヶ峰から美ヶ原(うつくしがはら)まで延長する八島線の建設構想は、こうして各牧野農協の経営が窮地に追い込まれる最中に浮上した。エアコン「霧ヶ峰」のブランドが誕生した一九六七年頃の霧ヶ峰には、地元住民の生業を成り立たせる農林業資源（＝上桑原山）の姿はもはやなく、大都市圏の人々の避暑地という、観光資源の色彩が鮮明になっていたのである。そして、農林業から観光へと、草原を見やる社会の眼が変わったことにより、高原の土地を入会集落へ明け渡した上桑原の選択は、完全に裏目に出てしまったのだ。

◎観光開発の波に乗りきれなかった山元

このときすでに霧ヶ峰の東、八ヶ岳山麓では、やはり先祖代々の入会地を受け継いで設立された茅野市内の各財産区における観光開発が大規模に進んでいた。一九六〇年、蓼科高原の湯川財産区有林をトヨタ系の東洋観光事業が購入して別荘開発を進めたことを皮切りに、東急、三井、京王帝都といった大資本が続々と進出した。『諏訪の近現代史』[諏訪教育会編 1986]は、財産区が雪崩を打ったように観光資本と手を結んださまを、次のように総括している。

観光開発の対象となったのはほとんどが各財産区が所有するカラマツの山林と自然草地で、カラマツ材が不振となったため山林経営に見切りをつけ、売却もしくは賃貸する形に踏み切ったものである。

茅野市の財産区について論じた古谷[2013]によれば、市内には四八の財産区があり、七八〇〇ヘクタールの土地を所有し、現在もこうした観光開発への土地賃貸料収入を中心に年間八億円を超える財産収入を得ている。

ビーナスラインが蓼科、白樺湖から霧ヶ峰へと西進するにつれて、観光開発の動きも霧ヶ峰に及んだ。真っ先に開発の手が伸びたのは、一九六四年に解散した旧霧ヶ峰牧野農協所有の土地で、集落単位で設立した組合や地権者会が開発業者へ土地を売却する例が相次いだ。

そして一九七二年、三菱商事が別荘地、ゴルフ場、サイクリング道路など大規模レジャー施設を建設するために、上桑原牧野農協と上桑原共有地組合が所有する四一二ヘクタールの売却交渉を働きかけた。先祖代々の入会地の山林経営に見切りをつけ、観光資本の進出に期待をかける構図は、茅野市側の経過と見事に重なる。ところが、茅野市の各財産区が開発を推し進めた六〇年代と、霧ヶ峰の牧野が開発の対象となった七〇年代前半では、観光開発や自然保護に対する社会の見方が大きく変化していた。上桑原の所有地での三菱商事の開発には、諏訪、茅野両市の市民団体から自然破壊を懸念する反対の声があがったのだ(同時期、茅野での別荘地拡大に対しても同様の声があった)。大手商社による土地の買い占めに対する批判もあり、翌年、三菱商事は撤退することとなった。

それから一五年ほどが経過した一九八〇年代末、バブル経済の風を受けたリゾート開発の大波が全国に再び到来すると、東京の不動産会社「ミヤマ」が同じ土地でスイス村、ゴルフ場、リゾートマンションを核とする大規模開発を企てた。この開発計画にも、諏訪、茅野の両市民団体が反対運動を展開し、計画はバブル崩壊とともに雲散霧消した。

この二つの開発が企図され、いずれも事業者撤退の帰結となった土地に、三度目の開発として持ち込まれたのが、長野県内最大規模のメガソーラーだった。ここに至るまでの経過を把握してみれば、上桑原の住民がなぜ、先人から受け継いできた土地をメガソーラーのために手放す判断をしたのだろうかという問いに対しては、こう解答すべきだろう。彼らはそうせざるをえなかったのだ、と。

二〇一五年に事業者が諏訪市内で開催した説明会に参加した地権者の一人は、地元紙の取材に対して「〔予定地は〕長年使い道がなく困っていた場所。自然エネルギーに活用してもらえるならありがたい」と話していた(信濃毎日新聞、二〇一五年二月一五日)(写真4-3)。

4 メガソーラー問題の展開と結末

一方で反対運動は、予定地を源流とする横河川の下流にあたる茅野市米沢地区の住民たちから始まった。米沢では一九八三年に横河川の氾濫が起こり、水害の記憶が新しかったことと、市の上水道水源の一部をなす大清水湧水が霧ヶ峰を水源としているため、この水環境への悪影響を懸念したゆえの行動だった。環境アセスメントの手続きが進むなか、二〇一六年九月、長野県知事と茅野市長に建設反対の要望書を提出したことを皮切りに、住民は学習会を重ねていった。計画への疑問の声は八ヶ岳山麓や全国にも広がったが、立地点の諏訪市内では、土地を売却することを決めた地権者を除いて、関心の広がりはなかなか生まれなかった。

局面が大きく転回を見せたのは二〇一九年、環境アセスメントが準備書の手続きに入った時期だった。FIT制度の初期に認定を受けたものの、いっこうに稼働しない事業が後を絶たないことを受け、国が期限を設ける決定をしたため、各地で事業者が着工を急ぐ事態が生じたのだ。このメガソーラー事業も例外ではなく、二〇一九年度内に環境アセスメントと林地開発許可手続きを完了し、着工しなければ、電力の買取単価がキロワットアワーあたり四〇円＋税から一八円＋

写真4-3　霧ヶ峰の麓から見た，
メガソーラー予定地の森林（手前）と霧ヶ峰高原の草原（奥）
撮影：筆者

税へ減額されることとなっていた。買取単価が半減するということは、事業による売電収入も半減する。

しかも事業者が長野県に提出したアセス準備書に対して、県の技術委員会で厳しい指摘が相次いだ。その内容は、環境影響の予測評価のために用いた先行研究や調査結果の解釈が恣意的であることや、水環境への影響を回避するための対策の妥当性を検証できないなど、ごく基本的な問題点が多く、市民だけでなく諏訪市や茅野市も、事業に対する疑問を深めていった。公告縦覧された準備書には八七五人が意見を提出した。焦った事業者の広報活動も空回りし、前に進もうとするほど疑念が増幅していく、負のスパイラルが生じているようにも思われた。

疑問の声が諏訪市内でも広がっていった。手書きのチラシが印象的な「元気なひとたちの会」と称する母親たちは、手づくりの小さな勉強会や霧ヶ峰の現地に足を運ぶピクニックを企画、SNS（ソーシャル・ネットワーキング・サービス）や動画共有サイト、マスメディアを通じて情報を発信し、縦横に運動を展開した。さらに、創業一六六二年の宮坂醸造（代表銘柄は「真澄」）を筆頭に、甲州街道沿いの五〇〇メートルの間に五つの酒蔵が軒を並べる「諏訪五蔵」

も声をあげた。酒蔵の生活の糧は、霧ヶ峰を水源とする伏流水であり、代々、霧ヶ峰に生かされてきたという点では、地権者と同じだった。その彼らが、当初から反対を主張してきた茅野市側の住民たちと連合して、諏訪一円に大きなうねりが生まれた。

二〇一九年末には、事業者がアセス準備書に対する住民意見のメールを一部受信せず消失させていたミスが明らかになり、アセスの手続き完了は翌年度まで持ち越され、むろん林地開発許可の手続きに進むこともできず、FIT買取単価の半減が現実のものとなった。二〇二〇年六月、アセス未了のまま、事業者は撤退を表明し、長野県内最大のメガソーラー計画は中止された。

5 対立の構図を超えて真なる課題の焦点化へ

この間の、私の問題への関わりについても振り返ってみたい。茅野市で反対運動が組織化された二〇一六年の秋、米沢地区での住民学習会で講師を務めたことを皮切りに、私は大小さまざまな集会に招かれ、このメガソーラー問題について解説を続けた。ただ、私が示す土地問題という視点が多くの人々に関心を持たれるようになるのは、問題の局面が転回した二〇一九年まで時間を要した。同年秋、事業者と地域の林業従事者らを招き、私がパネルディスカッションのファシリテータを務めたシンポジウムが諏訪市内で開かれたことは、メガソーラー問題にとっても大きな節目だった。このシンポジウムはメガソーラーの是非を正面から問うというものではなく、SDGsと林業そして自然エネルギーをテーマに、今後の諏訪地域のあり方を考えるという趣旨のものだった。あえて間口を広げた主催者(市民団体)の戦略は功を奏し、地権者を含む一八〇人の聴衆が集まり、ディスカッションでは私の進行で、太陽光発電や林業のあるべき姿にまで突っ込んだ議論を行うことができた。このシンポジウムの後、「元気なひとたちの会」などが開催した諏訪市内での学習会の参加者は明らかに増えていった。

二〇二〇年の正月明けから地元紙が始めた「霧の先に」と題した連載は、私へのインタビュー記事で口火を切った(信濃毎日新聞、二〇二〇年一月七日)。ここで私は、霧ヶ峰の土地問題の歴史的経過を解説するとともに、「市も住民も、環境影響評価という制度の枠組みを超え、計画地を含めた霧ヶ峰一帯をどうするべきか議論する必要がある」と主張し、問題のフレームをとらえ直すことを提起した。この連載は続いて茅野市米沢地区の住民リーダー、地質学者、地元漁協組合長、埋蔵文化財関係者、「諏訪五蔵」メンバーのインタビュー記事を連日掲載し、焦点となる問題が多岐にわたることを示した。二月には複数の新聞社が地権者や他の牧野農協関係者へのインタビューをそれぞれ特集するなど、この問題の賛否にとどまらない、霧ヶ峰の歴史と地権者の苦悩にも向き合う報道を行った。

諏訪市内の反対運動の中心を担った「元気なひとたちの会」の代表は、地元紙のインタビューに「今回の計画で、地権者が守ってきた山の恩恵を当たり前のように受けてきたのだと感じました」(信濃毎日新聞、二〇二〇年一月一六日)と語った。この言葉は、過去七〇年の霧ヶ峰と市民との関係を端的に言い当てたといえるだろう。計画が中止となって約一カ月後、私は上桑原牧野農協の組合員たちとの話し合いの場に立った。ある組合員が皆の前で、「今回の件で、自分たちの山がこんなに人々に恩恵を与えているのかと、初めて気づかされました」と語ってくれた。地域では、メガソーラーの是非から始まり、霧ヶ峰の価値をどう守っていくかという真なる課題が焦点化される兆しが見えている。

6 おわりに

本章では、霧ヶ峰に生じたメガソーラー問題を、高度経済成長やバブル期に生じた「地域開発」との連続性の中で、さらに日本社会が前近代から近代へと向かう過程で生じた土地所有や資源利用の変化との関係性の中でとらえた。

この事例を、森林伐採と造成を伴う外来型の大規模開発が、災害防止や水質問題を争点として下流域から始まった反対運動を呼び起こし、やがて地域の大きな関心を集め、環境アセスメント（と続いて予定していた林地開発許可）などの環境政策が機能した象徴的な事例として位置づけることも可能である。しかし一歩引いて冷静に振り返れば、第4節で述べたように、アセス手続きを自ら遅滞させるミスを犯すなど、事業者の未熟さが作用した特殊な事例としての側面も見逃せない。事業者の致命的なエラーが続かなければ、地域に亀裂を残しつつ建設が進んだ可能性も否定できないのである。この事例を、単に環境政策と環境運動の「勝利」と解することは適切ではないし、勝ち負けの図式に押し込めることは、地域に生じた分断の芽にみすみす生長の余地を与えてしまうだろう。

本章の視点であり、なおかつこの問題に私が直接的に関与した際に用いた環境史・開発史のアプローチは、眼前のメガソーラー計画を〝食い止める〟ための処方箋として即効性があるものではない。しかし現在、全国各地に立地が進むメガソーラーは、土地所有の細分化が進んだとされる現代においては例外的に「まとまりを持った土地」を必須条件とする。この条件を満たす土地は、青森県のむつ小川原開発用地のように、政策的な土地買収によって広大な用地を確保した例を除けば、多くは近代的土地所有が浸透する過程にあっても共有的性格が維持され続けた土地が少なくない。土地の保全管理を地権者の意志と自己責任に帰する形で、また活用の方向性を国策と市場メカニズム下の投機的行動のいずれかに(積極的か消極的かは別に)委任し続けてきた結果、日本では時代に応じてさまざまな問題が生じ、その帰趨を土地が左右してきたと言ってよい。有名な例は、原発の立地過程において、その対抗手段として土地を手放さないという戦術が数多くとられてきたことだ。メガソーラー問題は、日本の土地問題、また土地利用政策の帰結として現れている問題なのである。

他方、メガソーラー問題の土地問題としての性格を浮き彫りにすることは、その先に、土地が本来持っている共的・公共的な性格のありかと、その保全管理・活用のあり方を指し示すことにつながる。すなわち、その土地のポテンシャルを引き出すことは、誰による、どのような仕組みの下で可能となるのかという問いをも照らし出す。実は、コミュニティ・パワーの倫理的基盤には、この視点が欠かせないのだ。

第5章

風力発電に伴うリスクの哲学と倫理

蔵田伸雄

1 風力発電と社会倫理

本章では、主に風力発電の健康リスクを想定した上で、リスクの社会哲学と倫理の概要を説明し、リスクの受容可能性について論じる。具体的にはリスクと正義について、さらにリスク評価が必ずしも厳密で客観的なものではないことについて、そして科学コミュニケーションおよびリスクコミュニケーションにおける「欠如モデル」について説明し、最後にリスク受容の条件について述べる。

一般に風力発電をはじめとした再生可能エネルギーの社会倫理的な問題は、当事者ではない人や、他の地域の住民からは「見えにくい」ものであることが少なくない。とくに「再生可能エネルギーの導入は喫緊の課題である」と考えられていることもあって、地域で生じるコンフリクトなどは気候変動の深刻さに比べれば些細な問題であるとされかねない。確かに風力発電であれ、太陽光発電であれ、再生可能エネルギーの導入は二酸化炭素排出量の削減と気候変動対策のためには必要不可欠である。また再生可能エネルギー施設は、原子力発電所のように事故が生じた場合に放射能被害を生じさせるわけでもない。そして風力発電や太陽光発電の発電コストは大幅に下がっており、風力発電の発電コストはすでに火力発電よりも低くなっている。風力発電の発電コストは二〇二〇年時点でキロワットアワーあたり一〇円程度であり、石炭火力で一二円程度である［資源エネルギー庁 2020: 17; 新電力ネット 2021］。このような点だけ見れば、再生可能エネルギーは「いいことづくめ」のようにも見えるため、立地地域でのそれに対する危惧や反対は理解されがたいものとなる。

だが、風力発電施設にもさまざまな問題点がある。例えば風力発電のための風車であれば、「バードストライク（鳥類の衝突死）」といった問題がある。しかし、風力発電施設でのバードストライクの件数は決して多くはないとも言えるし（二〇〇〇年からの一〇年間で一〇二件）［風間 2018］、それに対する各種の対策も試みられている（もっとも、設備数の増加に伴い、バードストライクの件数も増える可能性がある）。また風力発電の集中立地や大型化による、景観の悪化という問題もある。しかしながら、風力発電施設を醜いと感じる人もいれば、美しいと感じる人もいて、景観の「悪化」は所詮、主観的・個人的な問題でしかないと考えられることも多いだろう。立地地域にもよるが、巨大な風車もやがては「美しい風景の一部」となるかもしれない。だが、このように考えること自体が問題の矮小化につながる可能性もあり、それによって新たな軋轢が生じかねない。

そして風力発電施設の設置主体が企業であるなら、利益分配の不平等が引き起こされ、風力発電施設の設置は地域内部に人々の対立を引き起こすかもしれない。原子力発電はリスク分配と利益分配の不平等を生んだ。一方、再生可能エネルギーは必ずしも原子力発電のような巨大で中央集権的システムではなく、分散的なシステムの中で用いられる。トップダウンの中央集権的意思決定と親和性の高い原子力発電とは異なり、小規模な風力発電や太陽光発電は外部の資本が入らない地域密着型の発電施設である「コミュニティ・パワー」という形をとることもある。そのような場合には、リスクと利益の分配の問題は生じにくい。しかし、数十基の風力発電用風車を陸上あるいは洋上に並べた巨大風力発電施設やメガソーラーは、巨大な地域外の資本によって建設、運営されることが多い。このような場合には、風力発電施設も「巨大資本の地方への進出」となるため、原子力発電所と同様に利益分配とリスクの不平等という問題を生む。また、巨大な風力発電群やメガソーラーを経済的な問題を抱えた地域に建設することで「金を落とす」ことにより、こういった施設に対する不満の声を「黙らせる」ことになりかねない。

さらには再エネ施設が新たに建設されることによって、地域の中でさまざまなコンフリクトが生じる可能性もある。再エネ施設の設置は生態系や地域住民の健康、とくに騒音などによる健康被害の懸念を抱かせることになるからである。洋上風力発電所の建設は漁業に従事する人々からの反対に遭うだろう。こうして自分の住む地域にメガソーラー施設を設置してほしくない、風力発電のための巨大風車を設置してほしくないといった意向が一部の住民によって示されて、さらには「反対運動」が生じることになり、事業計画への賛否によって地域社会が分断される可能性もある。

それに加えて多くの地域で生じている再生可能エネルギー施設のリスク受容に関する問題は、社会科学的な側面からも問題にされない可能性がある。地球全体の環境保護や、将来世代の負担を考えれば、地球環境に大きな影響を与える温暖化ガスの排出を抑え、原子力エネルギーの使用を減らすことは当然のことであり、再生可能エネルギーの導入は不可避である。だが、このように「社会全体」「地球全体」「将来世代の利益」を重視するなら、地域の中で生きる個々人が抱える問題は軽視されることになるかもしれない。そして〈一般的な立場〉としては、再生可能エネルギーの導入を支持していても、〈個人的な立場〉では騒音源ともなりうる風車が自分の住居の裏に建設されることには反対するというような住民の態度は、NIMBY(Not in My Back Yard)的なものともとられかねない［本巣 2016: 69–70］。しかも環境問題への関心が高い、都市部に居住する高学歴・高収入で「リベラル」な人々からは、立地地域が直面する課題は問題として見えづらい。仮に風力発電やメガソーラーに問題があるとしても、それによって原子力発電所や火力発電所を建設しなくても済むのなら、立地地域の住民は多少の健康リスクを受忍するべきだと考えられてしまうかもしれない。風力発電の騒音による健康リスクへの懸念は「大した問題ではない」「気のせい」とされてしまう可能性があり、社会全体のリスク「評価」において無視される可能性もある。

一般にリスクを社会全体で適切に負うためには、公正や平等の価値に留意し、分配的正義と手続き的正義とを遵守しなければならない。だが各種の公害事例に見られる健康リスクについて言えば、健康リスクは一部の人に課されていることが多く、それは平等・公正に反する。また、健康リスクの分布の不平等には各種の社会的不平等や格差が反映されていることが多い。そして生物学的弱者（妊婦や胎児、子ども、障害者、何らかの基礎疾患を持つ人、高齢者）は各種のリスクの影響を受けやすい。

さらに、ここではリスクを負わせる人と負わされる人とが分離していることも多い。各種の公害で見られるように、リスクの原因となる製品等から利益を得る人（例えば企業の経営者）は、リスクに曝される人（工場の立地地域に住む人や、その工場内で働く人）とは異なる人であることが多く、利益を得る人々は現地に居住していないことも多い。風力発電の場合でも、リスクを負わされる人が地域住民であるのに対して、設置者は他の地域に居住していることも多いであろう。

こういった問題について考えるにあたっては、「誰から見たリスクなのか」を考える必要がある。リスクの大きさについての認知は文脈によって異なり、個人差もあるので、その点を考慮しなければ、正義にかなった（公正な、あるいは各人の権利を尊重した）リスク評価をすることはできない。本章で論じることは、再生可能エネルギー施設のリスク受容のために必要なのは、そのエネルギー施設の存在が立地地域のコミュニティで人々から受容されていることだということである。そしてこれは利益の分配に関わる「分配的正義」が守られているか、その事業の導入の際の意思決定において「手続き的正義」が担保されているか、また地域社会の住民と（地域外の部外者である）事業者との「信頼」が保たれているか、の三点にかかっていると言ってよい。こういった点について考えるために、次節ではリスクの社会哲学の概要についてみておきたい。

2 リスクの社会哲学

リスク評価は本質的に不確実性を含んでいる。[1] そのため「厳密なリスクアセスメント」は実際には困難である。リスクアセスメントは一見、数値を用いて「客観的」に実施されているように見えても、その前提には主観的な要素が含まれていることもあり、用いられるモデルに含まれている条件や前提も何らかの恣意性を伴っていることがある（どのようなデータを外挿するか等）。そして用いられている科学的・医学的な仮定や条件が異なるか、計算や評価のためのモデルが少しでも異なれば、リスク評価の結果も変化する。また数値で表されたリスクを評価する際にも、評価を行う専門家（expert）の何らかのバイアスが入っていることがある。ここではリスク評価を行う専門家自身も、自分の主観的なリスク認知を客観的なものだと考える自己欺瞞に陥る可能性もある。

リスクが何らかの数値の形で提示されているとしても、立場や置かれている文脈によって、その数値の評価は異なるものとなる。例えば同じ数値であっても、風力発電用の施設の設置主体である企業の重役から見た健康リスク評価と、被害者となりうる立地地域市民の騒音リスクの評価は当然異なるものとなる。

だがそれにもかかわらず、特定のリスクアセスメントが正確かつ厳密なものとされることによって、リスクアセスメントがリスクを危惧する人を「黙らせる」ために使われることもある。[2] こうして本来ならリスクに対処することを目的とするはずの「リスクアセスメント」が、リスク対処を行わないための方便とされる可能性もある。このようなリスク評価は常に濫用される危険性を伴っており、「リスク評価」に基づく政策決定が、リスクを負わせる側によって都合よく利用されることにもなりかねない。本来、リスク評価は個々人の生命と健康を守るための施策を講じるために実施されるべきだが、マクロな視点から行われるリスク便益分析では、「対策コストの削減」が優先され、生命と健康を守るための十分な対処がなされないことになりがちである。

そしてリスク予測のために必要なデータや科学的知識が不十分な場合には、リスクの「不確実性」がリスク対処を行わない「言い訳」とされてしまうかもしれない。さらに水俣病をはじめとした公害の場合にも、疾患と原因物質との「因果関係が明らかでない」ために、「リスクがない（少ない）」ことにされ、結果として被害の拡大に結びつくことが少なくなかった。風力発電施設の騒音リスク評価でもそのようなことが生じる可能性は否定できず、施設と健康被害との因果関係が明らかではないとされて、リスク対処がなされない可能性もある。

それに加えて専門家がリスク評価を行うとしても、誰の視点からリスク評価を行うのかによって、採用される「リスクアセスメント」モデル（例えば騒音や「シャドウフリッカー（風車の影）」の健康への影響を大きく見積もるモデルかどうか）も、評価のために用いられるサンプルも異なるものとなる可能性もある。先に述べたように、評価のためのモデルの選択や条件を設定する場面、またリスクを解釈する場面で、評価者の何らかの主観的な価値観や意図が反映されてしまう可能性もある。

そして多くの公害の事例に見られるように、リスクを負わせる側がリスクを過小評価することによって対策コストを浮かせるなら、より多くの利益を得ることになる。このような構造がありうることをリスクを負わされる側が知っているなら、リスクを負わされる側はリスクを負わせる側に対して不信感を抱くことになる。

さらにリスク評価の場面では、リスクに関して明確な閾値(しきいち)を設定可能かどうかということも問題になる。化学物質への曝露や大きな騒音によるリスクについては、「数値がこれ以上であれば健康に対して明らかな悪影響がある」ことを示す閾値を設定することができる(もっとも、その閾値をどのように設定すれば安全を確保することができるのか、という点は議論の対象になる)。閾値が設定されている場合には、リスク要因がその閾値を超えないような対策を講じることによって、被害を防ぐことができる。しかし、本章で問題にしているような風力発電施設から生じる騒音による不快感などの場合には、それが「社会通念上許容できる/我慢できる範囲」、つまり「受忍限度」の範囲内にあるかどうかによって、それに対する加害性が判断されることになる。そして当事者が、風力発電施設から生じる音を「我慢できない」と判断して訴訟を起こしたとしても、それは「受忍限度」の範囲内なので、加害者とされる側に賠償責任はないとされる可能性もある。

そしてリスク評価では他のリスクとの相対評価も問題になる。騒音によって生じる不快感によるリスクは、有害物質による健康リスクなどに比べるとはるかに小さい。そのため、そのようなリスクは許容可能、または許容して当然のものとされることになるかもしれない。

さらにリスクの規制という観点からいえば、「同様のリスクは同様に規制する必要」がある。騒音のリスクに関していえば、航空機の騒音、鉄道や道路の騒音、近隣の騒音(例えば隣家のピアノの音)と同じ基準で規制する必要があり、風力発電施設から生じる騒音のみを独自の基準で規制することは困難である。

リスクアセスメントは結局、「誰か（技術者・経営者・政策担当者等）から見た、何らかの文脈におけるリスクアセスメント」にすぎず、そこでなされる評価を絶対的で厳密なものとすることはできない。だが実際には「科学的」で「客観的」で「中立的」で「冷静」な「専門家」のリスク評価に対して、被害を訴える人のリスク認知は、専門的知識の欠如を原因とした、非合理的・感情的でバイアスのかかったものだとされてしまうかもしれない。ここで用いられることが多いのが、科学コミュニケーションおよびリスクコミュニケーションにおける「欠如モデル」である。これはどのようなものかを次節で簡単に見ておきたい。

3 欠如モデルに陥らないために

風力発電施設の健康リスクについても、科学コミュニケーションでしばしば言及される「欠如モデル」が用いられる可能性がある。「欠如モデル」とは、遺伝子組み換え農作物や、原子力発電所の設置や稼働の際のリスクコミュニケーションで用いられているモデルである。これは「非–専門家のリスクに対する過剰かつ感情的な反応と、リスクの過大評価とは、知識の〈欠如〉に由来する認知バイアスに基づくものなので、非–専門家を〈啓蒙〉して科学的知識を与えれば、そのような過剰な反応はなくなるはずだ」というモデルである。このモデルでは、科学的知識が欠如した非–専門家（しろうと laypeson）である公衆に科学的知識を伝えて、技術が「安全」であることを「理解」させれば、公衆は「安心」して新しい技術を受け入れ、そのような技術に感情的な反発をしなくなるはずだと考えられている。「風車による騒音のリスク」に「欠如モデル」を適用するなら、そのリスクの「小ささ」を知らない人にリスクが小さいことを「客観的」かつ「科学的」に「数値」を用いて教えることによって、それに反対する人もそれを受け入れるようになるだろう、ということになる。

だが、このような「欠如モデル」には問題点があることが多い。「欠如モデル」は行政等によるリスクアセスメントの暫定性、恣意性、不確実性の隠蔽、さらには行政や企業の意図(経費削減のためのリスクの過小評価)の隠蔽のための政治的ツールとされることもある。結果として「欠如モデル」は原子力発電のリスク評価に見られたように、潜在的被害者の安全や健康、権利の意図的な軽視につながることになる。だが実際には、リスク評価に必要なローカルナレッジが豊富な現場の「しろうと」の方が、現場を知らない「専門家」や官僚よりも適切なリスク判断を下すことも少なくない。例えば遺伝子組み換え農作物に対する「しろうと」の懸念には、交雑の危険性や生態系に対する懸念、農業政策についての懸念のような「合理的」な要素が含まれていることがある。しかし、欠如モデルを採用することによって非-専門家からの批判的意見や現場の知識に基づく情報提供が遮断され、より客観的なリスクアセスメントが不可能になる。

もちろん、非-専門家に必要な知識が欠けていることが少なくないために、「欠如モデル」がある程度事実を反映していることもある。「欠如モデル」の問題点は行政や企業、あるいは「専門家」が、自分たちの知識や情報が不十分なものである可能性もあるという事実を隠しつつ、非-専門家である市民を「啓蒙の必要な人々」として見下すという、「上から目線」の傲慢さにある。さらに「欠如モデル」を採用することによって、安全性の立証責任はリスクの原因をつくり出した側にあることが軽視されることにもなる。また、説明するべき点を明らかにして、リスクを負わされる側への説明義務を軽視することにもなりかねない。風力発電施設の設置においても、このような「欠如モデル」の利用に陥らないようにするべきである。

4 リスク受容の条件

最後に風力発電施設の健康リスクが受容されるためには、どのような条件が必要なのかを考えてみたい。

まず、弱者保護のためにリスク評価は「潜在的被害者」(リスクの影響を受けやすい人々)の観点から行う必要がある。一般に健康リスクの評価は行政等の視点からなされがちだが、環境リスク評価のためのモデル選択や、データ処理や評価の際には、可能な限り「潜在的被害者」の視点に立って、潜在的被害者の価値観や認識枠組みに基づいてそれらを行う必要がある。また、潜在的被害者が自分の視点から適切なリスク評価を行うためには十分な知識・技術・資金・情報が必要だが、その点でも潜在的被害者の側はそれらを持たないために不利である。その際には「専門家」の誰かが非-専門家の視点に立ったリスク評価を行う必要がある(いわゆる「アドボカシー」である)。

だが、リスクが自発的な活動に伴うものなのか、あるいは非自発的な活動に伴うものなのかということは、人がそのリスクを受容するか拒否するかを決める上で重要な要素となる。一般的に、日常的な活動に伴うリスクであれ、娯楽活動に伴うリスクであれ、自らが自発的に選んで引き受けるリスクであれば、比較的大きなリスクでも人は受容する。例えば自動車の運転、グライダーに乗ること、ロッククライミングなどの大きなリスクを伴う活動であっても、それが自分の選んだ活動であれば、人は大きなリスクでも受容する。しかし廃棄物に含まれる有害物質のリスクなど、自発的に選んだのではないリスクを他者から負わされる場合は、それが小さなリスクであっても人は許容できない。自ら引き受ける場合は許容できるようなリスクであっても、それが他者から負わされた、回避できないものである場合にはそれを心理的に許容できない場合が多い。ところがリスクが自発的に引き受けられた場合には、非自発的なリスクの数千倍の大きさのリスクでも人は引き受ける[Starr 1969]。つまり必要な活動に伴うリスクや、自ら選んだ行為に伴うリスクなら、それが大きなリスクであっても受容されるのである。

したがって何らかの健康リスクを負わされる可能性のある人が、自分に負わされるであろうリスクをコントロールしたり、避けたりすることができるなら、リスクを受容する可能性も高くなる。医療におけるインフォームド・コンセントが必要な理由の一つはこれである。手術や投薬に関するリスクも、本人が十分な情報を与えられた上で同意した処置に関するリスクなら、人々はそれを受け入れている。

洋上風力発電も含めて、風力発電の騒音リスクに関していえば、当事者がリスク曝露に対する「同意」を示す機会すら与えられていないこともあるだろう。またそのリスクを負わされる人の多くは、居住地を移すこともできない。このような場合には人々がリスクを受容する可能性は小さくなり、そのようなリスクを生み出す施設の許容可能性も低くなる。

だが、必ずしも「同意」があれば十分であるということにはならない。状況が変われば、同意していた事項についても当事者が同意の撤回を望むこともある。そのような場合には何らかの事後対応が可能であるようにしておく必要もある。また何らかの人為的原因によって生じるリスクに対する評価は、「そのリスクを生んだ人や組織」に対する好悪の感情とも結びつく。マイナスの感情と結びついたリスクは当然大きく評価されることになる。つまり、施設の受容のためには施設の設置者に対する地域住民の信頼も必要なのである。

しかし負わされるリスクがきわめて小さいものであっても、そのリスクが当事者の意向を無視して負わされたものであるなら、当事者はそれに反発するだろう。また風力発電施設が外部の資本によって建設されたものなのか、地域の資本で建設されたものなのか、あるいは自分も出資しているのか、さらにはすべて自分の資金によって建設されたものなのか、といったことによって騒音等の許容リスクも異なるものとなる。先に述べたように、自らが自らに負わせたリスクであれば、人はかなり大きなリスクでも許容できる。風力発電施設によって生じる騒音にしても、自らが建設することを選んで、自らの土地に建設した施設から生じる騒音であれば、リスクの許容度は高くなると思われる。それは個人ではなく、自分もその一員である生協などの単位で、共同で施設を建設する場合も同じである。外部資本によって建設された風力発電施設と、自分を含めた地域住民の出資によって建設された風車では、騒音の大きさやそれによる健康リスクが同じであるとしても、後者の方がリスクの許容度は高いであろう。

また風力発電施設にリスクやデメリットがあるとしても、その施設が生活に必要なものであるなら、そのリスクやデメリットも許容されるであろう。例えばその風力発電施設によって生み出された電気が、自らも使用するものであるなら、騒音リスクの許容度は高くなると思われる。リスクを負わされる当人がいかなる便益も得られないような場合は、そのリスク(より正確にいえば、「便益とリスクのパッケージ」)を生み出す対象は心理的に受容されないであろう。リスクを生み出す施設が現地の住人にとって受け入れ可能となるためには、①当人がそのリスク曝露に伴う便益を受容できること(分配的正義)、②それが社会全体に利益を与えるシステム(具体的には何らかの社会的インフラ：発電以外では交通・医療・水道・配電等)の副産物であること、③各人が自分のリスク曝露のコントロールに参与できること(具体的には建設時に拒絶の意思表示の機会があること：これが手続き的正義にあたる)、④リスクを引き起こす対象を拒絶しても社会的便益を失うことはない、といったことが条件となる[蔵田 2015: 81]。

このように当事者が利益にあずかることができること(分配的正義)と、意思決定が透明かつルールに則ってなされることにより意思決定に参与できる(手続き的正義)なら、リスクが受容されないような事態が生じる可能性は小さくなるだろう。

再生可能エネルギーの導入に伴う地域でのコンフリクトを防ぐためには、企業・行政・専門家主導の、経済的合理性に基づく決定ではなく、地域住民の熟議による主体的な合意形成と意思決定が必要である。住民がそのようなプロセスを経て、主体的に意思決定に関わることができるなら、リスク受容の可能性も高くなるだろう。

註

(1) 本節の内容は蔵田[2015]をもとにしているため、内容的に重なるところがある。

(2) 「リスクアセスメントは常に何らかの前提を含むものであって、完全に客観的なものではない」としても、それはリスクアセスメントの有効性を否定するものではないし、リスクの理念的な客観性(実在性)を否定するものでもない。

II

地域からのエネルギー転換

——発想の転換から複数の文脈をつくり出す

第6章

地域主導か地域貢献か

再生可能エネルギーの市場化とドイツにおけるコミュニティ・パワーの課題

山下英俊・寺林暁良

1 ドイツにおける「地域からのエネルギー転換」

◎世界のエネルギー転換を先導するドイツ

ドイツは、世界のエネルギー転換を先導する国の一つである。二〇二〇年には総発電電力量に占める再生可能エネルギーによる発電量の割合が四五％に達し、すでに再生可能エネルギーが主力電源となっている。並行して、脱原発・脱化石燃料の取り組みも進んでおり、原子力発電の占める割合は一一％に、褐炭（かったん）と石炭による電力が占める割合は合わせて二四％へとそれぞれ減少している。

この大転換を支えてきたのが、二〇〇〇年に施行された再生可能エネルギー法（ＥＥＧ：

Erneuerbare-Energien-Gesetz）に基づく固定価格買取制度（ＦＩＴ）を中心とした支援政策である。当初は、発電事業者が投資を回収できるように、十分高い買取価格が設定されていたが、導入が進むにつれて設置費用が低下し、それに対応する形で順次、買取価格が引き下げられてきた。二〇一二年のＥＥＧ改正により、電力市場価格に一定のプレミアムを上乗せして買い取りを行う、市場プレミアム（ＦＩＰ：Feed in Premium）の制度が導入され、再生可能エネルギーの電力市場への統合に向けた取り組みが始まった。続く二〇一四年のＥＥＧ改正において、二〇一七年までに、プレミアムの額を入札によって決定する制度に移行することになった。このため、平場の太陽光発電設備を対象として二〇一五年に入札制度が試行的に導入され、その結果を踏まえ、二〇一七年のＥＥＧ改正において、風力と太陽光、バイオマスを対象として入札制度が導入された。このようにドイツにおいては、再生可能エネルギーの市場化の進展に合わせ、支援政策も進化を遂げてきた［山下・渡辺 2018］。

◎地域からのエネルギー転換

一方、ドイツのもう一つの特徴として、エネルギー転換が市民主導・地域主導で進められてきたことが挙げられる。これを我々は「地域からのエネルギー転換」と名付け、注目してきた［寺西ほか編 2013］。それを象徴するのが、ドイツにおける発電所の所有状況における市民所有の割合の高さである。二〇一〇年時点では、ドイツにおいては再生可能エネルギー設備全体の五一％を個人や農家といった市民の主体が所有していた。さらにバイオガス発電に至っては、農家による所有が七二%を占めていた。ドイツにおけるエネルギー転換は、脱原発や温暖化対策の市民運動としての側面を持っており、行政セクターでもなく、経済セクターでもなく、市民主導・地域主導であることに意味が込められているため、「市民エネルギー(Bürgerenergie)」が重視されている。

こうした市民主導・地域主導の取り組みを支える前提条件として、再生可能エネルギーに限らず、あらゆる開発計画に適用される土地利用規制の存在がある。ドイツでは、建設法典(Baugesetzbuch)に基づいて市町村が建設管理計画(BLプラン)を策定し、建築物の立地や外観などを厳格にコントロールしている。BLプランは、全域を覆う土地利用計画(Fプラン)と地区詳細計画(Bプラン)からなる。BLプランの策定・変更には議会の承認が必要となる。これにより、環境・景観や農業的土地利用等の侵害を最小限にし、同時に計画策定手続きへの市民参加によって受容性を高めることが期待できる。こうした土地利用規制の枠組みの下、風力発電については、州レベル(広域地方計画)あるいは市町村レベル(Fプラン)で立地可能な地域の指定が行われ、その上で、個別の事業に対して日本の環境影響評価にあたる連邦インミッシオン防止法に基づく許可手続きを課している。また、太陽光発電については、EEGにおいて買取対象となる設備が立地できるBプラン上の用途を限定することで、設備の立地を誘導している[髙橋 2016]。

このように、立地地域が受け入れないと事業化が困難であるような土地利用規制が存在しているという点が、ドイツの大きな特徴といえる。結果として、外部の事業者にも地域と協力して地域が受け入れやすいような事業化を行う誘因が生じる。他方、地域の側には外部の事業者に任せるよりは、自らによる事業化を目指す誘因が生じる。その際、市民による事業化の受け皿となっているのが、エネルギー協同組合である。これらが、ドイツにおける地域からのエネルギー転換を支えてきた制度的な背景といえる。

◎本章のねらい

再生可能エネルギーが、高コストで支援が必要な未成熟な電源から、他の電源と同等な市場競争力を持つ電源へと成長を遂げ、再生可能エネルギーの市場化が進んできた。このこと自体は、これまでの支援政策の成果として積極的に評価できる。一方で、地域からのエネルギー転換の観点からは、支援水準の引き下げや市場競争の強化により市民主導・地域主導の事業化の難易度が高まることにつながり、手放しでは喜ぶことができない。そこでこの章では、ドイツにおいて市民エネルギーがどのように普及・拡大してきたのか、エネルギー協同組合の取り組みを紹介しつつ、その課題を明らかにする。その上で、再生可能エネルギーの市場化が進むなかで、ドイツにおいて、市民エネルギーを維持・拡大するためにどのような制度的対応がとられてきたかを確認し、残された課題は何かを明らかにする。

2 エネルギー協同組合はどう対応しているか

◎エネルギー協同組合の現状と挑戦

エネルギー協同組合は、ＦＩＴ制度によって市民エネルギーが拡大する際の主要な担い手の一

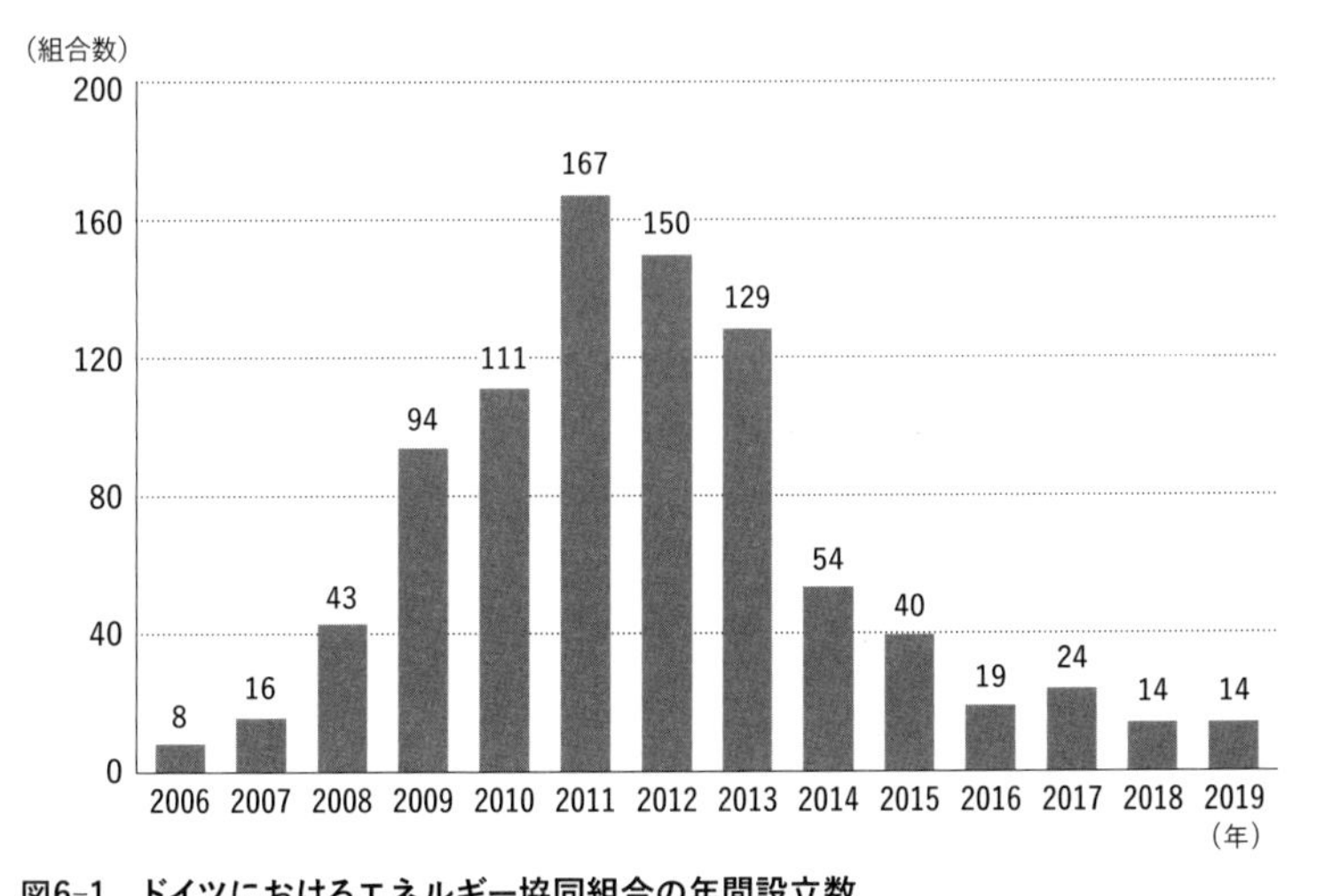

図6-1　ドイツにおけるエネルギー協同組合の年間設立数

出所：DGRV［2020］.

つとなってきた。リューネブルク大学の調査によると、市民エネルギー事業を担う組織のうち、五四・六％を協同組合が占めている（ちなみに次に多いのが有限合資会社というファンド方式の組織で、三六・六％である）［Kahla et al. 2017］。

エネルギー協同組合の特徴は、民主的に運営されることだ。協同組合は、出資額にかかわらず一人一票で組合員が組織を運営する。ドイツのエネルギー転換は市民運動としての側面を持つため、このような運営方式を持つ協同組合が選ばれることが多かったのである。

二〇一四年のEEG改正は、エネルギー協同組合にも大きな影響を与えた。図6-1のとおり、エネルギー協同組合は二〇〇六年から急激に増え続け、二〇一〇年から一三年には年間一〇〇組合以上が設立されてきた。しかし、二〇一四年以降は急激に設立ペースが落ち込み、近年は年間一〇組合程度となって

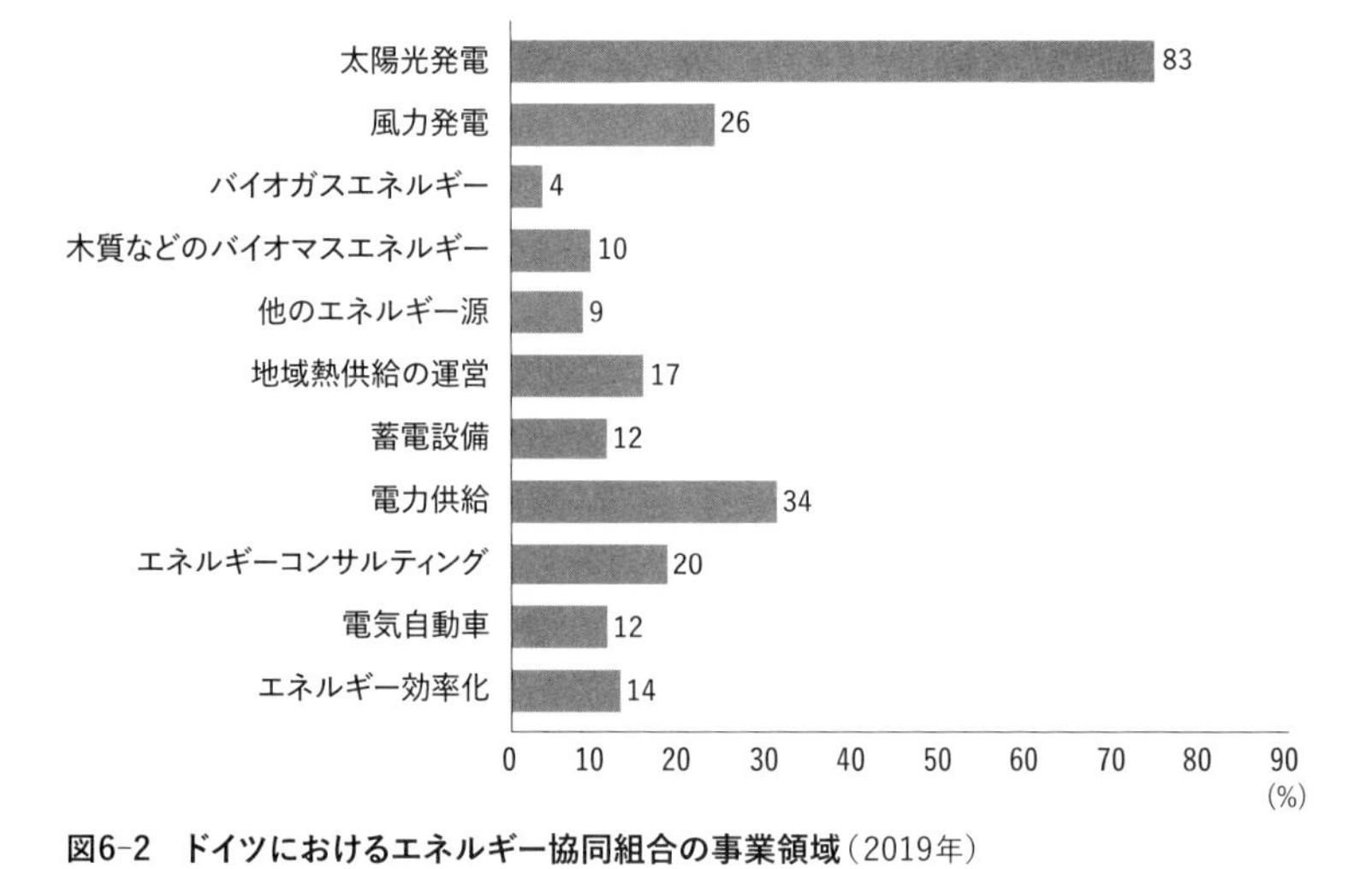

図6-2　ドイツにおけるエネルギー協同組合の事業領域（2019年）
出所：DGRV［2020］.

いる［DGRV 2020］。

エネルギー協同組合は、市民運動としての側面を持つという特徴から、ほとんどがボランティアによって運営され、小規模で専門知識にも乏しいことが多い。それでも拡大できたのは、FIT制度に基づいて太陽光発電を設置するというシンプルな事業モデルが成り立ったからこそである。その当時は、配当金の高さもエネルギー協同組合の魅力であった。太陽光発電事業の利回りが高かったため、二〇一四年の調査では、すでに銀行の平均預金金利が一％を割り込んでいた当時において、[1]エネルギー協同組合の平均配当率は、なんと三・五九％にも達していた［DGRV 2015］。

しかし、EEGの改正や買取価格の低下によって、市民主導のエネルギー協同組合にとって再生可能エネルギー事業は難易度の高いものとなってしまった。これにより、エネルギー協同組合の新規設立が落ち込んだほか、既存のエネルギー協同組合も事業拡大を図ることが難しくなったのである。

ただし、このような逆境のなかでも、エネルギー転換には市民エネルギーの成長こそが必要だと考え、積極的に新たな事業に乗り出すエネルギー協同組合もある。図6-2は、二〇一九年時点のエネルギー協同組合の事業分野を示したものである［DGRV 2020］。太陽光発電が八三％と大半を占めるが、太陽光発電事業の中からも自家消費などの新たな事業モデルへの取り組みが増えている。また、蓄電設備、電気自動車、エネルギー効率化などの新たな分野に取り組むエネルギー協同組合も出始めている。

◎自家消費や直接消費を活用する

それでは、これらのエネルギー協同組合の新たな挑戦について、具体的に紹介していこう。まず、FIT制度の買取価格が低下するなか、自家消費や直接消費を活用した事業が拡大している。

自家消費とは、エネルギー協同組合が生産した電力をエネルギー協同組合自体が消費する場合をいう。太陽光発電の電力を協同組合が管理する施設で利用するような例だ。自家消費が拡大している背景には、太陽光発電をはじめとするシステムの価格が安くなってきたため、相対的に自家消費の経済性が高まったことがある。

他方、直接消費とは、エネルギー協同組合が生産した電力を、公共電力網を介さずに販売する場合をいう。エネルギー協同組合が公共施設や共同住宅の屋根に太陽光パネルを設置し、それによって生産した電力をそれらの建物で消費するような例である。直接消費は調達・販売費、送配電費などの費用がかからず、自治体税などの税の一部が減免される分、消費者にとっても電力を安く購入できるというメリットがある［寺林 2017］。

◎ヴァイラー熱供給協同組合のカーシェアリング事業

近年、このような自家消費や直接消費の仕組みを生かした新たなエネルギー事業が広がっている。次第に注目が高まっているカーシェアリング事業も、その一例になることがある。

ドイツ南西部のバーデン＝ヴュルテンベルク州にある人口五〇〇〇人のプファルツグラーフェンヴァイラー（Pfalzgrafenweiler）という町に、ヴァイラー熱供給協同組合（Weiler Wärme eG）という協同組合がある。この協同組合は二〇〇七年から木質バイオマス発電事業で発生する熱を生かして地域熱供給事業を行ってきた。現在の組合員数は九〇〇人で、総延長三二キロメートルに達する熱導管が五八〇軒の建物に接続している。そして二〇一四年からはカーシェアリング事業に取り組んでいる。

この協同組合は、地域熱供給事業のバックアップ電源としてディーゼルの熱電併給設備（CHP）を稼働することがある。しかし、これによって生産する電力を市場に販売しても、一キロワットアワーあたり三セントにしかならない。また、二〇一四年に合計四八八キロワットの太陽光発電事業を始めたが、これも固定価格では同八・七セントにとどまってしまう。「それならば電力を自分たちで消費した方がよい」という考えで始まったのが、電気自動車によるカーシェアリング事業だった。

事業は、カールスルーエ工科大学から六台の電気自動車の寄贈を受けてスタートした。その後も同大学との連携によって事業は拡大し、二〇二一年時点の電気自動車台数は二〇台に達している（写真6-1）。電気自動車は誰でも利用できるが、協同組合の組合員は割引価格で利用できる。また、町の社会福祉団体と連携しており、同団体が午前中に行う訪問介護・看護にはこの電気自動車が利用されている。

この事業は現在、若干の赤字で、協同組合の経済的な利益にはまだつながっていない。しかし、エネルギー転換を進めるとともに、地域住民に安価な移動手段を提供するという社会的な価値も生み出すことから、組合員からも取り組みには大きな意義が見いだされている。

写真6-1　充電中の電気自動車.
車種は日産のリーフやルノーのゾエ
撮影：筆者（寺林）

◎風力発電事業における連携

ヴァイラー熱供給協同組合のカーシェアリング事業は、大学や社会福祉団体など、多様な主体との連携によって成立している。このような連携が必要なのは、風力発電事業のように投資額が大きく、難易度の高い事業でも同様である。図6-2のとおり、風力発電を事業領域とするエネルギー協同組合は二六％に上るが、実は単独で風力発電事業を行うエネルギー協同組合は数えるほどしかない。ほとんどは、他のエネルギー協同組合や自治体、公営エネルギー企業(Stadtwerke)、民間事業者などと共同で行っているものだ。連携の動きが広がることで、二〇一四年のＥＥＧ改正以降、二〇一七年に再びＥＥＧが改正されるまでは、エネルギー協同組合にとって風力発電は主要な投資対象の一つとなった。

例えば、ドイツ中西部ヘッセン州のシュティフツヴァルト・ウィンドパーク(Stiftswald Windpark)は、周辺にある六つのエネルギー協同組合と六つの自治体およびその公営企業の資本参加によって運営されている。[2] このウィンドパークは、カッセル市の第三セクター(Städtische Werke AG)が建設した、三メガワットの風車九本からなる発電所だ。同社はカッセル市を中心に電力供給を行っており、すでに二カ所のウィンドパーク開発に携わるなどの経験を有していた。大元の開発計画を立てたのは、再生可能エネルギー事業開発では大手のＷＰＤ社(wpd AG)で、建設段階から同社が引き継いだ。

同社は二〇一五年にカッセル地方評議会より連邦インミッシオン防止法の建設許可を得て建設を開始した。建設にあたっては特別目的会社(ＳＰＣ)として有限合資会社が設立された。そして、二〇一七年の運転開始にあたり、有限合資会社の資本の六七％が前述のエネルギー協同組合や自治体などへ売り渡された。

事業の一部をエネルギー協同組合や自治体などへ移譲することは、もともと開発計画にも組み込まれていた。エネルギー協同組合にとっては、開発計画や許認可取得、設備建設などを進めることは難しいし、失敗した際の費用面のリスクが大きい。そこで、それらについては豊富な経験を有する開発業者に任せることは理にかなっている。一方、エネルギー協同組合との連携は、開発業者にとっても重要である。エネルギー協同組合の参加は、市民参加を意味する。風力発電は、反対運動も起きやすい設備である。自治体やエネルギー協同組合の参加を重視することで、地域や市民にとっての事業となり、事業が受け入れられやすくなるだろうとの算段が立つ。

◎エネルギー協同組合をコンサルティングするエネルギー協同組合

以上のような新たな事業モデルの導入や技術開発、連携体制の構築を進めるため、エネルギー協同組合の支援を行うエネルギー協同組合もある。その例が、ドイツ全土の九〇ほどのエネルギー協同組合などを組合員とするビュルガーヴェルケ（Bürgerwerke eG）というエネルギー協同組合だ。

ビュルガーヴェルケは、もともとはエネルギー協同組合などが生産する電力を買い取り、それをドイツ全土にいる消費者へ販売するというビジネスモデルで発展してきた。しかし、エネルギー協同組合のほとんどがボランティアベースで運営されており、新たな市場環境で成長ができない状況にある。そこでビュルガーヴェルケは、新たな事業の導入や事業体制の転換を促進するためのコンサルティング事業によってエネルギー協同組合の成長を促進しようとしている。

ビュルガーヴェルケでは、エネルギー協同組合が現在の制度環境でも取り組みやすい事業パッケージを次々と打ち出している。その中には、先に紹介したような自家消費や直接消費はもちろん、地域の多様な主体との連携による事業開発も含まれる。そのほかにも、エネルギー協同組合の新規事業を各地域で支えるプロジェクト開発会社の設立を目指し、各地でパイロット事業を展開するなど、エネルギー協同組合の事業をクラスター化すべく取り組みを展開している。

◎エネルギー協同組合の課題

ただし、以上のように成長を続けるエネルギー協同組合はひと握りである。実は、エネルギー協同組合の中には、そもそも成長を望んでいないものも少なくない。エネルギー協同組合は退職後の高齢者グループによって設立されるケースも多い。二〇一〇年前後に設立したエネルギー協同組合の理事たちの多くは七〇歳代に突入しており、新たに二〇年続く事業を展望するのが難しくなっている。

エネルギー協同組合が新たな事業をためらう理由もある。まず、新規事業は失敗するリスクがある。また、新規事業が実現したとしても、従前の太陽光発電事業などと比較すると事業収益率を縮小せざるをえず、組合員への配当率が低下する場合が多い。例えば、ヘッセン州のあるエネルギー協同組合は、FIT制度の太陽光発電事業によって三・五%の配当率を確保してきたが、近年の環境変化に合わせて不動産のエネルギー効率化事業に取り組んだことで、配当率が一・〇%に低下した。エネルギー効率化事業の社会的価値を認めて組合員にとどまる人が多かった一方、新たな投資先を求めて脱退する組合員もいた。再生可能エネルギーの市場化が進むなか、エネルギー協同組合には、既存の経済的価値を守るか、将来に向けてあえてリスクをとって社会的価値の高い事業にチャレンジするのかという難しい判断が迫られる。

また、エネルギー協同組合が民主的な組織だからこその難しい問題もある。同じくヘッセン州のあるエネルギー協同組合は、太陽光発電から投資対象を転換すべく、近隣地域で計画された風力発電事業へ投資を行った。しかし、その風力発電事業は森林地帯の開発を伴うものであったため、地域住民や自然保護団体による反対運動が起こっていた。組合員同士でも風力発電事業への賛否は分かれ、全組合員の一割が風車設立に反対して脱退する事態となった。事業の幅が広がると、それだけ協同組合の内部でも、そして外部に対しても、意見調整は困難になる。エネルギー協同組合は市民参加の優れたプラットフォームだが、地域住民の合意形成を保証するわけではない。小規模な事業に不利な状況が続き、大規模な事業に転換せざるをえなくなれば、小さな意思決定を積み重ねて足元から地域を変えていくという市民エネルギーの前提が崩れてしまうこともありうるのだ。

3 再生可能エネルギーの市場化と市民エネルギー支援策

以上のように、市民エネルギーの代表であるエネルギー協同組合の中には、ＥＥＧの改正に対応して新たな事業に乗り出す事例も出てきている。しかし、そうした有望な事例は少数であり、再生可能エネルギーの市場化が進むことによって、多くの市民エネルギーが不利な状況に立たされているのが実態である。

そこでドイツでは、市民エネルギーの事業を支援するような制度も導入されている。次に、陸上風力発電入札制度における市民エネルギーに対する優遇措置について紹介し、その効果や課題について検討する。

◎陸上風力発電入札制度における市民エネルギー会社の優遇措置

第1節で述べたとおり、ドイツでは二〇一七年のEEG改正において、風力と太陽光、バイオマスを対象として入札制度が導入された[山下・渡辺 2018]。具体的には、入札に応札する際には、希望する市場プレミアムの値(発電した電力一キロワットアワーあたり何ユーロセントの市場プレミアムが必要か：応札価格)と、発電所の出力(キロワット単位：応札量)を提示する。その結果、応札量が募集量の上限に達するまで、最も安い応札価格を提示した応札者から順に落札者となる。その際、落札者の応札価格がそのまま落札価格とされる。

ドイツの入札制度のうち陸上風力発電においては、地域主導の事業を支援するため、市民エネルギー会社に対する優遇措置が導入された。その根拠として、EEGにおいて「関係者の多様性(Akteursvielfalt)の維持」が規定されていることが挙げられる。この市民エネルギー会社とは、EEGにおいては以下のように定義づけられている。すなわち、①議決権を持つ一〇人以上の出資者(会員・株主)から構成され、②風車の建設予定地の自治体(市・郡)に入札の一年以上前から住民登録している人が議決権の過半数を持ち、③一〇％以上の議決権を持つ出資者がいない、という条件である。つまり、立地地域に住んでいる(②)一定数以上の市民から構成される(①)、民主的な意思決定が行われる(③)組織であることが求められている。

陸上風力発電入札制度における市民エネルギー会社への優遇策は、具体的には以下のような措置である。①連邦インミッシオン防止法の許可を得る前に応札できる(ただし六基、一八メガワットまで。通常は同法の許可が応札条件)。②応札時に支払う保証金を半額免除する(通常キロワットあたり三〇ユーロのところ一五ユーロ)。③自社の応札価格にかかわらず、当該入札の最高落札価格が適用される。④通常は入札後三〇カ月までとされている落札有効期間が、さらに二四カ月延長される。これらの優遇策は、落札できなかった場合の損失を軽減することに主眼があるといえる。連邦インミッシオン防止法の手続きには通常二年程度かかり、許可取得までには相応の費用がかかる。許可を取得して応札したにもかかわらず、落札できなかった場合、それまでの先行投資が回収できなくなる。これは小規模な市民主導の事業にとっては致命的となる。そのため、①によって先行投資の少ないうちに応札できるようにしつつ、④によって落札後に許可取得手続きを行う時間的余裕を確保している。②は直接的に費用負担を軽減しており、③は安く応札しすぎるリスクを取り除いている。

◎二〇一七年の陸上風力発電の入札結果とUKA社の影響

二〇一七年のEEG改正による入札制度の導入に対しては、これまで再生可能エネルギーを推進してきた人々から、市民エネルギーの取り組みを阻害するものであるといった批判が噴出した。しかし、こうした事前の予想に反し、二〇一七年に実施された三回の入札の結果は、落札数の九三%、落札量の九七%を市民エネルギー会社が占め、圧倒的な存在感を示すものとなった。この結果は、市民エネルギー会社に対する優遇措置が予想以上の効果をもたらしたことを示している。ただし、落札した市民エネルギー会社の三割以上(落札者の三三%、落札量の三九%)を、UKA社(Umweltgerechte Kraftanlage〔環境に優しい発電所〕GmbH & Co. KG)による支援を受けた会社が占めており、手放しで評価することはできない。

UKA社は、ドイツ東部ザクセン州マイセン市で一九九九年に設立された。二〇〇一年に最初の陸上風力発電所を設置し、二〇一六年にはドイツで二番目に大きな風力発電開発会社となっている。大量落札の要因としては、市民エネルギー会社に対する落札有効期間延長の効果が大きいという。なぜなら、一般の業者よりも建設時期を遅らせることができるため、より新しい性能のよい設備が利用可能となり、その分だけ発電単価を下げることができるからであるという。二〇一七年の初回入札では一件も落札できなかったため、二回目からビジネスモデルを変更し、入札までの八週間で市民エネルギー会社を四〇以上も設立したという。立地予定地の地権者は地代を当てにして事業に協力的になる傾向があるため、地権者やその家族を中心に一人一〇〇ユーロといった少額の出資で有限合資会社を設立し、市民エネルギー会社の要件を満たしたという。

一方で、こうしたUKA社の動きに対して批判的な報道も散見される。例えば、ドイツ中東部テューリンゲン州ケレーダ(Kölleda)村の村長の以下のような談話が報じられている。「環境に優しい市民エネルギー・ケレーダという会社が風車を建てようとしているが、村人は誰も関わっていない。マイセンのUKA社という、かなり前からここに風車を建てようとしてきた会社が背後にいるとわかったが、我々は話をすることを拒絶している」。

こうした結果を受けて、二〇一八年以降は、市民エネルギー会社にも連邦インミッシオン防止法の許可の取得を求めることに変更された。このため、以降の入札において市民エネルギー会社の占める割合は激減している。また、UKA社は二〇一七年の二回目、三回目の入札で大量落札を果たしたものの、その後の州レベルの立地規制の強化もあり、自治体からの開発許可が得られず、落札した事業がほとんど実現しないまま落札有効期間が過ぎようとしているという。

◎二〇二一年のEEG改正とその背景

実際、図6‐3に示したとおり、二〇一七年のEEG改正以降、ドイツにおける陸上風力発電の新規導入量は激減している。二〇一四年から二〇一七年までは、年間四〇〇万キロワット前後の設備が導入されていたが、二〇一八年には二〇〇万キロワット台、二〇一九年には一〇〇万キロワットを切り、この一〇年間で最低の水準となった。これは、前述したような入札制度をめぐる混乱と、州レベルの立地規制の強化、さらには州レベルの規制を踏まえ、二〇二〇年に連邦レベルでも導入された距離規制の影響と考えられる。距離規制とは、住宅から風車まで一定の距離を空けることを義務づけるものであり、連邦レベルでは一〇〇〇メートル以下とすることが建設法典に追加された。距離規制に関しては、バイエルン州では風車の高さの一〇倍以上の距離を空

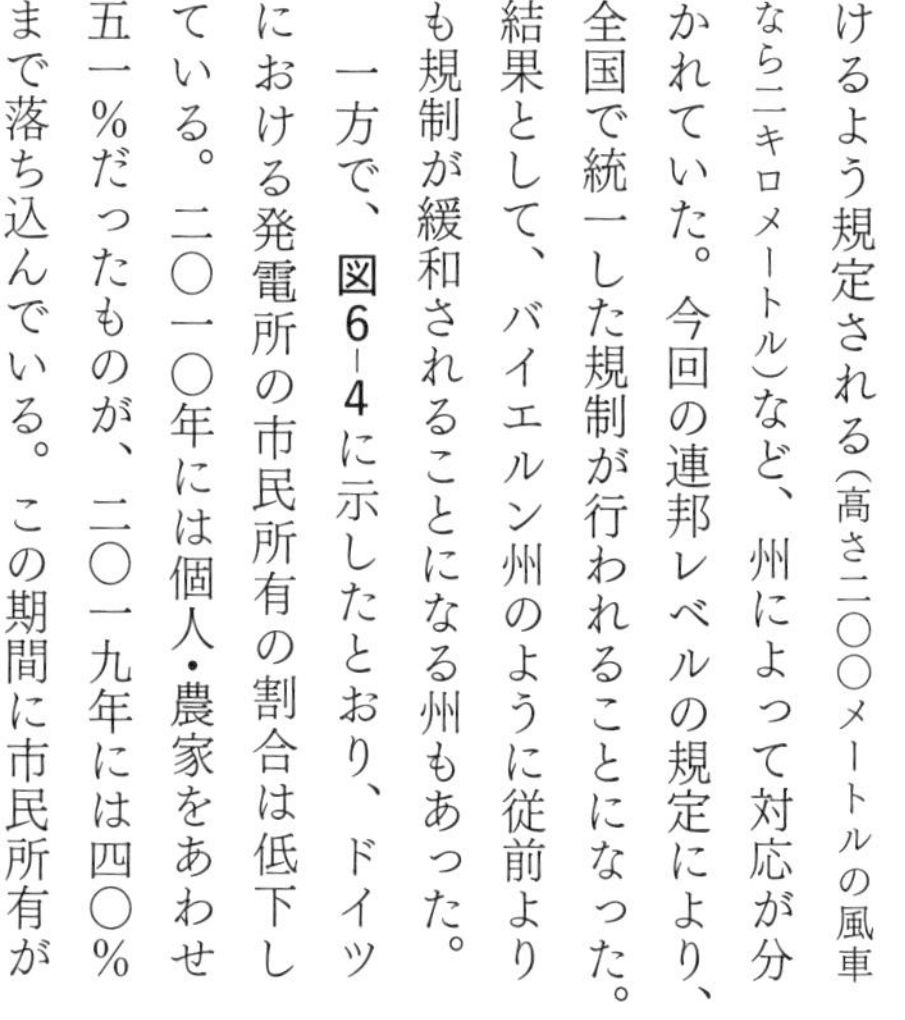

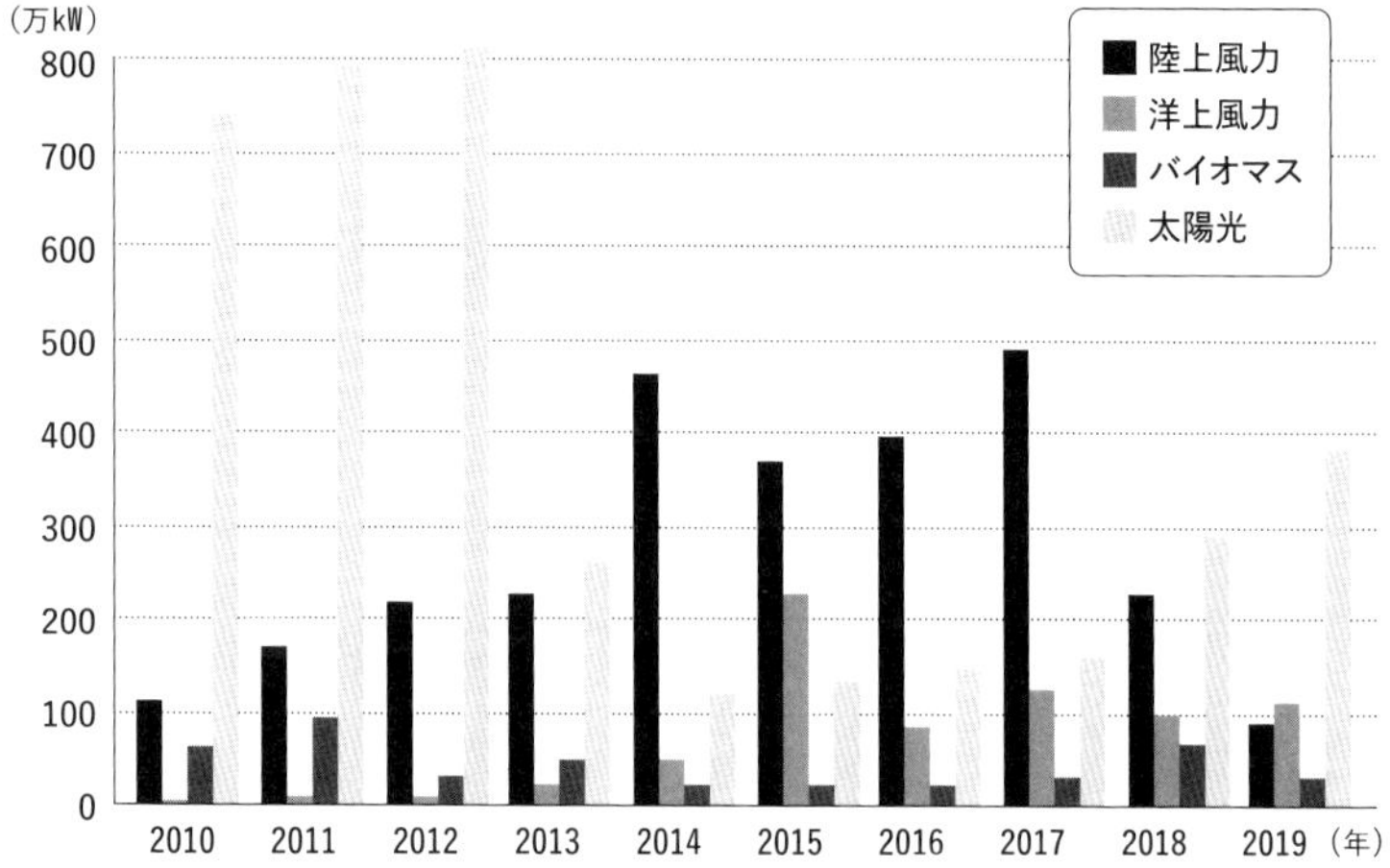

図6-3　ドイツにおける再生可能エネルギー設備純増量の推移

出所：BMWi［2020: 14］.

けるよう規定される（高さ二〇〇メートルの風車なら二キロメートル）など、州によって対応が分かれていた。今回の連邦レベルの規定により、全国で統一した規制が行われることになった。結果として、バイエルン州のように従前よりも規制が緩和されることになる州もあった。

一方で、図6-4に示したとおり、ドイツにおける発電所の市民所有の割合は低下している。二〇一〇年には個人・農家をあわせ五一％だったものが、二〇一九年には四〇％まで落ち込んでいる。この期間に市民所有が難しい洋上風力発電が拡大したことを考慮し、洋上風力発電を除いた比率で比較しても、四三％程度に低下した計算になる。したがって、発電事業への市民参加という意味での「関係者の多様性」は、この一〇年で後退したことになる。

こうした状況を反映し、二〇二一年のEE

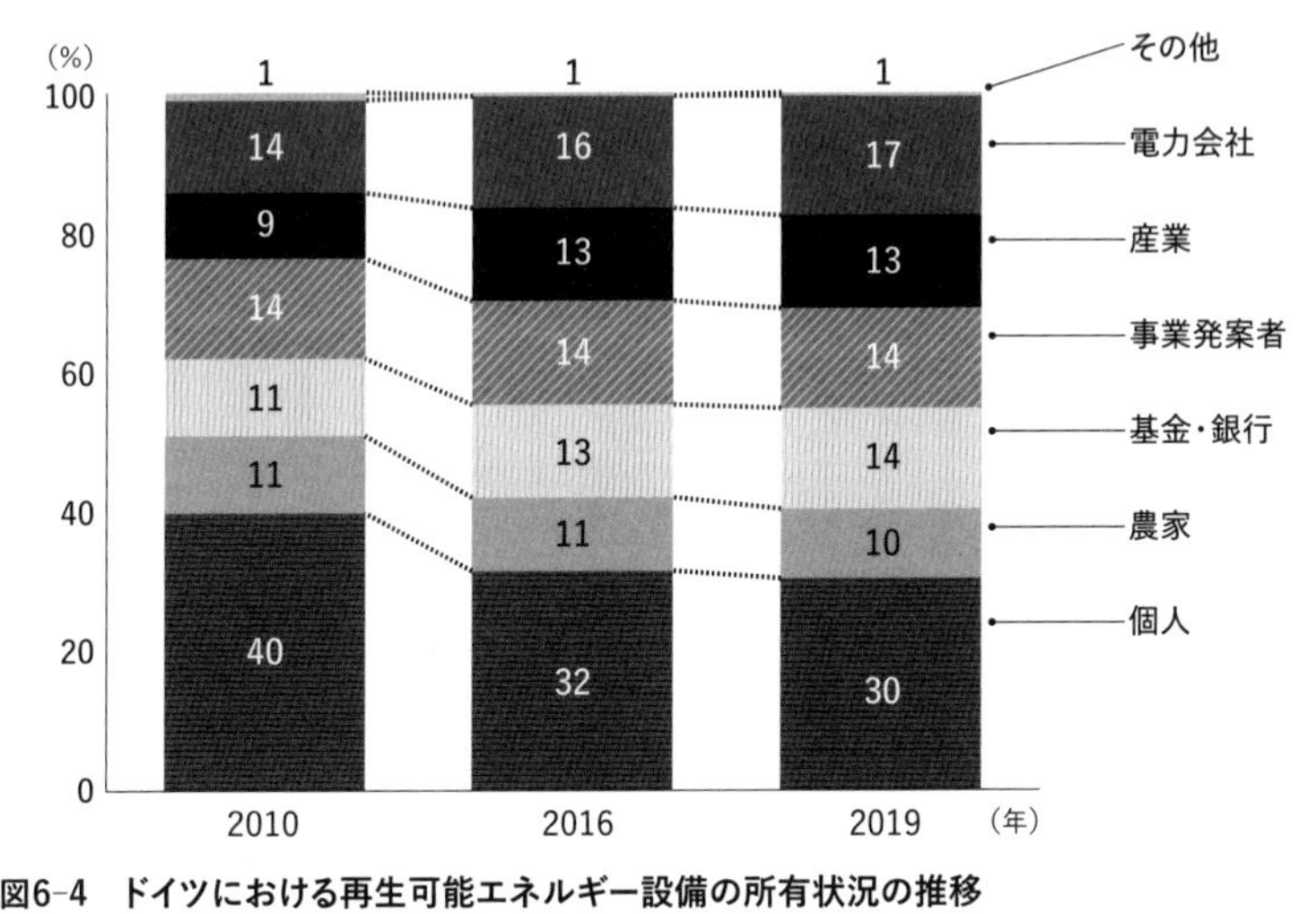

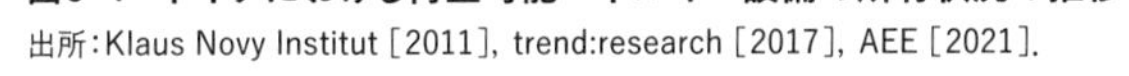
図6-4　ドイツにおける再生可能エネルギー設備の所有状況の推移

出所：Klaus Novy Institut［2011］, trend:research［2017］, AEE［2021］.

G改正においては、陸上風力発電に対する立地自治体の資金的参加の規定が新たに導入された。具体的には、陸上風力発電事業者が立地自治体に対し、売電量一キロワットアワーあたり最大〇・二セントを「支払ってもよい（dürfen）」こととされた。なお、原案では「支払わなくてはならない（müssen）」と義務づける規定がなされていたが、最終的に義務化は見送られた。これにより、立地地域の受容性を高め、陸上風力発電の立地を促進するとの趣旨説明がなされている。ただし、エネルギー協同組合や市民エネルギーの団体からは、この制度は正真正銘の参加ではなく、グレーな電気への補助金にすぎないので、受容性は向上しないとの批判がなされている。

以上で確認したとおり、二〇一七年のEEG改正で導入された市民エネルギー会社の優遇制度は、地域主導型の事業を優遇することを目的としていた。しかし、結果として当初の目的を果たせなかった。一方、二〇二一年のEEG改正で導入された立地自治体への支払いの制度は、事業の地域貢献を直接に促すことで受容性を高める意図を有している。前者は、地域主導型の事業を優遇するため、対象となる事業の要件として、コミュニティ・パワーの基準でいえば所有と意思決定に該当する要件を設定したものだった。しかし、形式的に要件を設定しただけでは、UKA社の事例のように地権者やその家族が受益者となるだけで、地域社会への貢献が限定的になりかねない事業を許容する結果となってしまった。一方、後者は、事業が地域主導型であるか否かを問わず、一定の地域貢献を強制しようとするものだった。最終的には、義務ではなく自由意志に基づくもの（Es gilt die Privatautonomie.）に落ち着いたが、「参加」とは名ばかりで、立地地域に対して迷惑料を支払うことを事業者に促すような印象は否めない。両者とも、第2節で紹介したエネルギー協同組合のような「本物の参加」からは遠く離れている。

4 まとめ

このように、ドイツでは再生可能エネルギーの発電単価が従来電源並みに低下し、再生可能エネルギーの市場化が進む状況においても、地域の取り組みを重視する政策を維持しようとしていることがわかる。一方で、第2節で紹介したエネルギー協同組合の現状が示すとおり、市場競争下では地域の取り組みはより困難になる傾向があるため、むしろ今後は地域の取り組みへの支援を強化することが必要になる。支援のために一定の追加的費用が発生することになるが、結果として再生可能エネルギーのさらなる導入拡大につながることが期待できる。この認識がドイツでは多くの利害関係者に共有されていることが、近年のＥＥＧ改正の経緯からうかがえる。ただし、前節で確認したＥＥＧ改正の経緯が示すとおり、具体的な支援策の制度化は容易ではない。

註

（1）ドイツ連邦銀行（中央銀行）による国内銀行の預金金利の時系列データを参照のこと（https://www.bundesbank.de/dynamic/action/en/statistics/time-series-databases/time-series-databases/759784/759784?listId=www_s510_be1）［アクセス：二〇二一年七月一八日］。

（2）シュティフツヴァルト・ウィンドパークに関する情報は、以下のウェブサイトを参照のこと（https://www.windpark-stiftswald.de）［アクセス：二〇二一年一一月三〇日］。

第7章

再生可能エネルギーがもたらすコミュニティの再生

スコットランドのコミュニティ・パワーの事例から

寺林暁良・宮内泰介

1　スコットランドのコミュニティ・パワー支援政策

◎再生可能エネルギー重視政策

英国の北部、五四五万人が暮らすスコットランドは、古くからエネルギー供給基地として知られる。北海油田の基地、アバディーン(Aberdeen)があるほか、原子力発電の研究・開発の歴史も長く、現在も二基の原子力発電所が稼働し続けている。しかし、このスコットランドでも、急激に再生可能エネルギーへの転換が進んでいる。

周知のように、現在スコットランドの内政はスコットランド自治政府が担っている。その自治政府は、原発について新規建設は認めない方針であると同時に、再生可能エネルギーについて積極的な政策を打ち出している。その結果、二〇〇五年に電力消費の一五・五％だった再生可能エネルギーの割合は、わずか一五年で、九五・九％（二〇二〇年速報値）にまで上がった［Scottish Government 2021］。さらに自治政府は、コミュニティ主導の再生可能エネルギー導入への積極姿勢を明確にしており、ここにスコットランドの大きな特徴がある。

そこにはどんな背景があり、どんな特徴があるだろうか。私たちが学べることは何だろうか。

◎再生可能エネルギー導入目標を掲げるスコットランド政府

スコットランド政府は二〇一七年の「エネルギー戦略」で、二〇三〇年までの目標として「域内エネルギー消費の五〇％を再生可能エネルギー源から供給する」ことを掲げた［Scottish Government 2017］。

二〇一九年時点での全エネルギー消費に占める再生可能エネルギーの割合は、熱・交通・電力の三部門合わせると、二三・八％にとどまっている。しかし、電力部門だけで見ると、陸上風力発電を中心に導入がかなり進んでいて、前述のように二〇二〇年は九五・九％にも達している（図7-1）。スコットランド域外への供給分も含めた総発電量でも、再生可能エネルギーが占める割合は二〇一九年に六〇・八％となっている［Scottish Government 2021］。

◎コミュニティを重視したエネルギー政策

スコットランド政府の再生可能エネルギー政策で注目すべきなのは、単に再生可能エネルギー

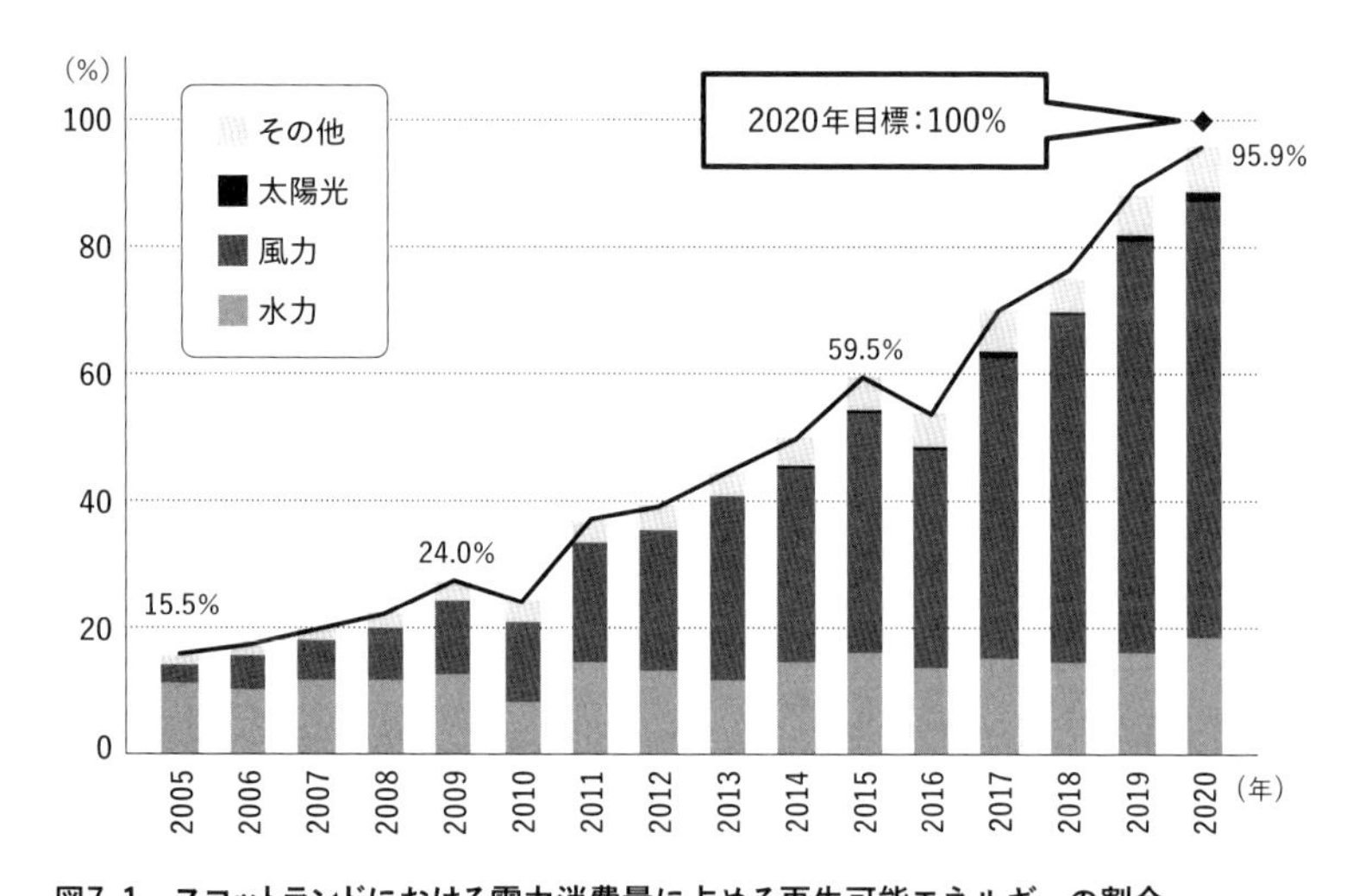

図7-1　スコットランドにおける電力消費量に占める再生可能エネルギーの割合

注：2020年は速報値，ほかは確報値．
出所：Scottish Energy Statistics Hub (https://www.gov.scot/publications/scottish-energy-statistics-hub-index/) より作成［アクセス：2021年10月23日］．

を増やすだけではなく、コミュニティ・パワーの設立やコミュニティへの利益還元を重視する姿勢を明確に打ち出していることである。

スコットランド政府は、コミュニティや地元企業、農業者、地方自治体、NPOなどが行う再生可能エネルギー事業を「コミュニティや地域が所有する再生可能エネルギー」と定義し、二〇一一年には、これを「二〇二〇年までに五〇〇メガワットまで増やす」という明確な目標を掲げた。この目標は二〇一五年に早くも達成されたことから、「二〇二〇年に一ギガワット（＝一〇〇〇メガワット）、二〇三〇年に二ギガワットまで増やす」へと上方修正された。二〇二〇年一二月時点での導入実績は合計で二万五八三〇件、八五三メガワットに達している。そ

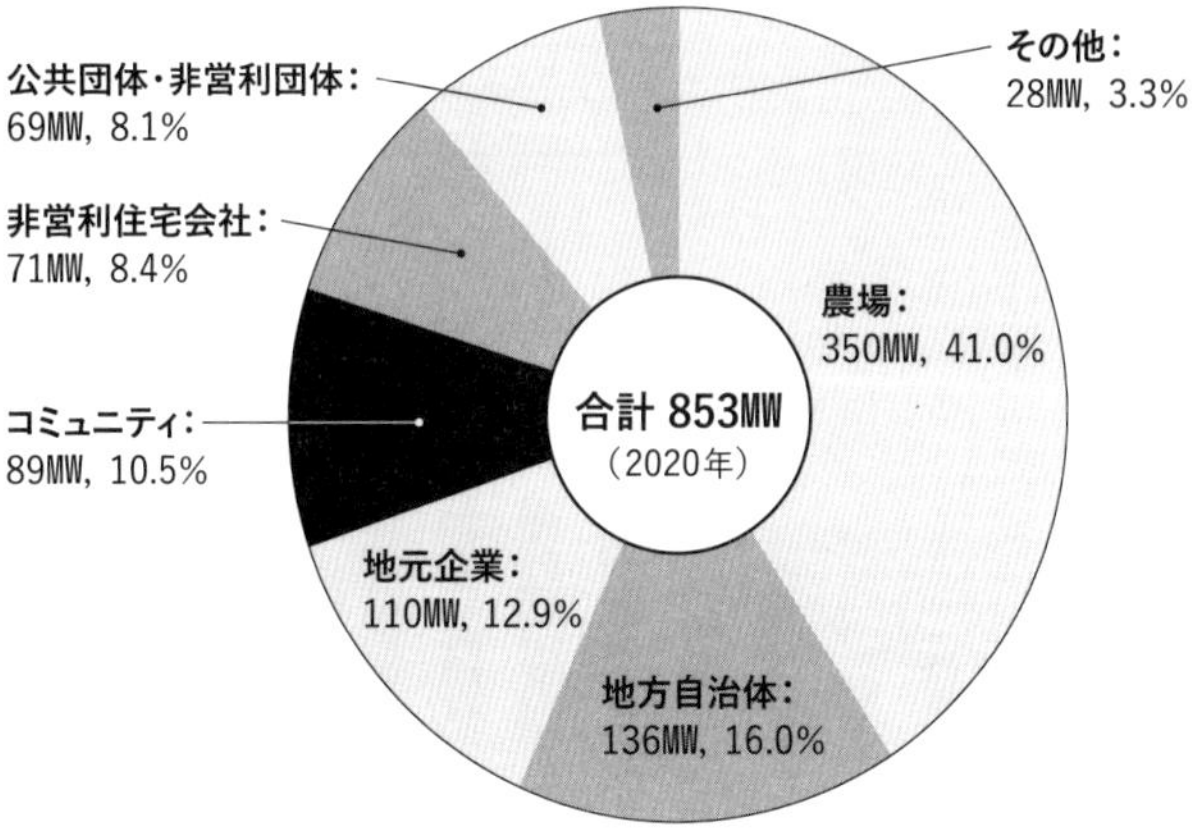

図7-2　コミュニティや地域が所有する再生可能エネルギーの所有形態別の内訳
出所：Energy Saving Trust［2021］より作成.

のうち、コミュニティが所有するものは八九メガワットを占めている（図7-2・7-3）［Energy Saving Trust 2021］。

コミュニティ・パワーを増やすための独自の支援政策があることもスコットランドの特徴である。その代表が、前記目標を達成するために二〇一一年に導入されたCARES（community and renewable energy scheme）という支援プログラムだ。CARESは金融支援と情報提供の二本柱からなり、その運営は、域内のコミュニティ・パワーに関する情報蓄積や新事業の設立支援を行う政府系機関であるローカル・エナジー・スコットランドが担っている。金融支援には、導入可能性調査などの初期費用に対する補助金、事業計画段階で利用できるローン、設備投資に利用できる補助金やローンといったメニューがある。とくにローンについては、事業が実現しなかった場合に返済不要の補助金になることが大きな特徴である。

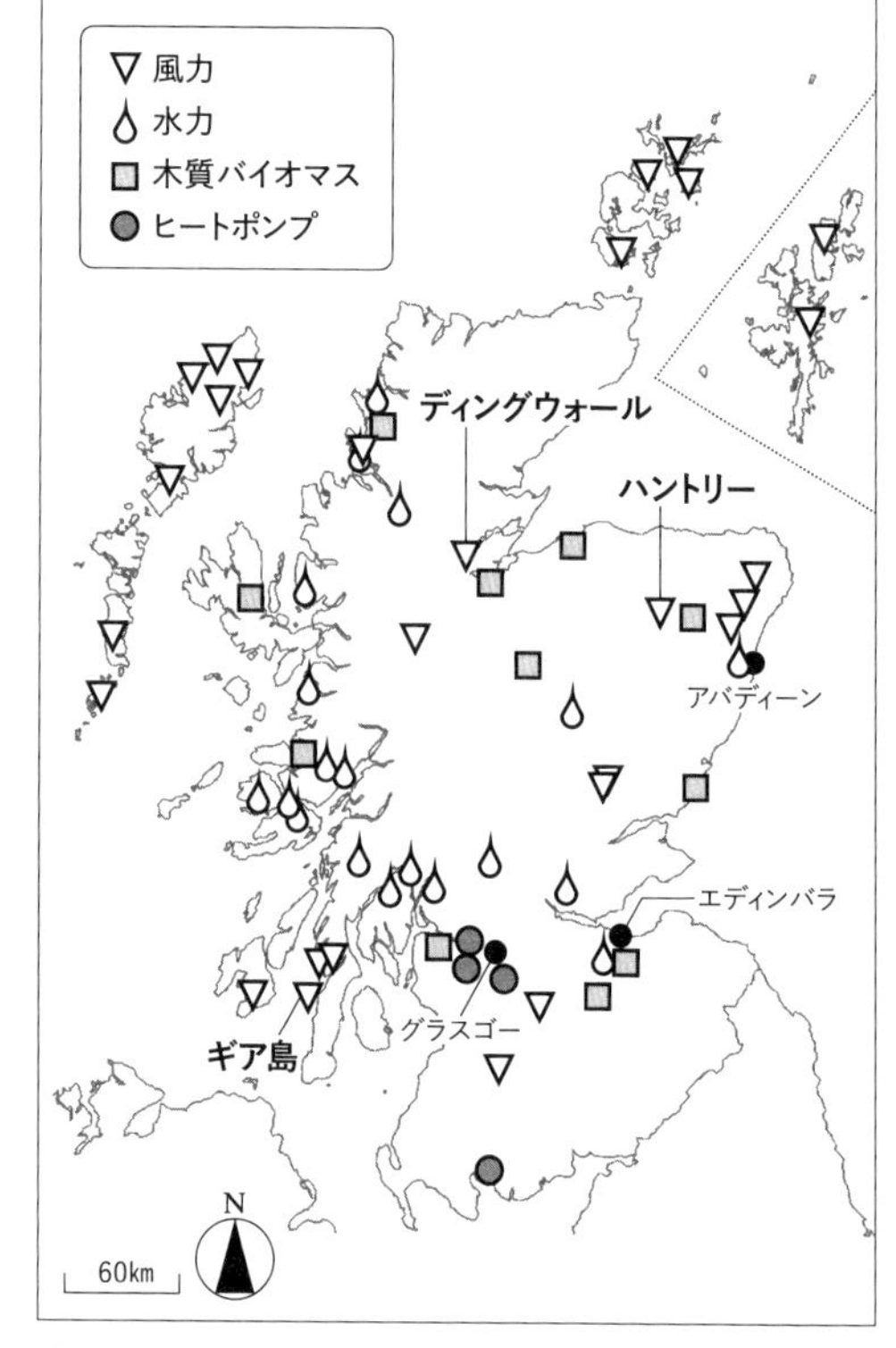

図7-3　スコットランドにおけるコミュニティが所有する再生可能エネルギー設備の分布

出所：Local Energy Scotland（https://www.localenergy.scot/projects-and-case-studies/searchable-map-of-local-energy-projects/）［アクセス：2021年2月14日］.

それらに加え、スコットランド政府は二〇一四年に「再生可能エネルギー事業からコミュニティが利益を受けるための実践原則」[Scottish Government 2019]を定めた。これは、利益分配や透明性の確保、地域の意思決定の尊重など、地域内外の事業者が地域で再生可能エネルギー事業を行う場合に遵守すべきポイントを示したものだ。とくに注目されるのが、コミュニティ・ファンドと呼ばれる、事業利益の一部を還元する仕組みである。コミュニティ・ファンドは公益信託として政府に登録され、高齢者クラブの活動資金や公民館の改修資金、地元企業の創業資金など、地域社会のニーズに合わせて活用される。二〇二〇年一二月現在で三〇五の再生可能エネルギー事業がコミュニティ・ファンドを設けており、二〇一九年中には合計二一七〇万ポンド(約三一億円)がコミュニティへと還元された。(1)

英国では、二〇一九年に固定価格買取制度(FIT)が終了し、再生可能エネルギー事業を実施する難易度は上がっている。しかしスコットランド政府は、こうした独自の政策によりコミュニティ・パワーの設立を支援し、再生可能エネルギー事業の利益を地域に還元していこうという方針を強く打ち出している。

2　土地を取り戻すことと再生可能エネルギー

◎土地収奪の歴史

なぜスコットランド政府は、コミュニティ・パワー支援に熱心なのだろうか。その背景には、一九九〇年代から進めてきたコミュニティ再生政策がある[Slee and Harnmeijer 2017]。スコットランドの再生可能エネルギーは、コミュニティ再生、コミュニティのエンパワメントと強くリンクされているのである。

そこには、「コミュニティ」をことさらに強調しなければならないスコットランド独自の歴史的背景があった。それが「ハイランド・クリアランス」である。

ハイランド・クリアランスとは、スコットランド農村部(ハイランド)および島嶼(とうしょ)部で一八世紀から一九世紀にかけて、多くの小作人たちが土地から追い出された歴史的な出来事を指す。

もともとスコットランド農村部では土地はクラン(氏族)の共同所有だったが、一八世紀初頭までに、クランの首長たちが土地「所有」へ動き出し、その他の住民たちは「小作人」と化した。その後、「土地所有者」となったクラン首長たちは土地を羊の農場経営者たちに貸与するようになり、さらにそれが大規模化すると、小作人たちをそこから追い出すのである。さらに、海岸部のケルプ(海藻)加工産業が栄えるようになると、小作人たちはいっそう労働力として海岸部へ流出する。ケルプ価格が低下し始めてからは、米国やオーストラリアなど海外にも流出した。さらに、一九世紀後半に羊毛価格が下落したあとは、ハイランドは上層階級のスポーツハンティングの場所として貸与されることとなる[Hoffman 2013]。

これらの一連の事象をハイランド・クリアランスと呼ぶが、その結果、多くの小作人たちが海岸部や海外などに流出する一方、残った小作人たちは農村部の片隅に追いやられ、困窮生活を余儀なくされた。

このように形成された大土地所有の仕組みは今でも続いている。現在、スコットランドの農村部の土地(全体の九四%を占める)のうち八三%が私有地だが、そのうち七〇%もの土地がわずか一一二五名によって所有されている[Hindle et al. 2014]。そのことが今日もなお農村部の発展を妨げていると、多くのスコットランド人は認識している。しかし、その問題に政策的に手をつけられるようになったのは、スコットランド自治政府ができた一九九〇年代後半である。

◎コミュニティによる土地購入

一九九九年に成立したスコットランド議会が最初に取り組んだのが、「土地改革」だった。その結果、二〇〇三年に「土地改革法」が成立する。この法律の一番の要は、「コミュニティが土地を購入する権利」である。これは、一定の要件を満たしたコミュニティ組織ならば、土地が売られるときに優先的に購入することができる、という権利を認めた法律である（ちなみにこの「土地改革法」のもう一つの要は、土地への万人のアクセス権だった）。二〇一五年のコミュニティ・エンパワメント法では、さらにコミュニティの土地購入の権限を拡大させた。

この政策のもと、実際に多くの土地が、組織された地域コミュニティによって買い戻されている。それは、単に歴史を取り戻す意味での土地購入ではなく、コミュニティの社会的・経済的再生が目指されている。土地購入を行ったコミュニティのリーダーたちに、ある研究者が聞き取り調査したところによると、彼らは一様に、土地を買い戻すことがコミュニティの長期的な利益と経済的な利益の両方にとって重要だと力説したという[Hoffman 2013]。

スコットランド政府がそのエネルギー政策において、コミュニティ重視の姿勢を示しているのは、だから驚くべきことではない。しかも単にコミュニティへの配慮ではなく、コミュニティ自身がエネルギーを持つという視点が組み込まれていることが重要である。

◎島のコミュニティによる土地購入と風力発電

スコットランド南西部、ギア（Gigha）島の事例は、その典型でもあり、先駆でもある。

ギア島は、わずか一四平方キロメートルの小さな島で、もともと一人の外部者が島全体の土地を所有していた。所有者は時代によって変化したが、一九七〇年代から「領主」となった者は島の発展について何も関与せず、放置するのみだった。その結果、一九八〇年代初頭に一八〇人いた人口は二〇〇一年には一一〇人に減少し、子どもの数も大幅に減少した。危機感を抱いた住民たちは、島が売りに出された際、島を自分たちで購入することにした。島内で十分な話し合いを行い、また、政府などとも協議した上で、コミュニティ組織としてギア島遺産トラストを設立して、二〇〇二年に島を四〇〇万ポンド(当時のレートで約七・五億円)で購入する。その大半は、スコットランド土地基金からの助成金およびローンだった[Satsangi 2007]。スコットランド土地基金は、先に述べたようなコミュニティによる土地購入を支援する政策の中で、土地改革法に先立って設立された基金である[Bryden and Geisler 2007]。

土地を「取り戻した」住民たちは、ギア島遺産トラストによって、住宅改善や観光開発など、島の発展に乗り出す[Hielscher 2013]。そのときの資金源として彼らが目をつけたのが、風力発電だった。

ギア島遺産トラストは、二〇〇五年に三基の中古の風力発電を購入して操業を始め、「再生可能エネルギーによる電力購入義務制度」を使って売電している。さらに二〇一三年には、今度は新品の風力発電を購入して操業を始め、こちらはFIT制度を利用して売電している。

このように、土地をコミュニティに取り戻すということと、地域を再生させるということ、そして再生可能エネルギーを推進することとが結びついているのが、スコットランドの特徴である。

3 デベロップメント・トラストによる再生可能エネルギー

◎町の再生へ

スコットランド北東部の小さな町、ハントリー(Huntly)もまたコミュニティ組織が風力発電所を設立した事例である。ギア島と違い、ハントリーは大土地所有の問題はない。しかし、地域の衰退を救いたいという動機は同じだった。

ハントリーは人口四五〇〇人(二〇二〇年)の町であり、一八世紀以降、織物工業で栄え、また、農産物を鉄道で運び出す中継地としても栄えた町だ。しかし現在は、スコットランドの伝統的な菓子であるショートブレッド工場など限られた雇用しかなく、多くの若者たちは学校卒業後に外へ出て行ってしまう。町には空き店舗も多い[Kruijsen et al. 2014]。近くの都市アバディーンは、石油産業のおかげで潤っているが、その恩恵はハントリーまで届いていない。それどころか、石油ブームの余波で住宅価格が高騰し、地元の人がなかなか住宅を手に入れられないという問題さえ生じている。

このような町の再生を目的に、二〇〇九年、ハントリー・デベロップメント・トラストが発足する。自治体(アバディーンシャー郡)やEUからの補助金を得ての出発だった。二〇一四年にはハントリー・アンド・ディストリクト・デベロップメント・トラスト(以下、HDDT)と改称し、活動範囲を周辺の農村部にまで広げた。

◎デベロップメント・トラストとは

デベロップメント・トラストとは、英国内の各地にある、まちづくりのための地域住民組織あるいは会社で、地域の公益のためにさまざまな事業を行う組織である。地域住民の有志が立ち上げる組織であり、非営利で事業を行う「まちづくり会社」である。店舗や施設を運営したり、場合によっては住宅開発を行ったりといった公益的な事業を担う。「トラスト」という名前から、日本の私たちは何か基金のようなものを想像しがちだが、あくまで地域組織、コミュニティ会社の名称である。通常、会員組織の形をとり（HDDTは約五〇〇名の会員［HDDT 2020］）、その上に理事会があり、またフルタイムやパートタイムの専従職員がいることが多い（HDDTはパートタイムを含む五名の専従職員）。法人形態としては「保証有限責任会社」が多いが、それ以外のものもある（HDDTも保証有限責任会社）。現在、スコットランドだけで二七〇のデベロップメント・トラストが各地に広がっており（先ほどのギア島遺産トラストもその一つだ）、全部合わせると一三九五名が雇用されており、五七九〇万ポンド（八三億円）の取引額（うち自主財源が三〇七〇万ポンド）があるという（二〇一九年）［DTAS 2019］。

◎コミュニティによる再生可能エネルギーの活用

デベロップメント・トラストが取り組んでいる事業内容は、地域によって一様でない。ハントリーのHDDTも、幅広い事業を行っている。街にあるタウンセンターを再生・活用する事業、学校と協働での教育事業、スポーツ・レクリエーション振興、観光振興など、地域の公益的な事業を手広く手がけている。[2]

そのHDDTが事業の中心に据えているのが風力発電だ。HDDTは設立の翌二〇一〇年、風力発電を始めることを決定した。その後六年にわたって準備と交渉を進め、二〇一七年に操業を開始した。ドイツのメーカー、エネルコン製造の五〇〇キロワットの風車一基である。HDDTの完全子会社であるグリーンマイヤ再生可能エネルギー会社が運営し、その利益はHDDTへ「寄付」するという形がとられている(写真7−1)。

HDDTのデベロップメント・マネージャー(専従)を務めるドナルド・ボイドさんは、こう話してくれた。

「ハントリーは、もともとスポーツをはじめ地域のいろいろな活動が盛んなのですが、なにせ若者が就きたいと思うような職がなく、みな出て行ってしまうのです。そこで、行政からの支援のもと、地域の再生に取り組む動きがありました。しかし、その財政的な支援も打ち切りになってしまいました。ですが取り組みそのものは続けたいという思いが強く、そこで自分たちで稼ぐ方法でやろうと、デベロップメント・トラストを立ち上げたのです。しかし、そのときに資金源をどうするかという問題があり、それで再生可能エネルギーに取り組むことにしました」[3]。

風車の立地は、ハントリーの市街地から東に六キロメートルのグリーンマイヤ・ファームという場所。HDDTは、まずここの土地(農場)二五ヘクタールについて、スコットランド土地基金からの補助金を得て購入する、というところから始めている。HDDTは、この土地を地元コミュニティを代表する形で購入しており、ここはギア島に似たプロセスともいえる。購入した土地では、風力発電の建設だけでなく、レクリエーションや体験活動などの事業も始めており、これもまたHDDTの中核事業になっている。

風車の建設資金は、スコットランド政府のコミュニティ・パワー支援の仕組みであるCARESからの融資、それに、民間の銀行とソーシャル・インベストメント・スコットランド（社会的企業やコミュニティへの融資を行う非営利団体）からの融資でまかなった。

二〇一七年の発電開始以降、このグリーンマイヤ風力発電は、FIT制度を利用した売電によって、順調に利益を上げている。利益はローンの返済に充てるほか、HDDTが手がける公益事業への投資に使っている。一〇年でローンは返済し、そののちは利益のすべてを公益事業に充てる予定だ。

二〇一九年度、この風力発電からの収入は一〇万六九〇〇ポンド（一五〇〇万円）に上った。HDDTの他の大きな収入源は政府や諸団体からの補助金や助成金で、二〇一九年度はその金額が七〇万ポンドだった［HDDT 2020］。しかし、それらはほとんど使途が限られ

The Hüntly Express
No. 7978 Friday, September 8, 2017 Established 1863 Price 60p

Meeting called in bid to save business group

£3m windfall for community

By Pat Scott

School pupils were part of the celebration of the community turbine launch last Sunday

写真7-1　HDDTの風車完成を伝える地元紙「The Huntly Express」の記事
撮影：筆者（宮内）

ているものである。一方、売電収入は「(ローン返済以外)自由に」使えるものである。その違いは大きい。

実はHDDTの再生可能エネルギーからの収入はこれだけでない。HDDTは、近隣で民間が手がける二つの風力発電(二つはそれぞれ違う会社)について、地元コミュニティを代表する形で「株」を所有しており、その利益の一部の配当を受けている。これも二〇一七年から始めた取り組みだ[HDDT 2018]。二〇一九年度には合わせて一〇万ポンドの収入があった[HDDT 2020]。このうち二五%はそれぞれの立地の地元集落へ寄付することにしている。残りがHDDTの収入になる。

スコットランドでは、このようにコミュニティの再生という課題を達成するための方策として再生可能エネルギーが選択されていることが多い。そのときに、このデベロップメント・トラストという地域組織が担い手になっている[Slee 2020]。実のところ、スコットランドでは、コミュニティ主導の再生可能エネルギーの八五%が、デベロップメント・トラストないし類似の地域組織である[Haggett et al. 2013]。

4 エネルギー協同組合――コミュニティ・パワーのもう一つの担い手

もちろん、スコットランドのコミュニティ主導の再生可能エネルギーがすべてデベロップメント・トラストによって担われているわけではない。

とくにコミュニティというより個人や特定のグループの発意で再生可能エネルギー事業が計画

される場合には、協同組合の形態がとられることが多い。スコットランドには、二五のエネルギー協同組合があり、英国全体では二五〇〇ある。[4]

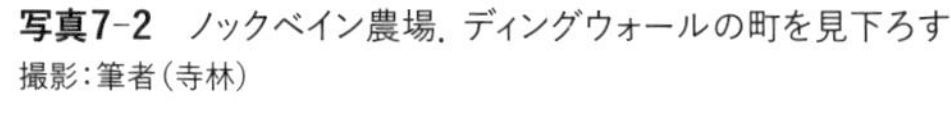

写真7-2　ノックベイン農場. ディングウォールの町を見下ろす
撮影：筆者（寺林）

◎ディングウォール風力発電協同組合

スコットランド最初のエネルギー協同組合といわれるのが、ディングウォール（Dingwall）風力発電協同組合だ。[5]

ディングウォールは、スコットランドの北西部、ネッシーで有名なネス湖にもほど近い、人口五五〇〇人ほどの町である。その郊外に、ジャガイモや大麦の生産と牛や羊の放牧を組み合わせた農業を営むノックベイン農場がある。農場は農家民宿も営んでおり、夏にはスコットランド内外から多くの宿泊客がやって来る（**写真7-2**）。

この農場の丘陵に、二五〇キロワットの風車が一本立っている（**写真7-3**）。風車の設置を企画したのは、この農場を経営するリチャード・ロケットさんである。ロケットさんは大学で環境科学を専攻するなど環境問題に関心を持っていたが、一番の動機は農場の新たな収入源を確保することであった。二〇一〇年に風況調査や環境影響調査を実施し、二〇一二年に建設許可を得るなど、計画は順調に進んだ。しかし、風車建設の資金をどうやって調達するかが実現に向けた課題と

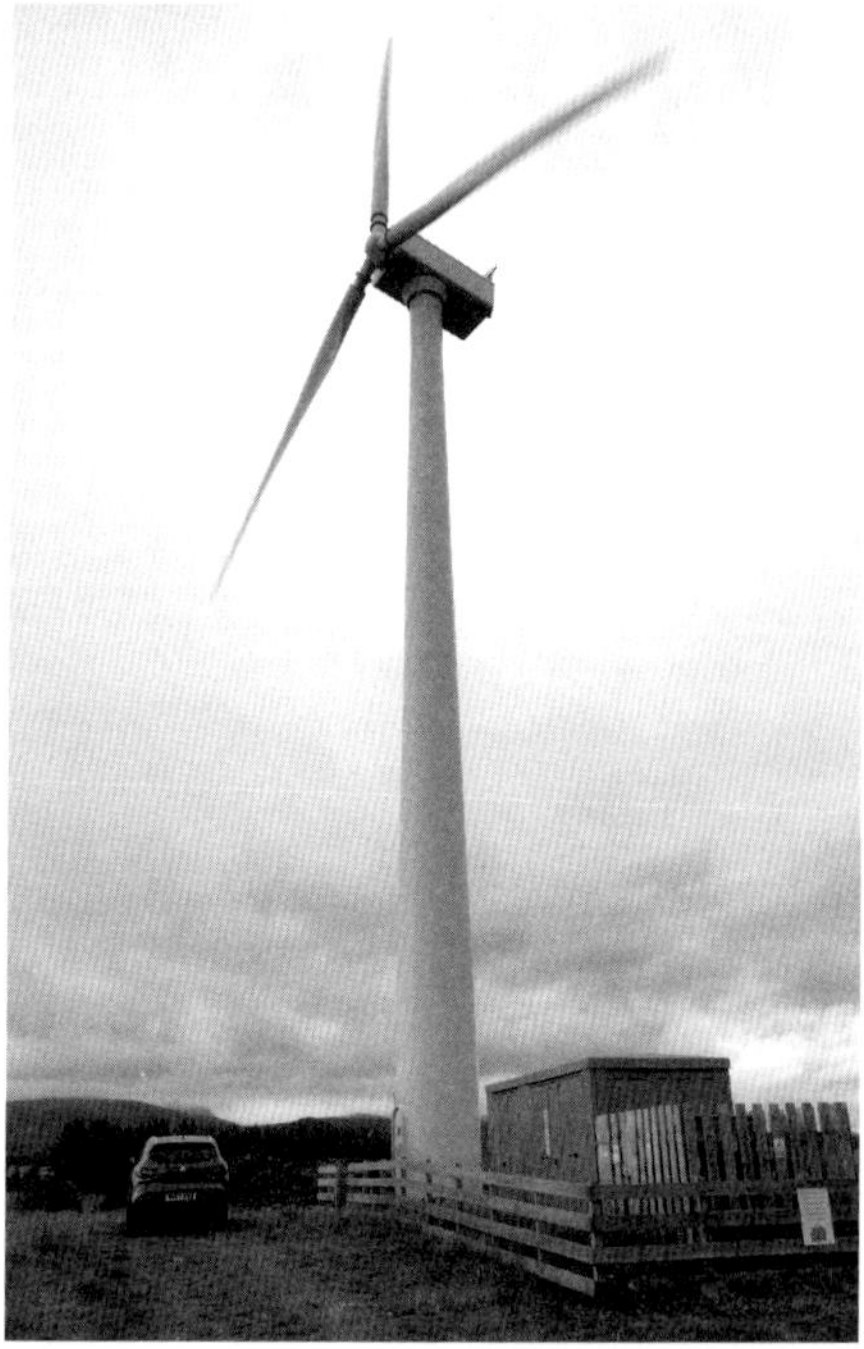

なった。

そこで助けを借りたのが、イングランドに本拠地に置く、シェアエナジーという、エネルギー協同組合の設立や運営を支援する協同組合であった。シェアエナジーは出資者（＝組合員）を広く募る協同組合モデルでの資金調達の方法について提案してくれた。政府の支援制度

写真7-3　ディングウォール風力発電協同組合の風車
撮影：筆者（寺林）

であるCARESも含めて複数の選択肢を検討したが、ロケットさんは資金調達以外にも次のようなメリットを感じ、協同組合の設立を決めた。

「協同組合の仕組みはとても魅力的に思いました。みんなの意見を反映させながら風車を運営することにワクワクしました。また、シェアエナジーはコミュニティ・ファンドについても提案してくれましたが、このアイデアも素晴らしいと思いました。風車への関心や風車からの利益を地域の人々と共有することが大事だと思ったからです[6]」。

こうして、二〇一三年にディングウォール風力発電協同組合が立ち上がり、同年の夏に事業説

明書の発行や住民説明会の開催、新聞広告、住宅へのポスティングなどで組合員を募集した。その結果、わずか一カ月間で一七九人が組合員となり、目標の八五・六万ポンド(一・三億円)を集めることができた。組合員の四分の三はディングウォールやその周辺の住民だが、その他は英国内他地域の人で、一部には外国に居住する人もいる。「組合員のほとんどは、投資だけではなく、環境への関心などが出資の動機になっていると思います」とロケットさんは言う。

協同組合の日頃の管理はロケットさんをはじめとする理事が担うが、運営は年に一度の年次総会に基づいている。年次総会には数十人程度が参加し、あわせて紅茶を飲みがなら自由に意見を交換する機会も設けている。協同組合は地域住民みんなが押し並べて参加する仕組みではない。しかし、関心を共有するならば「有志」として誰でも参加できる仕組みとなっている(写真7−4)。

写真7-4 ディングウォールの風車にある看板.
「この250キロワットの風車は,
ディングウォール風力発電協同組合の
組合員によって所有され, 運営されています」
撮影:筆者(寺林)

◎コミュニティへの利益分配

ディングウォール風力発電協同組合は、風況調査に基づいてFIT制度の期間である二〇年間の事業収支シミュレーションを立てている［Dingwall Wind Co-operative 2013］。それによると、保守的に見積もった場合の売電（キロワットアワーあたり二三・五ペンス）による総収入は二七二・二万ポンド（四・二億円）で、費用等を差し引いた事業利益は一二七・五万ポンド（一・九億円）となっている。この事業利益は土地所有者、組合員、コミュニティ・ファンドで分配される。

土地所有者、つまりノックベイン農場には、事業利益の一三・五％、二〇年間で二七・二万ポンド（四〇八〇万円）が土地賃借料として分配される。農場の副収入として決して小さくない額だ。

組合員への配当金の合計は、二〇年間で九四・九万ポンド（一・四億円）である。組合員は二五〇～二万ポンドの間で出資することができ、利回り（内部収益率）は六・五％と想定されている。当時は利用できた中小事業向けの減税制度を利用した場合は九・八％にもなる。組合員の経済的利益もかなり大きいことがわかる。

そして、コミュニティ・ファンドには、発電実績に応じて年間最低二〇〇〇ポンド（三一万円）、二〇年間で五・四万ポンド（八二五万円）が寄付される計画だ。コミュニティ・ファンドの使途は、ディングウォールとその周辺地域から寄付対象となる団体を公募し、年次総会で組合員が決める。近年の実績を見ると、森林整備事業や子どもの運動場、フットパス（散策路）整備団体、ボートクラブなどを対象に一団体あたり二五〇～二〇〇〇ポンド、合計八〇〇〇ポンド（一二二万円）ほどを寄付している。

二〇一四年に運転を開始した風力発電事業は、風況などによって年ごとの発電量は前後するものの、おおむね計画どおりに進んでいる。風力発電事業の利益は、農場と組合員だけではなく、確実にコミュニティに還元されている。

◎協同組合の波及

おもしろいことに、ディングウォール風力発電協同組合の成功は、協同組合モデルの有効性を示すものとなり、いくつかの新たな協同組合の設立にも波及した。

その一つとして、ディングウォールから一五〇キロメートルほど離れたエイリス（Alyth）という町の農場で、ディングウォール風力発電協同組合とまったく同じ方式の風力発電協同組合が立ち上がった。この地域ではすでに大手資本が建設したウィンドファーム（風力発電設備を集中的に設置した集合型発電所）による景観悪化が問題となっていたこともあり、同農場による風車建設にも反対運動が起こっていた。そこで住民たちから理解を得るため、農場主はシェアエナジーの支援のもと、ディングウォールの事例にならって協同組合モデルで出資を募り、コミュニティ・ファンドによって地域にある二つの小学校に利益を分配する仕組みをつくった。これによって事業が前向きにとらえられるようになり、多く住民が反対者から支援者へと変わった。

協同組合の設立は、ディングウォールの町内で風力発電以外にも広がった。協同組合形態のウィスキー蒸留所が立ち上がったのである。これは、風力発電協同組合の主要メンバーの一人が、民主的に事業を進められる協同組合に共感して二〇一七年に設立したもので、この町では九〇年ぶりとなるウィスキーの製造再開となった。協同組合のアイデアが地域に新たな産業を生んだということだ。

5 コミュニティ・パワーの「コミュニティの利益」

本章では、スコットランドの再生可能エネルギー推進政策と、それによって拡大するコミュニティ・パワーの事例について紹介した。スコットランドでは、地域の「まちづくり会社」であるディベロップメント・トラストが主体となったり、住民有志がエネルギー協同組合を立ち上げたりしながら、コミュニティ・パワーが次々と生まれてきた。

スコットランドの動きから私たちが学ぶべきことはなんだろうか。

それは、ひとことで言うと、「コミュニティの利益」を重視する姿勢である。

スコットランド政府は、再生可能エネルギー全般だけではなく、コミュニティ・パワーを拡大する目標を明確に掲げている。その背景には、土地という地域資源の収奪によって農村部の衰退を招いてしまった歴史への反省がある。地域の人々が土地を取り戻すこと、それはスコットランドにおいては地域の社会と経済を再生するための大事な第一歩になっている。このような経緯のなかで、再生可能エネルギーもまた、コミュニティが自ら所有し、コミュニティ再生のために利用すべき地域の資源とみなされるようになった。コミュニティ・パワーが政策的に重視されるのは、「地域資源である再生可能エネルギーがもたらす利益は、当然、地域のコミュニティが受けるべきだ」という理念的な裏付けがあるからにほかならない。

もちろん、地域の人々が自分たちだけで再生可能エネルギー事業を行うのは容易ではない。その点、スコットランドでは、コミュニティ・パワーの設立や運営を支援するための複数の選択肢が揃っている。政府の支援策であるCARESは、金融支援と情報提供の二本柱によって、予備調査から運転開始後まで、幅広くコミュニティ・パワーをサポートしている。また、ハントリーでは土地や設備の購入にあたって政府系組織や民間金融機関などのサポートがあったし、ディングウォールでは協同組合の設立や運営にあたって民間組織（協同組合）の支援を受けた。そして、各地の成功体験は支援組織の中に蓄積され、異なる地域の事業を支援するために役立てられる。コミュニティ・パワーを支える複数の仕組みがあり、地域の状況や事業形態に応じて選択できる。それがコミュニティ・パワーの拡大を支えるしかけになっている。

「コミュニティの利益」とは何なのか、それを考えることも大事だ。スコットランドのコミュニティ・パワーの実態として、コミュニティが主体であるというよりも、特定の組織や団体がコミュニティを「代表」して主体になっているようにみえる。デベロップメント・トラストは住民有志の組織であるし、協同組合も地域外も含めて比較的少数の有志が運営する仕組みだ。ただし、それによって生み出される利益の具体的な使途については、その「代表」たちが、コミュニティ再生やまちづくり事業、森林整備など、その地域の「コミュニティの利益」としてふさわしい内容を、活動を実践しながら、あるいは話し合いの場を設けたりしながら決めている。このプロセスこそが、彼らがコミュニティを「代表」することを正当化することにつながっているし、また、コミュニティ再生のプロセスそのものであるようにもみえる。

このように、スコットランドのコミュニティ・パワーには、人々が再生可能エネルギーを自ら導入し、その利益をどのように還元するのかを話し合い、その利益をもとに新たなまちづくりや地域再生が展開していくという、一連の社会的なプロセスがある。このプロセスのなかでコミュニティ再生の核となる社会的な紐帯が生まれること、それこそがコミュニティ・パワーが地域にもたらす真の「利益」だといえるのかもしれない。

註

（1）Local Energy Scotland のウェブサイト"Review the Community Benefit Register"(https://www.localenergy.scot/projects-and-case-studies/searchable-register-of-community-benefits/)[アクセス：二〇二〇年一二月二八日]の直近の値。

（2）HDDTの発電事業に関する以下の記述は、HDDT [2018]、HDDT [2020]をはじめとするHDDTの年次報告書、HDDTのニューズレター(https://huntlydevelopmenttrust.org)、Henderson et al. [2018]、地元紙"The Press and Journal"(https://www.pressandjournal.co.uk)、"The Huntly Express"(https://www.grampianonline.co.uk/huntly/)、および、ドナルド・ボイドさん(Donald Boyd)へのヒアリング調査(二〇一七年九月一五日)による。

（3）二〇一七年九月一五日、ドナルド・ボイドさんへのヒアリング調査より。

（4）Cooperatives UK のウェブサイト"Open Data"(https://www.uk.coop/resources/open-data)[アクセス：二〇二一年二月五日]の直近の値。なお、英国のエネルギー協同組合に関する制度や特徴については、寺林[2019]で詳しく論じている。

（5）ディングウォール風力発電協同組合に関する以下の記述は、Dingwall Wind Co-operative [2013]、および、リチャード・ロケットさん(Richard Rockett)へのヒアリング調査(二〇一八年八月二八日)による。

（6）二〇一八年八月二八日、リチャード・ロケットさんへのヒアリング調査より。

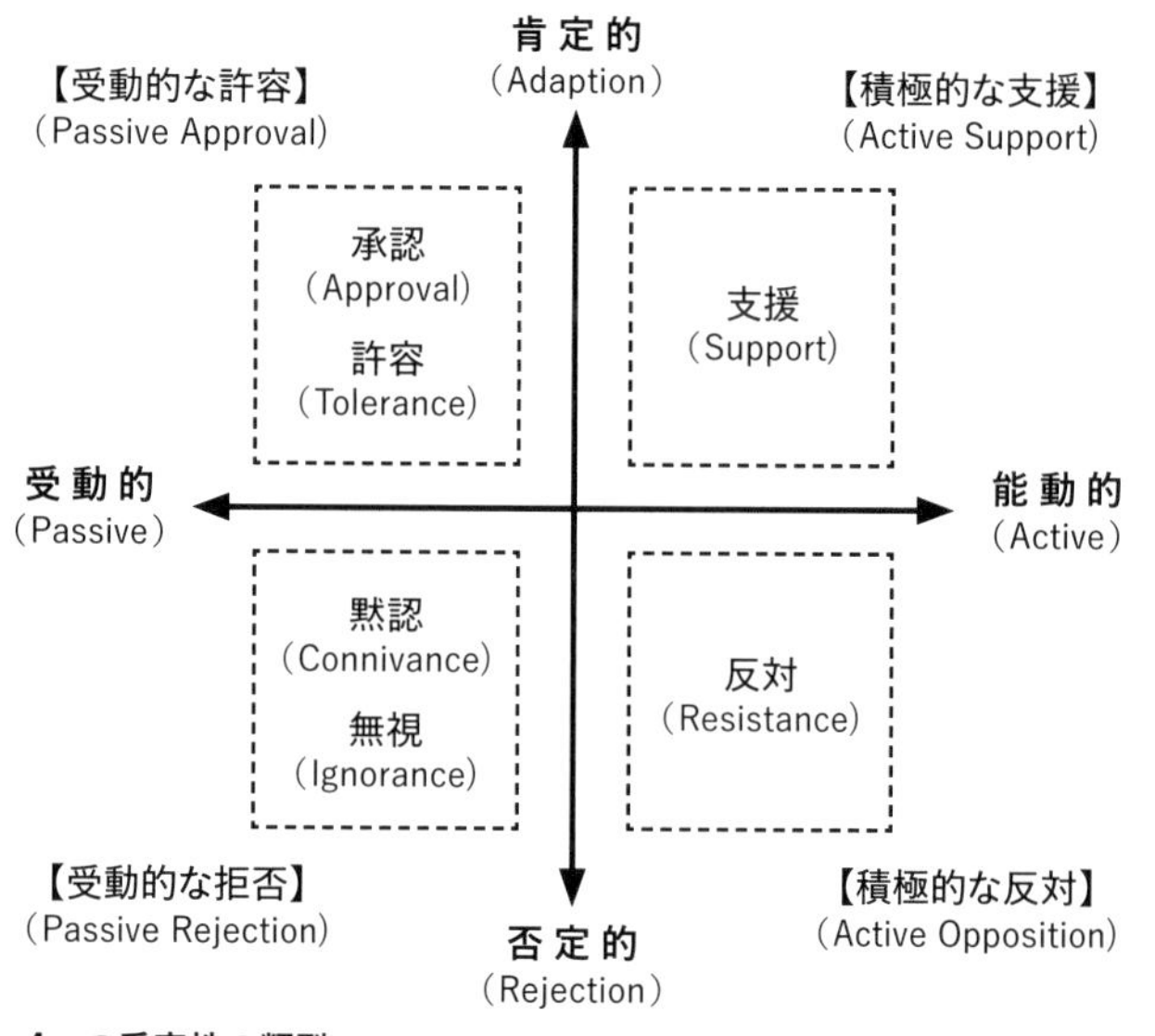

図8-1　4つの受容性の類型

出所：筆者作成.

受容性の類型が想定できるが（図8-1）、コンフリクトがないという状況は、第二象限の〈受動的な許容〉である場合もあれば、第三象限の〈受動的な拒否〉といった、再生可能エネルギー施設に対する潜在的な否定的感情が存在する場合もある。つまり、顕在化した対立がないからといって、地域の受容性が高く「信頼」があるとは限らない。

そもそも信頼というものが重視されるときは、当事者間で他者を信頼できない、予期できない場合である。それゆえ、どのような手続き的正義や分配的正義を構築すれば「信頼」が構築されるのかという点を経験的に示すことで、地域の受容性が高い再生可能エネルギーの事業開発の方向性を示すことができるのではないだろうか。

本章では、生活クラブ生協という生活協同組合による再生可能エネルギー事業を事例として、「よそ者」である地域外の事業主体がどのように地域住民と「信頼」を構築し、手続き的正義や分配的正義を担保した「コミュニティ・パワー」を構築して、地域社会にさまざまな派生的な利益をもたらしたのかを示す(第2節)。次に、生活クラブ生協と長年の信頼関係がある山形県庄内地方におけるメガソーラー建設と、評論家の内橋克人が提唱した「FEC自給圏構想」(後述)との関連を示し、再生可能エネルギー事業が生み出すソーシャル・イノベーションの一例を示す(第3・4節)。最後に、再生可能エネルギー事業開発に関わる社会的受容性を高める「信頼」のあり方と、「信頼」を醸成するための実践の意味について考えていきたい(第5節)。

2 「よそ者」によるコミュニティ・パワーの展開

◎生活クラブ生協による反・脱原発運動と対案提示としての再生可能エネルギー事業

生活クラブ生協は一九六五年に東京で誕生した生活協同組合である。二〇二一年現在、一都一海二府一七県に三三の生活クラブ生協があり、組合員数は四十万人を超える。生活クラブ生協は、「消費材」[1]と呼ばれる食や生活用品の共同購入活動にとどまらず、地域福祉や助け合いの活動、地方議会に議員を輩出する代理人運動や、自ら必要な資金を出し、雇う/雇われるという雇用関係ではない働き方をすることでサービスを提供するワーカーズコレクティブ運動、さらに各地域で生活に関わるさまざまな市民運動を展開してきた。

例えば、一九八六年四月のチェルノブイリ原発事故によって消費材の一つであるお茶にセシウムが検出されたこともあり、生活クラブ生協は反原発運動に積極的に関わってきた。その中で生活クラブ生協北海道では、一九八〇年代後半から泊原発や幌延町の核廃棄物処理施設の計画をめぐって反対運動を展開し、その後、対案提示型の運動として市民が出資する風力発電所の建設を目指すことになる。生活クラブ生協北海道の職員らがNPO法人北海道グリーンファンド、北海道市民風力株式会社(現・市民風力発電株式会社)を設立し、出資者二一七人から一億四一五〇万円の出資を集め、二〇〇一年九月に北海道浜頓別町に市民風力発電所第一号の「はまかぜちゃん」が建設された[西城戸 2008]。

その後、北海道グリーンファンドと市民風力発電は、二〇一〇年までに市民出資による風力発電を東日本中心に十二基建設した。また、市民風力発電株式会社は、大手に属さない独立系の風力発電事業の系列を構築し、後述する生活クラブの風車をはじめ、コミュニティ・パワーの理念に沿った風力発電建設を後押しする事業を展開している。

このように北海道の反・脱原発運動からスタートした運動主体が、徐々に市民出資の風力発電事業を展開するためのノウハウ(風力発電の技術的な内容、事業のためのファイナンス、エネルギーに関する政策)を独自に獲得し、他の再生可能エネルギーの事業活動の基盤を提供するまでに至ったのである。反・脱原発運動が対案提示の一つとして再生可能エネルギーを事業化するという、エネルギーに関わる日本の環境運動の一つの到達点であると総括してもよいだろう。

◎生活クラブ風車「夢風」がもたらすさまざまな派生効果

東日本大震災と福島第一原発事故から一年後の二〇一二年五月、首都圏の四つの生活クラブ生協（東京・神奈川・埼玉・千葉）が出資をして、秋田県にかほ市に生活クラブ風車「夢風」が建設された（写真8-1）。建設をサポートしたのは市民風力株式会社である。ただし、生活クラブ風車建設の企画段階では、組合員から「風車をにかほ市につくりその電気を生活クラブ生協が使うという構図は、地方に原発をつくり、その電気を首都圏で使うのと同じではないか」という批判もあったという。また、にかほ市は生活クラブ生協の消費材の生産地ではなく、風力発電の建設によって初めて関わりをもつ地域であった。

生活クラブ生協は生産者と消費者の相互の理解を深め、お互いが対等に互恵的な関係をもつという「対等互恵」の理念を掲げているが、風車建設に関わった生活クラブ生協の関係者は、何度も風車の立地点住民や自治体職員と話し合いを行った。そこで風力発電所建設への地元の理解を求めるだけでなく、エネルギーの大消費地である首都圏の生活クラブの組合員と、再生可能エネルギー資源の豊かな地域（にかほ市）の住民が交流することで、新たな地域間連携を構築していったのである。

例えば、風車の完成後、にかほ市の特産品の販売を生活クラブ生協で実施したり、生活クラブ生協の組合員がツアーを組み、風車の見学等の現地視察などの交流がスタートした。ここまでであれば、人的交流と地方の製造者の物産展が都市部で開催されたというどこにでもある実践にすぎない。だが、その後、にかほ市の生産者は生活クラブの組合員と共同で消費材を開発することになった。生活クラブ生協の消費材は添加物使用に独自の厳しい基準があり、消費材の開発過程ではどの事業者も紆余曲折を経ている。生活クラブ風車を縁とした「夢風ブランド」(日本酒、鱈のしょっつる、鱈を使ったラーメン、イチジク、はたはたのオイル漬けなど)も数多くの話し合いによって数年かけて完成した。

写真8-1　秋田県にかほ市の生活クラブ生協風車
写真提供:生活クラブエナジー

この「夢風ブランド」の構築プロセスにおける、にかほ市の生産者の変化も見逃がせない。夢風ブランドに関わったにかほ市の生産者は、消費材の共同開発の過程で多くの発見をし、生産者としてのスタイルも変化させた。ある生産者は添加物を利用することをやめ、ある生産者は生活クラブの組合員たちがどうやってアピールすれば売れるかを試行錯誤する様子を見て刺激を受け、自らの生産物の魅力を引き出し、アピールする試みを始めた。つまり、にかほ市の生産者は、消費者の視点から自分の商品を見直したのである。

さらに、風力発電の立地点の住民が加工用トマトや大豆を生産し、それが生活クラブ生協の消費材の原料として使われたこともあった。その作業は生活クラブの組合員が手伝うこともあった。二〇一八年からは加工用トマトの連作障害の問題と立地点地域住民の高齢化に伴う作業継続の困難さから活動は中止したが、二〇二一年からは立地点地区の米を原料にしたきりたんぽが、生活クラブ生協の消費材に加わった。そして、立地点住民のリーダーが首都圏の生活クラブ生協を訪問するなど、相互理解のための交流は継続している。

また、首都圏の生活クラブ生協とにかほ市の生産者との取引金額は約二五〇〇万円（二〇一六年度、生活クラブ受注ベース）に達している。また、にかほ市には風力発電に対する固定資産税として毎年約四五〇〇万円の歳入があり、さらに二〇一八年六月に制定された「にかほ市自然エネルギーによるまちづくり基金」条例に対しては、生活クラブ風車「夢風」の運営主体であるグリーンファンド秋田は、年間売電量一キロワットアワーあたり〇・五円を拠出している。このように生活クラブの風車は、立地点の自治体の財政にも寄与している。[2]

そして、経済的な効果だけではなく、生活クラブ生協の風力発電に対する地域の「まなざし」の変化も特筆すべき点である。立地点住民は「にかほ市にたくさんの風車があるが、生活クラブの風車だけは『回っている、回っていない』って気になる」と言う。それは、同時期に企業の社会的貢献活動（CSR）の一環として建設された、隣接しているもう一つの風車とは対照的である。また、生活クラブ生協の組合員や職員は、毎年代わる代わる「自分たちの生活クラブ風車」を見るために、にかほ市を訪れる。風車の立地点住民らもそうした組合員との交流を楽しみにしている。

このように地域住民にポジティブに受容されていることによって、仮に風力発電に問題が起こったとしても、大きな問題にはなりにくい。逆に風力発電にマイナスのイメージをもっていたり、風車や風力発電に関心がない状態であったりすると、何らかの事故が発生することによって、一気に風車に対して反発が出ることもある。秋田県にかほ市の周辺は風力発電のメッカであり、風力発電の建設に対する反対運動も見られる。だが、「夢風」ほど近隣の地域社会の中で受容されている風力発電はないといえるだろう[西城戸 2021b]。

◎地域住民の「信頼」をつくり出す――地域外住民による反対運動の中で(3)

写真8-2　石狩市厚田地区の市民風車
撮影：高橋真樹

秋田県にかほ市の生活クラブ風車とは別に、二〇一四年、北海道石狩市厚田区に、生活クラブ生協連合会が主導し、生活クラブ生協北海道が出資をした「厚福丸」と名付けられた風力発電が完成した(写真8-2)。風車の支柱には「原発から自然エネルギーへとシフトし、より良い未来をつくっていこう」という生活クラブ生協北海道の組合員が考えた希望のメッセージが掲げられている。だが、その開発過程はそれほど平坦ではなかった。それはこの「厚福丸」の建設に対して、立地点以外の住民による反対運動が展開されたためである。「厚福丸」の立地点はもともとは農地であり、その後、リゾート開発が頓挫し、行政が買い取った場所であった。ところが、北海道石狩市や小樽市銭函地区の風力発電に反対する運動グループは、反対の理由を変えながら、主に低周波の問題を理由に厚田地区の住民への影響を懸念しているとして、反対を表明するようになった。住民説明会には、反対運動グループも参加する一方、厚田地区住民も多数参加し、事業者のリスク対応を含めた説明に耳を傾けた。また、住民は自ら不安や期待など意見を述べ合い、真剣な議論がなされたという。その結果、多くの厚田地区の住民は「厚福丸」の誕生を受け入れた。それは「厚福丸」の建設や運営を実質的に担った市民風力発電株式会社の担当職員が、風車建設のさまざまな影響も含めてきちんと丁寧に説明し、地域住民と信頼関係を構築していったことが大きいと思われる。「厚福丸」のオープニングイベントには、厚田有志による地元食材を使った料理、植樹など地域活動の紹介、郷土芸能「望来獅子舞」が披露された。

また、厚田区の多くの住民が風力発電に賛成した背景には、旧厚田村が二〇〇五年に石狩市と合併したものの、高校もなく人口が減少し続け、地域の活性化のための事業や、交流人口が必要だという認識があったと考えられる。「厚福丸」と同時に建設した市民出資による風力発電所「ゆめ風未来」の建設や運営は、市民風力発電が設立・運営をしている「株式会社厚田市民風力発電」という特定目的会社（SPC）が担った。「厚福丸」と「ゆめ風未来」の売電収入の一部は、石狩市の「環境まちづくり基金条例」に基づく基金へ寄付され、森づくりや市内の環境関連の取り組みに活用されている。[4] さらに、二つの風車の利益は、厚田区の活性化のための取り組みにも使われている。旧厚田村は石狩市と合併後、地域協議会ができたが、旧厚田村の地域活性化のための複数の地域団体に助成をしている。例えば、地域の資料館の運営や水彩画展の開催への支援、コンクリートに囲まれた岸壁を明るく彩る魚介類のイラストや文字を描く漁協の女性部の企画への支援に用いられた［高橋 2019］（写真8–3）。このように風車の立地点に対して一時的な利益を供与するのではなく、地域の未来に対する投資であり、当該地域に対する尊厳が前提となった利益配分を行っているのである。

写真8–3 厚田地区の岸壁に描かれたイラスト．石狩漁協女性部の作品
撮影：高橋真樹

さらに、生活クラブ生協北海道の組合員も、「厚福丸」がある厚田区への多様な関わりをつくっている。実は石狩市厚田区は生活クラブ生協北海道の消費材の配達エリア外であるため、地元に組合員がいるわけではない。だが、生活クラブ生協北海道の組合員が現地に通うことで、現在は厚田神社の祭りに生活クラブのブースを出店し、組合員がバス一台を借りてお祭りに参加したり、厚田特産のニシンやタコを使った生活クラブ生協北海道独自の消費材（ニシンのオイル煮、たこ飯の素）の開発、共同購入がなされたりもしている。[5]

以上のように、地域社会に資する再生可能エネルギー事業であるコミュニティ・パワーは、当該地域外の事業主体による「よそ者」の活動であっても、事業によって得られる利益の分配的正義と、事業に伴う手続きの公平性に関する手続き的正義が担保されることで、地域住民にも事業者にもプラスになることが見いだせるだろう。また、地域への利益還元は一過性のものではなく、長期にわたり地域社会との関係性を構築することを念頭に置かれた内容となっているところが重要である。現在の日本の再生可能エネルギー事業が、国民の税負担によって支えられるFIT制度で成立している以上、再生可能エネルギー事業の利益は地域住民に還元していくことが重要であり、こうした生活クラブ生協の事例はモデルケースの一つであるといえるだろう。

3　地域との信頼に基づくエネルギー転換の面的展開

◎山形県遊佐町のメガソーラー建設とその背景

首都圏の生活クラブ生協が秋田県にかほ市に風車を建設し、その風車を縁として地元住民、事業者との交流を広げたことに対して、やや苦々しく思っていたのは、にかほ市に隣接する山形県遊佐町（ゆざまち）の生活クラブ生協の消費財の生産者たちであった。「なぜ、長年の付き合いがある遊佐ではなく、にかほに風車をつくったのか」と。(6)

生活クラブ生協と遊佐町との関係の歴史は長く、そして深い。減反政策に反対し、できる限り多くの米を販売し、農家や水田を守ろうとした遊佐町農協（現・JA庄内みどり）と、それを支える生活クラブ生協は、一九六九年から始まった自主流通米制度の下で、産地や銘柄を指定する米の共同購入（三〇〇〇俵）を開始した。その後、一九七四年からは、生活クラブ生協の組合員が生産現場を見学し生産者と議論する「庄内交流会」が毎年行われるようになり、一九八二年には遊佐町農協の生産量の六六％（一五万俵）が生活クラブ生協に拠出されるようになった。一九八八年からは「共同開発米事業」が開始され、農薬・化学肥料の使用を最低限に抑える環境保全型農法を目指すようになった[7][辻村 2013: 184–187]。なお、米の価格は市場価格によって変動するのではなく、当初から生産費を積み上げる価格設定が導入され、一九九二年には「生産原価保障方式」が採用されることになった。

このように生産者と消費者との「対等互恵」を前提とする提携によって、両者の間で強い信頼が醸成された。一九九三年の記録的な冷夏で米が大凶作（全国の作況指数が七四）となり、海外から二六〇〇万トンの米が輸入され国産米とブレンドされて販売された際に、遊佐町農協は「一俵供出運動」（別名、どんぶり一杯運動）として、生産者所有の米を生活クラブ生協の組合員に自主出荷したことは、生産者と組合員の強い絆の証として今もなお語られている。

他にも生活クラブ生協東京（練馬センター）の交流会で遊佐町農協の婦人部（当時）のメンバーが合成洗剤の危険性を学び、遊佐町における石けん運動が展開された。地域や学校へ石けん利用の啓発活動、町の公共施設などからの合成洗剤回収運動を行い、農協店舗での合成洗剤の取り扱いを中止させ、一九九三年にはリサイクル粉石けんの製造販売を始めた。さらに、遊佐町に流れる月光川上流のアルミ再処理工場建設への反対署名運動が遊佐町農協で展開された際に、生活クラブ生協の組合員の寄付金は「環境保全基金」となり、さらに「月光川の清流を守る基本条例」の制定に

写真8-4　庄内・遊佐太陽光発電所（山形県遊佐町）
撮影：筆者

至った（一九九〇年）。遊佐町と生活クラブ生協との関係は、単なる農産物の提携を超えたつながりがあるといえるだろう。

さて、生活クラブ生協連合会は、二〇一九年に生活クラブグループ各団体や提携生産者などと設立した特定目的会社（SPC）である株式会社庄内自然エネルギー発電を事業主体として、生活クラブ生協の米の産地である山形県遊佐町に「庄内・遊佐太陽光発電所」（出力一八メガワット）を建設した（写真8－4）。いわゆるメガソーラーの建設であったが、地元住民の反対はなかった。建設した場所が砕石（さいせき）会社跡地で原野、山林、雑種地であったこともあるが、先述したように遊佐町の生産者と生活クラブ生協の信頼関係があったからだといえる。

そして、この庄内・遊佐太陽光発電所で発電した電気は、生活クラブエナジー（生活クラブ生協組合員のための電力小売業者）を通じて、生活クラブの事業所や生活クラブの組合員に届けられただけでなく、事業収益を用いた地域還元も考慮されている。二〇一九年五月に、山形県酒田市、山形県遊佐町、生活協同組合庄内親生会[8]、生活クラブ生協連合会、株式会社庄内自然エネルギー発電の五者で、「『庄内自然エネルギー発電基金』創設に向けた共同宣言及び宣言に基づく協定」を締結し、二〇二〇年、二〇二一年二月に、太陽光発電の売電利益から一〇〇〇万円がこの基金に寄付された。

4 複数の思惑をエネルギー転換に埋め込む

さて、生活クラブ生協連合会は、二〇一五年の第六次事業中期計画を策定するなかで、「FEC自給ネットワーク構想」を掲げた。FEC自給圏とは、評論家の内橋克人が提唱した構想で、F（Food）、E（Energy）、C（Care）を地域内で自給し、持続可能なコミュニティをつくっていくというものである。生活クラブ生協は、消費者の多い都市部でFEC自給ネットワークの構築を目指してきたが、この構想を「庄内FEC自給ネットワーク」として、遊佐町同様に生活クラブ生協の主要産地である山形県酒田市での展開を試みようとしている。その背景について説明していこう。

まず、酒田市には生活クラブ生協に豚肉（三元豚）や無添加のソーセージを提供している平田牧場がある。平田牧場が無添加ソーセージを生活クラブ生協に配送する際にネト（腐敗して食品中の糖から生成される粘り状の物質）を発生させてしまったが、生活クラブ生協は「添加物を使わないから腐ったから、もう一度やり直して取り組もう」として取引を続け、最終的には無添加のソーセージを完成させたエピソードがある。また、生活クラブ職員は時期尚早としていた平田牧場の豚肉の取引を開始させるために、欲しい部位だけを買うと残りの部位の価格を転嫁しなければ生産者は採算が合わないため、「豚肉一頭買い」を行った。さまざまな部位の調理法を学んだ組合員の

「自主運営・自主管理」の姿勢は、平田牧場と生活クラブ生協の関わりを語る上で、今でも組合員に受け継がれている。このように酒田市も、遊佐町同様に生活クラブ生協にとっての主要な生産地であり、組合員と生産者の物語が重ねられている。

酒田市では二〇一五年から二〇一九年にかけて「酒田市まち・ひと・しごと創生総合戦略」を策定し、人口減少対策として「生涯活躍のまち構想」を掲げた。この「酒田市まち・ひと・しごと創生総合戦略」の策定に際しては、「コンサルタントだけ儲かり、同じような結論になってしまう」という酒田市の生産者(平田牧場)の意見を取り入れ、酒田市と長年の関わりがあった生活クラブ生協連合会とともに行うことになった[9]。

酒田市の「生涯活躍のまち構想」の内容は、生活クラブ生協と酒田市の意向が重なった形でつくられている。まず、生活クラブ生協の組合員の中には、首都圏の医療・福祉サービスの脆弱性を鑑み、高齢期の暮らし方として、都市ではなく、長年食べてきた消費材の産地で暮らしたいという住み替えのニーズがある。ただし、都市部に住む組合員であるため、農村移住を希望する人もいるものの「そこそこの都市がよい」と考える組合員も多い[10]。

一方で、酒田市としては「元気な高齢者」の移住者が増えることで人口減少を食い止めることができる。ただし、単に高齢者を受け入れて介護施設をつくるのではなく、首都圏に住む組合員が元気なうちに酒田市に移住し、その人が積み上げてきた経験や知恵を生かしながら「生涯活躍ができる場」をつくること、つまり、酒田市がこれまで充実させてきた地域包括ケアシステムの中[11]に、自分も参加者として楽しみつつ、居場所づくりを運営する人材として参加する暮らしが想定されている。酒田市の将来のコミュニティ像は、地元住民・移住者・他世代の人々がみんな参加する「ごちゃまぜのまち」であり、さまざまな地域の課題に対して、市民自らが役割を持って関わることで、地域課題を解消しながら、豊かで生きがいのある暮らしを目指すという「参加する暮らしに集う」というコンセプトからなる。その実現のための手段として、日本版CCRC(Continuing Care Retirement Community：継続的なケア付き退職者のためのコミュニティ)の構想までに至っている[古沢 2020: 183–185]。そして、この拠点づくりに、先述した遊佐町のメガソーラーによる基金が使われることが想定されているのである。

以上のように、庄内FEC自給ネットワークとは、遊佐町の太陽光発電(E)の売電利益による基金の一部が、酒田市において、米や豚肉などの消費材(F)に魅力をもつ生活クラブの組合員の移住のための福祉(C)施設や、地域の拠点づくりに使われる構想である。これは多様なテーマの活動を行ってきた生活クラブ生協だからできることであるが、再生可能エネルギー事業が持続可能な地域社会へ向けた手段、地域戦略として活用できる可能性があることを示している。二〇一八年四月に閣議決定された「第五次環境基本計画」で示された「地域循環共生圏」とは、「各地域が美しい自然景観等の地域資源を最大限活用しながら自立・分散型の社会を形成しつつ、地域の特性に応じて資源を補完し支え合うことにより、地域の活力が最大限に発揮されることを目指す考え方」であるが、この庄内FEC自給ネットワークは、地域循環共生圏が具体化した事例であるともいえるだろう。生活クラブ生協の実践は、常に時代を先取りしているのである。

5 まとめにかえて――「信頼」と「物語」をつくり出すための実践の重要性

再生可能エネルギーの事業開発や運営がスムーズになされるためには、事業者と地域住民間の「信頼」の構築が重要であることは明らかであろう。本章で紹介したいくつかの事例においても、事業計画段階からの丁寧な説明といった手続き的正義の担保や、再生可能エネルギー事業の利益を地域社会の未来を考えて正当に還元する、という分配的正義を保つことが、コミュニティ受容性を高める要素であることが見いだせる。また、自ら再生可能エネルギーの事業者になり、エネルギーの事業とそもそもの食や福祉などの活動と結びつけることで、より多様で豊かな利益を地域社会にもたらすことができる。

ここで考えたい点は、風車の事業者と地域住民との多様な交流の積み重ねによって醸成された「信頼」を前提として共有された「物語」の意味である。第2節で述べた秋田県にかほ市の生活クラブ風車の事例のように、「よそ者」の地域外の風力発電事業者である首都圏の生活クラブ生協との交流の中で、地元の事業者が自身の活動を見直したり、地元住民も数多くある風車の中で生活クラブ風車を特別視するようになったりした。そこには「よそ者」によってつくられた風車に関わったことで自らが「変身」し、地域社会に新たな動きが創出されたという「物語」ができたからであろう。にかほ市周辺には数多くの風力発電があり、それに対する反対運動の活動もあるが、生活クラブ風車の立地点の住民のまなざしは、反対運動のそれとはまったく異なる。さらに、石狩市厚田の風力発電に対する反対運動が、結果として一部の人々にしか共有されなかったのは、地域住民が、反対運動の主張と、風力発電の事業主体が示した地域社会の未来を構想した「物語」とを比較し、後者を選択したためではないだろうか。

一方で、事業者側である生活クラブ生協の組合員や職員にとっても、首都圏から離れた場所に立地する風車や、配達エリア外の風車を見ることによって、「自分たちが建てた風車が自分たちで使う電気をつくっている」という感覚をもつようになる。そして、彼ら彼女らは、風車を見たことがない組合員に自らの経験を伝える。その伝えられた「物語」は、再生可能エネルギーという技術の話だけではなく、地元事業者と共同で開発した消費材の話や、地元住民との交流によって得られる住民の思いなど、さまざまである。そしてこうした物語を共有することで、生活クラブエナジーからの電力の購入を促すことができる。それは生活クラブ生協の組合員が長らく行ってきた、生産者と対等互恵の関係でつくられた消費材への共感と同じプロセスである。

もちろん、再生可能エネルギーを他から調達し、再生可能エネルギーの比率を生活クラブエナジーよりも高めた電力の小売業者は他にもあり、その中には大手の生活協同組合もある。再生可能エネルギーを重視した電力を選ぶエシカルコンシューマー(倫理的消費者)の選択肢を増やすという意味では、こうした試みは重要である。だが、自ら再生可能エネルギーを生産し、立地点の住民や事業者、自治体と交流し信頼を重ねながら、新たな価値をつくっていくというコンヴィヴィアル(共愉)[12]な実践の存在は、より多様な主体を巻き込み、ひいてはエネルギー転換につながるのではないだろうか。エネルギー/サステナブル・トランジション(転換)の実践には直接参加とコンヴィヴィアルな実践とそれに裏付けられた「物語」を組み込むことが鍵となる。

さらに、再生可能エネルギー開発に限ったことではないが、技術開発が地域社会の中でどのように受け入れられるかによって、技術そのものや開発自体の評価が変わってくる。技術や開発行為に対する評価を高めるためには、再生可能エネルギーの事業開発に複数の価値を持たせるように、多様な主体間の関係性をつくること、多様な社会的ネットワークをつくることが重要である。そして、技術自体が社会的ネットワークと整合的で、いろいろな人がその技術に価値を見いだせるように、技術を社会的ネットワークに埋め込むことが、ソーシャル・イノベーションをもたらす。第3節で述べた庄内FEC自給圏ネットワークの試みは、生活クラブ生協グループがこれまで培ってきた実践によって醸成された「信頼」を前提とした上で、多様な実践をいくつか重ね合わせることで複数の価値を併存させ、自給できる循環経済が形成することで持続的な社会を目指す、ローカルSDGsの戦略であるといえるだろう。

註

(1) 生産者や小売業の利潤追求のための一般に流通している商品ではなく、消費者が既存の生産や流通の問題点を踏まえ、自らのライフスタイルを反省しながら「考える消費者」として提携生産者とともに開発する商品のこと。消費材の利用を広げていくことで既存社会の課題を解決すると考えられている［西城戸 2021a: 44］。

(2) なお、二〇一八年度は前年度の売電量×〇・五円で二二五万七〇〇〇円、二〇一九年度は一八六万八〇〇〇円、二〇二〇年度は二二七万三〇〇〇円をグリーンファンド秋田は拠出した。基金の使途は、にかほ市と生活クラブとの連携推進協議会で確認されている(グリーンファンド秋田からの情報提供、二〇二〇年四月二日、二〇二一年四月一三日)。

（3）本節の内容は、二〇一七年五月二〇日、二〇一九年七月三〇日、二〇二一年四月一三日の関係者の聞き取りによる。

（4）グリーンファンド秋田と同様に一キロワットアワーあたり〇・五円を寄付。毎年五〇〇万円から六〇〇万円程度の寄付を二〇年間行う予定である。

（5）ただし、生活クラブ生協北海道の組合員の中にも、風力発電の反対運動のメンバーが存在した。チェルノブイリ原発事故からの反原発運動にも参加し、生活クラブ生協の組合員活動も積極的であるが、「風車だけはだめ」という組合員だったようである。生活クラブ生協北海道の総代会では、風車建設に反対する組合員の声も影響して、風力発電は対案としてはよいが、風車建設の影響に関する判断材料が少ないという理由で、「厚福丸」への出資の賛否に関して保留した組合員もいたが、過半数の組合員の賛成により風力発電への出資が決まった(生活クラブ生協北海道の関係者への聞き取り、二〇一九年九月二七日)。

（6）遊佐町の生産者に対する聞き取り(二〇一八年八月二八日)。

（7）二〇〇六年には共同開発米事業に参加する生産者全員が山形県指定のエコファーマーとなり、特別栽培米の認証を取得する。二〇〇八年には共同開発米がすべて「減農薬・減化学肥料栽培」(県基準の半分以下)となる。

（8）生活クラブ生協の生産者によって庄内地区で結成された生活協同組合のこと。この生協ができたことによって、庄内地区の生産者も、生活クラブの消費材を購入することができるようになった。生活クラブ生協連合会が第六次事業中期計画を作るなかで、「生活クラブ生協は組合員と生産地の関係は深いが、売り手と買い手が固定化しており、消費材の作り手も地域の生活者であり、組合員と生産者のそれぞれの地域の問題を考えていく必要がある」という認識から、庄内親生会が誕生した(生活クラブ生協連合会の関係者への聞き取り、二〇二〇年二月二八日)。

（9）生活クラブ生協連合会の関係者への聞き取り(二〇二〇年二月二八日)。

（10）なお、生活クラブ生協連合会は、「都会の消費者〈都〉と地方の生産者〈里〉が共存共栄できる世の中を目標〈夢〉に手をたずさえて歩んでいきたい〈路〉」という思いから「夢都里路くらぶ」をつくり、組合員の援農や就農研修をサポートしているが、二〇一四年からは遊佐町定住コーナーを設置し、これまで三組の移住がなされている(https://yutoliro.jp/tabid/54/Default.aspx)[アクセス:二〇二一年三月二七日]。

(11) 医療や介護が必要な状態になっても、可能な限り、住み慣れた地域でその有する能力に応じ自立した生活を続けることができるように、医療・介護・予防・住まい・生活支援が包括的に確保されるという考え方に基づいた地域福祉システムのこと。

(12) コンヴィヴィアルは、一般的には「自立共生」と訳されることが多い[Illich 1973=2015]。だがここでは、お互いに自立し、楽しく学び合うことで新たな価値創造をするという意味を重視し、「共愉」とした。

付記

* 本稿は科学研究費(18H00933, 17H00828, 21H00780)の成果である。

第9章

省エネ改修を通じた持続可能なまちづくり

ドイツにおける老朽団地再生プロジェクト

高橋真樹

1 はじめに

二〇二〇年一〇月、日本政府は二〇五〇年の脱炭素社会の実現を目指すと宣言した。しかし、具体的な道筋はまだ描かれていない。再エネや省エネの分野で日本よりはるか先を行くドイツでは、一つの方法として街区ごと改修し、建物の省エネ化を含めてエネルギー効率を最大化させる実践が進められている。そして、そこで目指されているものは、エネルギー問題だけではない。貧困問題や高齢化、コミュニティの崩壊、老朽化したインフラ、マイカーの過剰な利用と脆弱化する公共交通、子どもたちの遊び場の確保といったさまざまな課題と同時に向き合おうとしている。そうした課題は、日本にも共通するものだ。

ドイツでは、複合的な問題に対して個別にではなく、交通やエネルギー問題も含めて新たな都市計画を設定し直すことで、総合的に改善させる実践が進められている。高齢化や極度の貧困などにより、誰からも見捨てられていた旧東ドイツの時代につくられた巨大団地群。そこを活気あふれる街に生まれ変わらせるための、持続可能なまちづくりを調査した。[1]

2 見捨てられた貧困地区

ドイツの首都ベルリンから列車で西へ約三〇分。第二次世界大戦の末期、日本に無条件降伏を迫る宣言が出されたことで知られる古都、ポツダム市がある。ドイツ統一前は旧東ドイツに属していた同市の、現在の人口はおよそ一七万人。観光地となっている旧市街などを中心に、比較的裕福な世帯が多いとされている。しかし、市内には貧困地区もある。一九八〇年代後半の旧東ドイツ時代に建設された、公営団地を中心に構成されたドレヴィッツ（Drewitz）地区である。

同地区は、東京ドーム約八個分（三八・八ヘクタール）という広大な敷地に、プラッテンバウ（板状集合住宅）と称される団地が林立するエリアだ。一九九〇年に東西ドイツが統一されると、富裕層や若者は次々と地区を離れ、母子家庭や高齢者が取り残されていく。二〇〇〇年代後半以降は、およそ三〇〇〇世帯、人口五〇〇〇人ほど。失業者や生活保護世帯を含む貧困層も多く住み、家賃の安さから移民出身者の割合も増加していった。アルコール依存症や健康問題を抱える住民も多く、近年では建物が老朽化し、周辺の治安の悪化も懸念されるようになっていた。こうした問題は、ドイツ統一後の旧東ドイツエリアで一般的に見られる傾向だが、ドレヴィッツではそれが顕著になっていた（写真9-1）。

とくに貧困が子どもたちに与える影響は大きかった。ドイツでは発育状態や言語の習得具合によって小学校入学年齢が異なるシステムをとっている。ドレヴィッツでは、親が子どもに十分な食事を与えていない家庭も多く、六歳になっても体が未発達で小学校への就学を猶予された子どもが、およそ三割にも達していた。また、入学できた後も進学できない子どもも珍しくなかった。この地区はいつしか、ポツダム市民から「あそこはポツダムではない」とまで蔑まれるようになっていた。

写真9-1　1998年当時のドレヴィッツ．団地の前の通りはすべて駐車場
写真提供：Landeshauptstadt Potsdam

ドレヴィッツ地区の集合住宅のおよそ五割を所有しているのは、ポツダム市が一〇〇％出資するプロポツダム住宅公社だ。ドレヴィッツの改修プロジェクトを担当するグレゴール・ハイルマンは、改修前の街の様子をこのように語る。

「失業や健康問題、そして学校に行けない子どもたち。ドレヴィッツには、ポツダムで最も低所得な家庭が集まっていました。子どもたちを取り巻く深刻な状況を私に訴えてきたのは、小学校の先生たちです。先生たちからは、街の状況は年々悪くなる一方で、地区の都市計画を担当する私たち公社にも責任があると責められました。先生たちの言うとおり、この地区ではさまざまな問題が放置されていたので、私も何かしなければという気持ちにさせられました」。

この「見捨てられた貧困地区」を大改修して、街をよみがえらせるプロジェクトが具体的に持ち上がったのは、二〇〇九年のことだった。

3 大規模団地の再生プロジェクト——貧困問題の改善と持続可能なまちづくり

変化をもたらすきっかけは、ある行政職員の発案だった。ポツダム市の都市計画部門で働くカリン・ユハスが、プロポツダム住宅公社とともにドイツ国交相の主催する「大規模団地における省エネ改修コンセプト」についてのコンペティションに、ドレヴィッツ地区の再開発案を提案した。ドイツでは、脱炭素社会やエネルギー自立を実現するため、国家レベルで街の再開発や建物の省エネ改修が熱心に進められている。このコンペも、街の環境・エネルギー分野の改善を目的とするもので、受賞した提案には助成金が出ることになっていた。しかし改修案を提案したユハスを突き動かしたのは、エネルギー問題よりも貧困問題、とくに子どもたちをめぐる状況への危機感が優先していた。

「低所得者にも快適な環境に暮らし、教育を受け、差別されずに生きる権利があります。家庭環境が違っても、社会的に排除されない地域にしたいと考えたのです」。

旧東ドイツ時代のポツダム出身者であるユハスは、ポツダム全体が貧しかった時代をよく知っている。彼女にとって、貧困状態のままに取り残されている人々の問題は他人事ではなかった。応募にあたり、彼女は市や住宅公社、民間企業の関係各所を口説いて回った。コンペにはドイツ全土から多数の提案が出される。二〇〇九年のコンペでも、一〇〇件近くの応募があったため、当時はユハスの案が受賞するとは誰も考えておらず、彼女が関係者の承諾を取るのは比較的容易だったという。ところがコンペでは大方の予想を覆して、彼女のアイデアが銀賞を受賞した。これにより連邦政府からは、ドレヴィッツの一部地域を改修する助成金が出ることになったが、市も財政支出を求められた。何より市として政府に名乗りを上げ、全国的な話題となったからには、実行しなければならない状況になってしまった。

アイデア段階では賛同していた市の職員や政治家の中には、受賞後に「まさか通るとは思わなかった」と反対に回る人も多かった。当時の市長も、プロジェクトの成功には懐疑的だった。市長は「貧困層が住む場所は、そのままでもいいのではないか」と主張したという。ユハスは「誰にとっても公正な環境をつくることは、私たちの義務ではないでしょうか」と反論した。

議論は行政内部だけでなく、地元企業など関係各所で繰り返された。最終的には、貧困地域を何とかしなければという論調が主流を占めるようになっていく。そして、コンペに提案された一部の地域だけでなく、老朽化した街区全体を改修する事業へと広がることになった。プロジェクトは、彩りのない寂しい街区を緑であふれさせることを目指して、「ガーデンシティ・ドレヴィッツ」と名付けられた。

4 団地再生の四つの柱——省エネ改修を通じたコミュニティの再生

具体的な改修の柱は次の四点である。①建築分野（建物の省エネ改修やバリアフリー化など）、②エネルギー分野（地区の消費エネルギーの再エネ割合の増大など）、③交通分野（駐車場の削減や公共交通の充実など）、④都市計画分野（公園の整備や街区の緑化など）となった。工事期間は二〇一一年から二〇二五年までとされた（その後、期間は延長されているため、二〇二一年一月現在は終了期間未定となっている）。

ドイツでは、カーボンニュートラルの社会を見据えて、こうした街区全体の改修を通して、エネルギー効率の改善や総合的な課題解決を目指す都市計画が一般化している。分野別に概要を見ていこう。

① 建築分野

ドイツのエネルギー政策といえば、再エネによる電力供給が注目されがちだが、ドイツで最もエネルギーが消費される暖房の熱需要を減らすために、建物の高断熱化が進められてきた。ドイツが建物の最低限の断熱性能を法律で定めたのは、オイルショック後の一九七七年である。その後も、「省エネ政令」として年代ごとに省エネ基準が設けられ、新築の建物の断熱性能が飛躍的に引き上げられてきた。さらに、既存建築物の断熱改修も積極的に進められ、国からは補助金が出ている。

ドレヴィッツでも団地の省エネ改修として、外壁や屋根の外断熱、窓や扉といった開口部の交換を中心に、暖房エネルギーの削減が図られることになった。外断熱工事では、厚さ約二〇センチメートルの断熱材が建物を覆うように貼り付けられる。窓のサッシはもともと断熱効果の高い樹脂製だったが、ガラスがペアガラスからトリプルガラスのものに交換される。また、多くの団地で新たに設けられたバルコニーでは、ロールスクリーンを下げれば、夏の日射対策としても機能する。改修後の年間エネルギー消費は、計算上は以前の半分で済むことになる（写真9−2）。

写真9−2　改修されたドレヴィッツの団地（2018年5月）
撮影：筆者

建物の改修では、断熱だけでなくバリアフリー化にも力が入れられた。これまでドレヴィッツの団地群の中で、エレベーターのある棟は街の端に位置する二棟しかなく、高齢者や障害者は文字どおり端に追いやられていた。今回の改修では、高齢者や障害者に優しい街を目指し、すべての団地にスロープやエレベーターが設置されることになった。また、多くの団地で設置されるバルコニーは、高齢者や障害者が公園まで下りなくても日光浴をできるようにするためのものだ。その他、小学校など公共施設の改修も積極的に行われることになった。それについては後述する。

② エネルギー分野

省エネによる断熱改修で、エネルギー消費を既存の半分にした上で、残りの半分のエネルギーは再生可能エネルギーでまかなうものとされた。

まず、各建物の屋根には太陽光発電を設置し、電力の二〇%程度をまかなうことになった。また、先述したようにエネルギー消費が最も多いのは冬の暖房需要だ。ドイツの暖房は、配管の中を巡らせた水を温める輻射式の地域熱暖房が一般的に使われている。ドレヴィッツでは、暖房のエネルギーを近隣の天然ガス発電所でつくられた温水でまかなっている。この発電所そのものも、熱と電気を同時に供給するコジェネレーションで行われ、効率は決して悪くはないが、ドレヴィッツのプロジェクトはその上をいく。

まず天然ガス発電による熱供給を、ポツダム郊外にある風力発電所の余った電気に切り替えることにした。ドイツ北部の風力発電の電気は、余剰が出る時間帯が年とともに増えている。これを有効利用しようと、送電系統に入りきれなくなった電気で温水をつくり、巨大な蓄熱タンクに貯めて必要に応じて供給する。「パワー・トゥ・ヒート」と呼ばれるこの技術は、ドイツ各地で普及しつつある。また、その温水の熱の温度を維持しやすくするために、建物の屋上に太陽熱温水器を設置して、暖房と給湯に生かす。これにより、将来的にはドレヴィッツの暖房や給湯は一〇〇%再生可能エネルギーでまかなわれることになり、CO_2排出量は実質ゼロとなる。

③ 交通分野

交通分野で目指したのは、「自動車に頼らない、歩行者を優先したまちづくり」だ。自動車大国のドイツでは、日本同様に自家用車の所有率が高く、各地で車道中心の都市計画が進められてきた。中でも駐車場の多さは、土地利用に大きな制限をかけている。ドレヴィッツでも、団地群の中心を走る中央通りや、ロの字型に配置された団地の中庭部分など、すべてが駐車場となり車で埋め尽くされていた。

現在は、ドイツに限らず欧州各地で、そのような自動車中心の社会がもたらす弊害に目が向けられ、都市計画が検討し直されている。ドレヴィッツのプロジェクトでも、子どもや高齢者の安全や憩いの場の確保のため、駐車場が縮小されて、公共交通を充実させ、カーシェアリングやレンタサイクルなどが増強される計画となった。こうした政策により、ドレヴィッツでは自家用車の数を二〇一〇年時点から六〇％削減できるとしている。また、地区内では歩行者の安全のため、自動車の時速三〇キロメートル以下での走行が義務づけられることも決められた。

④ 都市計画分野

緑の少ない街を緑化して、人々がくつろげる憩いの場をつくるとともに、ヒートアイランドの防止や集中豪雨への対策といった効果を見込む。最も大きな改修は、ドレヴィッツの中心を通る中央通りを、子どもや高齢者にとって居心地の良い公園につくり変えるものである。また、駐車場となっていた各棟の中庭も緑化し、ビオトープや子どもの遊具を設置する(写真9-3)。

以上、このような取り組みを通じて、見捨てられた街をCO_2を減らしつつ住民にとって総合的に住みよい街にすることが掲げられた。プロジェクトの資金はエリアによって異なるものの、およそ三分の一がEUやドイツ連邦政府からの助成、三分の一がポツダム市やドイツの国営金融機関であるドイツ復興金融公庫(KFW)からの融資、そして残りの三分の一をドレヴィッツ地区で半数以上の建物を所有するプロポツダム住宅公社が出資することになった。

残りの建物は複数の民間企業が所有しており、全体としては統一感を出しながらも細部は所有者によって異なる仕様が設けられることになった。

初期投資は巨額だが、再エネと省エネの推進をはじめ、居住性を高めながらランニングコストを減らすことで、地域の付加価値を高め、さらに将来的な行政の負担を減らす効果が求められた。コンペの入賞をきっかけに、いわば唐突に始まったプロジェクトではあったが、結果的にはポツダムの新しいまちづくりのモデルとなる事業となっていった。

写真9-3 「ガーデンシティ」と名付けられたように,
改修後は駐車場だったスペースにも緑や花が多く植えられた
写真提供:金田真聡

5　住民との対話プロセス——多くの反対意見にどう向き合ったのか

◎繰り返された対話集会

地域住民の多くは、コンペで案が提出されていた当時は他人事だったが、いざ既存の街並みを大きく変える開発が始まるとなると、反対の声をあげた。主な反対意見は二点だった。一つは大規模改修することで家賃が高くなり、その後住めなくなるのではという不安である。実際、二〇〇〇年代後半に入って好景気を迎えたドイツ各地では、「ジェントリフィケーション」と呼ばれる再開発による地区の高級化が進み、家賃の大幅な値上げによって貧困層が移住しなければならなくなるケースが相次いでいた。とくに人口増加の著しい首都ベルリンでは、二〇〇八年から二〇一八年の一〇年間で、平均家賃が二倍以上に上昇していた。

もう一つは駐車場問題だ。歩行者に優しいまちづくりが掲げられた計画だったが、団地の目の前に自家用車を止めることが当たり前だった住民たちからは、駐車場が減ったり遠くなると不便だという声があがった。さらに、そうした反対意見を支える根底には、貧しい状態のまま放置されてきた住民たちの行政に対する疎外感や不信感があった。

プロジェクトを進めた人々は、このような反対意見とどう向き合ったのだろうか。日本でも、一般的には再開発にあたり行政主催の公聴会が開催される。しかし、たいていは形ばかりの説明で、住民の意見を取り入れて計画が変更されるケースはほとんどない。

ドレヴィッツは違った。ポツダム市とプロポツダム住宅公社、そして住民がよりよい地域をつくるために意見を述べ合う対話集会は、一年間でなんと六〇回以上にも及んだ。そして集会では、「住民にこの地域で何が必要かを聞く」、「住民が望まないことはしない」という方針が徹底的に貫かれ、住民からのアイデアを積極的に募ることになった。

普段は声を聞いてもらえない、子どもたちや高齢者を対象とした話を聞く場も設けられた。こうした行政や事業者の姿勢に、多くの住民は徐々に、このプロジェクトが「本当に自分たちのために行われているのではないか」と感じるようになっていったという。

◎子どもたちの声が街を変えた

反対意見の多かった二つの課題はどうなったのか。まず家賃については、平均収入以上の家庭では三〇%ほど値上がりになった。しかし、壁や窓を高断熱化して冬の光熱費が半分で済むようになるため、値上がり分の負担感は多少緩和された。また、エレベーターやバルコニーが付くなど、居住環境が向上したことで、値上がりになっても満足している人が多いという。他方、低所得者層は安い家賃で住み続けられるよう国から補助が出るため、新たな負担はほとんどない。住居支援費用の対象となる所得は、住居のサイズにもよるが、二〇一九年時点では一人世帯では月九八六ユーロ(約一一・八万円)、四人世帯では月二一二七ユーロ(約二五・五万円)である。また、工事中の移転のための費用も、自治体が補填することになった。戻ってきた後は、補助金に加え光熱費削減効果もあり、家庭によっては以前より住居に関わる全体の支払いが安くなったケースさえあった。

ドレヴィッツの部屋は、棟ごとに部屋のサイズも料金も異なるため一概には言えないが、金額の参考として一例を挙げてみる。例えば、広さ五〇平米の1LDKの部屋は、改修後は月六〇〇ユーロ程度の支払いとなり、これはポツダム市の平均的な家賃となる。しかし、低所得層であればおよそ半額の月三〇〇ユーロで住むことができるようになっている。冬の最も寒い時期では、これに光熱費が二〇〇ユーロ(以前の半分)ほど加算されるが、十分暮らしていける料金になっている。

写真9-4　改修中の団地(2018年5月)
撮影:筆者

二〇一九年一〇月時点で、プロポツダム住宅公社が担当する一六五〇世帯のうち三五%程度の建物の改修が完了した(**写真9-4**)。工事中、入居者は一年間他の場所に移転して暮らさなければならないが、改修前に住んでいた住民の三分の二が、改修後も地区に戻っている。

なお、高断熱の住まいの性能をフルに発揮するためには、住まい方も少々変える必要がある。前述したとおり、断熱改修後の居室では計算上は以前の五〇%のエネルギーで快適に過ごせるようになった。しかし、住人の意識が変わらずエネルギーを浪費する暮らしをしてしまうと、実際の光熱費がそこまで減らないというケースもある。そのために、新しい部屋で暮らし始めて一、二カ月の間に、電力会社などからエネルギーアドバイザーが派遣されている。エネルギーアドバイザーは、住み心地や暖房の使い方などについて聞き取り調査を行い、以前と比べて五〇％削減できていないようであれば、各家庭に合わせて電気や暖房の適切な使用方法を促している。

最大の問題は駐車場だ。議論は繰り返し行われ、最終的には子どもたちの声が方向性を決めることになった。団地の目の前には、駐車場と公園のどちらがあるのがよいかと聞かれた子どもたちは、圧倒的に公園を選んだ。そこで親たちは、少々不便になっても駐車場まで歩けばよいのではと考えるようになったという。

幸いドレヴィッツでは、徒歩圏内に小学校や病院など子育てに不可欠な施設がある。また、公共交通も充実していた。とくに中央通り沿いには路面電車がおよそ一〇分おきに走り、ポツダム中心部への移動には不便しない。さらに、カーシェアリングやレンタサイクルの数を増やし、自転車道路を整備することも決められた。議論の末、最終的にメインパーキングはエリアの一角の少し離れた場所に設けられることになった。また駐車場の一部は建物の横にも許可され、不満は比較的少なくなった。こうした施策によって、現在は住民のマイカー所有率が低下しているという。

6　生活環境の改善を実感する住民たち
――街に住むことが誇りに

二〇一一年に建設工事が始まってからも、反対の声をあげ続ける住民はいた。合意に賛成した住民であっても、喜んでいる人は少なかった。誰もが毎日通る、街の中心にある大通りがずっと工事現場となっていたからだ。騒音や振動、砂ぼこりなど、日々の生活を快適にしてくれるものではなかった。

その雰囲気が変化したのは、二〇一三年に中央通り沿いに伸びる公園が完成したときのことだった。自動車の減った通りには緑が植えられ、散歩道や子どもの遊び場ができた。そこに、対話集会で子どもたちがアイデアを出した、トランポリンやシーソー、水遊びができる水路など、数多くのオリジナル遊具が並んだ。ベンチの一つひとつまで、ドレヴィッツのこの公園のために設計されたオリジナルのものだった(写真9–5)。

写真9–5
公園に設置された「登れる岩」. これも子どもたちのアイデア
撮影：筆者

緑の中で子どもたちがはしゃぐ姿を見て、大人たちは地域の生活環境が改善されていることを実感するようになったという。また、自分の街にしかないオリジナルのものに囲まれて暮らすことで、「自分たちの街」というアイデンティティを持てるようになった。団地のバリアフリー化によって、高齢者や障害者がいつでも外に出歩けるようになったのも大きな変化だ。ある障害者は、以前は週に一度しか外出しなかったが、今は毎日出かけているという。また、すぐ外に公園があることが、行くあてのなかっ

写真9-6　毎年6月に行われる「音楽の祭日」で，フィルハーモニーの演奏をバックに子どもたちがダンスを披露
写真提供：Stefan Gloede

た高齢者や障害者にとっても憩いの場所となった。公園ができる前は人通りの少なかった中央通りは、いつも人々で賑わう場所に変わった。

長期にわたるプロジェクトのため、すでに改修された団地に住んでいる人と老朽化した団地に住んだままの人が同時にいることで、今も不満を持つ人がいないわけではない。しかし、プロポッダム住宅公社のハイルマンは言う。

「人々にとって大切なのは、自分がここに住んでいるかどうかもわからない一〇年後にどうなるという計画案ではありません。自分の住んでいる場所にポジティブな変化が起きているという実感を持ってもらうことが大事でした。その意味で、個別の団地の改修よりも、まず初めに誰もが目にする中央通り沿いの公園ができたことが、プロジェクトを受け入れてもらうために大きかったと考えています。住民は、市が旧市街や宮殿のような観光地に投資するだけでなく、自分たちが暮らす地域に資金を使ってくれたのだと実感するようになりました」。

公園エリアでは、文化的なイベントがたびたび開催されるようになった（写真9-6）。それまで、ドレヴィッツでは住民同士のつながりが希薄だった。しかしイベントが開催されるようになり、近所の人と頻繁に顔を合わせる機会が増えることで、地域にコミュニティが生まれた。

さらに、子どもたちの教育環境も改善される。もともと、地区の改修の起点となったのが学校の問題だった。小学校では、地元のNPOがファンドを集め、朝食をとれない子どもたちに向けて、無償で朝食を配布するようになった。そして小学校と同じ建物内に、コミュニティセンターと音楽ホールが併設された(写真9-7)。小学校の教室エリアを二つに分け、一階の中間にはコミュニティセンターを、二階の中間には音楽ホールをつくることで、子どもたちが自由に行き来しやすくするという狙いだ。地域にはこれまで、人が集まる施設や文化的な施設がなかったため、住民からは大いに歓迎された。

写真9-7 改修された小学校.
中央にはコミュニティセンター(下部)と
音楽ホール(上部)が増設された
撮影：筆者

写真9-8
コミュニティセンターで開催される絵画のワークショップ.
小学生のアイデアをもとに女性たちが大きな絵を描き,
地域に新しくできる施設にプリントする(2018年5月)
撮影：筆者

コミュニティセンターは、住民が家庭や地域の悩み相談をしたり、主体的にまちづくりを進めるためのアイデアを持ち寄る場になっている。ドレヴィッツの家庭はあまり自炊せず、以前はジャンクフードを食べることが多かった。そこでコミュニティセンターでは、定期的に料理教室を開催して、調理方法を学ぶ人を増やしていった。

さらに音響設備の充実した音楽ホールでは、ポツダム市フィルハーモニーのメンバーが、無料の演奏会や子ども向けのワークショップを実施している。コミュニティセンターや音楽ホールのプログラムを管理する地元NPOスタッフで、ポツダム市民でもあるティム・シュポットビッツは言う。

「新しい施設を活用することでコミュニティが豊かになりました。学校の授業では心を開かなかった子どもが、音楽ワークショップを通じて自分の意見を積極的に言うようになったり、落ち着かなかった子が静かに音楽を聞けるようになっています。今では、ドレヴィッツに住むことを誇りに思うようになった人もたくさんいるんですよ」。

7 貧困の連鎖を断ち切り、価値を創造する

最後に、ドレヴィッツを調査した筆者が感じたことを三点挙げて結びとしたい。一点目は冒頭で述べたことの繰り返しになるが、老朽団地に限らず現在のほぼすべての社会問題は、複雑に絡み合ったパズルのように、単独の解決策では解けないということだ。エネルギーと交通、緑化、公共施設、コミュニティづくり、そしてバリアフリー化や貧困対策……。こうした複数の課題に対して、ドレヴィッツでは総合的な視点から計画を立て、解決に向かうことができると示している。それは、国連の提唱するSDGs（持続可能な開発目標）の実践ともいえる。

もちろん、ドイツでも計画どおりにCO_2削減がうまくいっているわけではない。とくに建築物の分野では人口の増減との関係が深いため、予測が困難な面もある。建築物の断熱改修は進んではいるものの、二〇一〇年以降の経済的活況を受けて移民が増加。二〇一五年以降の難民の急増も含めて人口が増加したことで、CO_2排出量は計画どおりに減ってはいない。また、平方メートルあたりのCO_2は減少していても、新築住宅が急増したことで一人あたりの居住床面積が増加している傾向もあるとされる。

とはいえ、こうした施策がなければ、削減どころかCO_2排出量は大きく増加していた可能性がある。この状況も踏まえて、今後はさらに効率的なエネルギー利用のための努力が求められてくるだろう。なお、ドイツに比べ日本の場合は、建物の断熱性能の向上を通じた省エネへの取り組みが不十分である。ドイツの省エネ政令のように、国が国際的に見劣りしないレベルの省エネ基準を義務化することが、脱炭素社会を実現するためにも早急に求められる。

二点目はソフトとハードがうまく融合して計画的なまちづくりが行われていることだ。筆者は、公民館や音楽ホール、公園といった場を生かしたまちづくりを見て、建築などのハード面と、コミュニティをつくるソフト面のバランスが絶妙に組み合わさっている印象を受けた。日本の場合、立派な公共施設をつくったり、一日限りのイベントに力を入れる自治体は多いが、それがバラバラに行われてうまく連携していないと感じることがある。ハードとソフトが融合してこそ、地域に根づく取り組みになると感じた。

今回の事例と対照的なのは、日本の政府や経団連が進めているスーパーシティ構想だ。「地域の『困った』を最先端の日本の技術力が、世界に先駆けて解決する」とのキャッチフレーズのもと、AI（人工知能）やIoT（モノのインターネット）などを満載した最新技術を駆使した「まるごと未来都市」を設計し、その中に住民が住む形になる。自動運転や介護ロボットなど、一部で便利にはなるだろうが、事業者が設定したハードばかりでソフトが存在しないことに懸念がある。それではドレヴィッツで目指されてきたようなコミュニティの再生にはつながらないだろう。

また、最先端技術のみを優先させた社会は一〇年後にはすでに陳腐化している。そのたびにまた莫大な予算をかけて更新し続けるのだろうか。電気が切れたら、機器が故障したら使いものにならない都市が、持続可能な都市といえるだろうか。日本のものづくりが優先のスーパーシティ構想は、手段と目的が逆転しているのではないか。ドレヴィッツをはじめとするドイツの都市再生プロジェクトで重視されているのは、必ずしもハイテクではない。使われている技術は、断熱材や太陽熱温水器などきわめてシンプルであり、数十年にわたり維持できるものがほとんどだ。日本政府や経団連は、目先の技術開発に公費を投入することを優先させた街の建設ではなく、五〇年、一〇〇年にわたり、住民が安心、安全に暮らせる持続可能な仕組みづくりを目指した施策を実施すべきだろう。

三点目は、改修のコストについてどう考えるかという点だ。ドレヴィッツの再開発プロジェクトには、国や市からの助成金が大量に投入されている。しかし結果的には、市にもメリットが戻る仕組みになっている。かつては空き家も多く、銀行の査定でも毎年のように地価が下がっていたが、改修が始まってからは入居者が増え、地域の経済的価値も上がっている。また、改修や建設工事を地元工務店が行うことで、地域内に雇用を生んでいる。

プラスに転じたのは、財政的な面に限らない。見えにくい社会的コストを減らしている効果もある。貧困地域では、生活保護などの社会福祉や治安対策などに多くの税金が使われている。貧困が改善されたり、孤立していた人々がつながり合うようになることで、社会的コストを減らすことも可能になる。

また、貧困地域では治安の悪化も起こりやすい。貧困状態に陥ったり、若者が社会に見捨てられたと感じれば、将来的にはテロにつながる危険性もある。街の改修により、「自分たちは見捨てられてはいない」と感じる人々が増えることは、広い意味での貧困対策やテロ対策にもつながる。

ドレヴィッツのプロジェクトを主導してきた広報機関の代表であるカーステン・ハーゲナウは、「私たちの社会は、社会層や背景の異なる人たちと切り離されて構成されているわけではありません。経済的に貧しい人たちが、厳しい環境に暮らさなければならないということはありません。彼らも同じ人間で、当たり前に人権があるのです」と語る。ドレヴィッツを案内してくれた金田真聡は、ドイツに移住して環境建築を手がけている建築家だが、この言葉を聞いて「人生がひっくり返るくらいの衝撃を受けた」と言う。自分は環境問題に貢献しようと建築を手がけてきたが、それだけでなく、貧困問題や人権を守るためにも貢献できるのではないかと気づかされたそうだ。日本では、貧困地域に税金を投入して状況を改善しようとなれば、市民から理解を得るのが簡単ではないだろう。しかし、ハーゲナウの言うように、私たちが抱える社会の問題は、貧しい地域の人たちを切り離すことでは何も解決されない。

もちろん、ドイツでもこうしたプロジェクトに批判的な市民は一定数存在する。ドレヴィッツに関しても、市議会や市民から「貧困世帯にそこまで手厚くする必要があるのか?」といった声や、「他の地域にも資金を投入すべきだ」という意見があった。それでも、大多数の市民はこのような貧困地域の環境が改善され、貧困の連鎖を断ち切ることが、自分たちにとってもいずれプラスになると感じ、基本的には賛同している。

エネルギー対策だけでなく、市民のアイデアを反映させながら、新しい価値を生み持続可能な地域を目指す「ガーデンシティ・ドレヴィッツ」の取り組み。少子高齢化や貧困、建物の老朽化に頭を悩ませる日本の団地や公共施設、持続可能なまちづくりにも、参考になる部分が多いのではないだろうか。

註

(1) 現地調査は二〇一八年五月に実施した。登場人物の所属組織、肩書きなどは当時のものである。

謝辞

＊ 本章は、ドイツ在住の金田真聡、永井宏治、梶村良太郎の各氏の多大なる協力のもと執筆した。厚く感謝申し上げたい。

第10章

雪冷房の現状と未来

北海道美唄市における雪冷房の取り組みを手がかりに

角一典

1 はじめに

本章で取り上げるのは、寒冷地域という特性を使った熱エネルギー、すなわち冷熱エネルギー利用のうち、雪冷房である。冷熱とは「常温の状態に比べてレベルが低いエネルギー」であり、周囲から熱を吸収しやすい性質を持つ。そして、冷熱を大量に持っている物質を「冷熱資源」と呼ぶ［NPO北海道自然エネルギー研究会編 2007: 121］。日本では、二〇〇二年に「雪氷冷熱エネルギー」として新エネルギーの一つに認定され、以降、多くの施設がNEDO（国立研究開発法人新エネルギー・産業技術総合開発機構）の補助事業の対象になり、利用拡大の弾みとなった。これまでにさまざまなシステムが考案され、現在では個人宅の冷房から農業用倉庫のような大きな施設の冷房までその範囲は広がっている［北海道経済産業局 2012; やまがたゆきみらい推進機構・山形県村山総合支庁 2014］。

冷熱エネルギー利用は多様であり、氷あるいは冷気そのものを活用するケースもあるが、日本国内における活用例は雪が主である。以下では、雪を利用する上で日本が地理的に優位性を持っていることを確認し（第2節）、雪冷房技術を簡単に解説する（第3節）。続いて、美唄（びばい）自然エネルギー研究会および美唄市における雪冷房の展開について概観し（第4節）、実現が間近となったホワイトデータセンターの取り組みについて触れ（第5節）、最後に、冷熱エネルギー利用の意義と未来への展望について述べる（第6節）。

2 日本の気候風土と冷熱エネルギー

まず押さえておきたいのは、日本の寒冷地域は、世界的にも稀な冷熱エネルギーの宝庫だということである。降雪量の多さは世界有数で、国土の約五一％にあたる約一九万平方メートルが豪雪地帯（二四道府県五三二市町村）、約二〇％にあたる七・五万平方メートルが特別豪雪地帯（一五道県二〇一市町村）に指定されている日本では、苦もなく大量の雪が確保できる。特別豪雪地帯は北海道・東北・北陸に集中している（図10-1）。これは、冬場の大陸からの寒気と温暖な対馬海流の影響で、日本海において雪雲がつくり出されやすいという自然条件による［媚山 2003］。

一般に、寒冷地における雪や冷気は基本的に利用価値のない邪魔物と考えられてきたが、発想を変えれば、季節変動によって毎年コンスタントに供給される冷熱エネルギー（であり水資源）と受

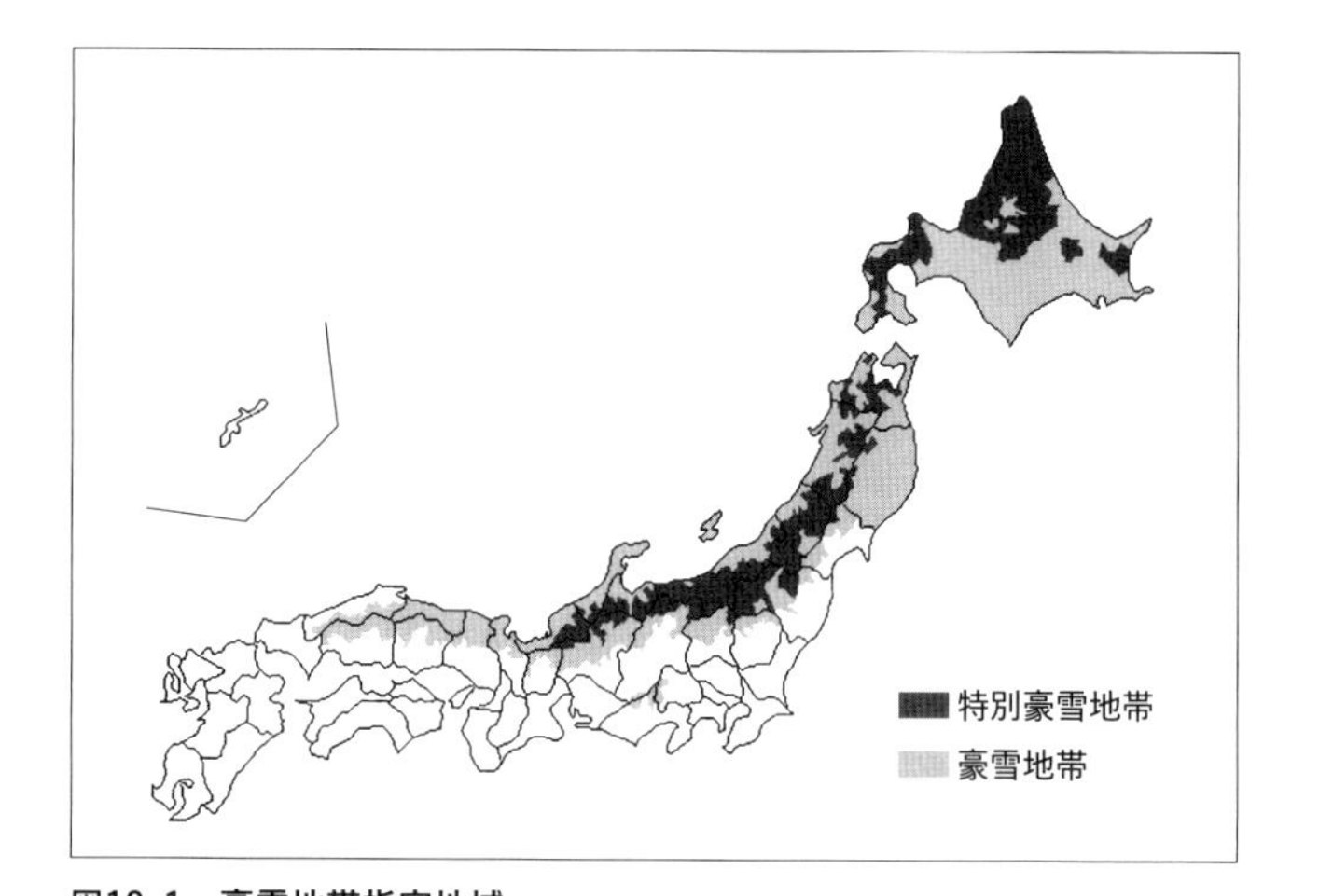

図10-1　豪雪地帯指定地域

出所：全国積雪寒冷地帯振興協議会ウェブサイト（http://www.sekkankyo.org/zenkoku.htm）.

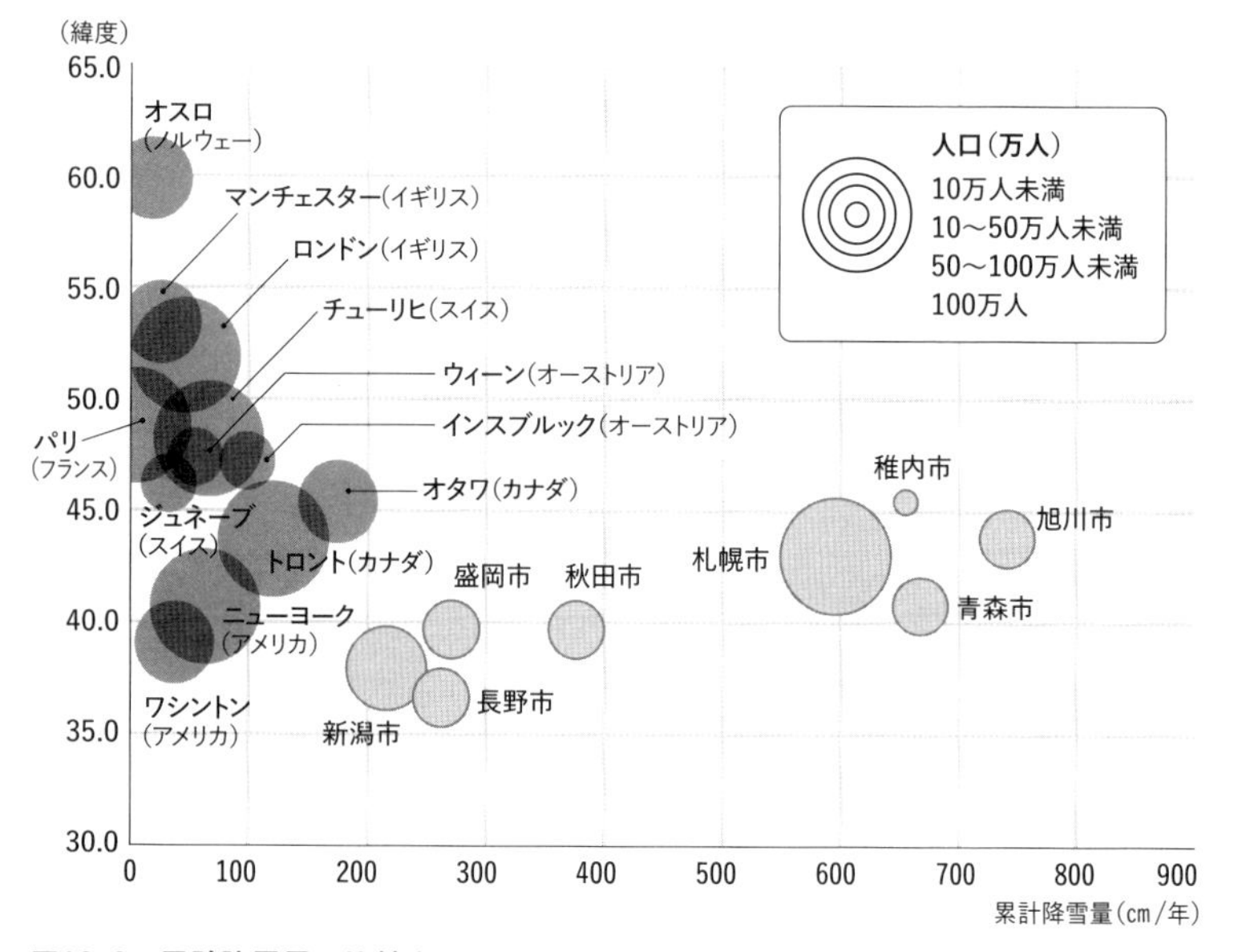

図10-2　累計降雪量の比較（積雪寒冷地域の降雪深，緯度，人口）

出所：国土交通省ウェブサイト（https://www.mlit.go.jp/road/bosai/fuyumichi/project.html）.

け止められる、というのが冷熱エネルギー利用の発想の原点にある。ただし、このような考え方は決して新しいものではなく、全国各地に氷室の痕跡が残り、それがさまざまな形で利活用されてきたことを考えれば、冷熱利用は古くて新しい技術なのである。そして、「異常な」降雪量は、冷熱を保存可能にする貴重な資源とみなされる。図10−2をみればわかるように、北海道および北東北の都市ほど降雪量の多いところは世界に類を見ない。日本では、先人たちの努力により、居住に適しているとはいいがたい地域に多くの人口を定住させてきたが、冷熱エネルギーへの着目は、これまでの常識が大きく変わる可能性を拓く。

3 雪冷房技術

雪冷房は、居室の冷房程度のレベルでも、農産物等の倉庫のようなかなり広い空間でも応用可能である。温度も零度に近い水準まで下げることもできる。使い方によっては脱臭や化学物質の除去などの効果も期待できるし、食品の保存では、電気冷房において問題となる乾燥による劣化も防ぐことができるし、一部の農産物では、糖度が上昇して甘みが増すなどの副次的効果も期待できる[1]。

雪冷房の仕組みは大きく三つにまとめられる。第一に、室内に雪を置いて温度差による自然対流を利用して全体を冷やす方法（自然対流方式）、第二に、貯雪庫内に送風または吸気することで生じる冷風で冷やす方法（冷風循環方式）、第三に、冷媒を循環させて雪の熱を取り出して冷やす方法

SA：給気　RA：還気　OA：外気　EA：排気

① 自然対流システム

空気を雪に直接接触させることにより冷却する方式.
送風機などを用いず自然循環により冷房を行う. いわゆる氷室.

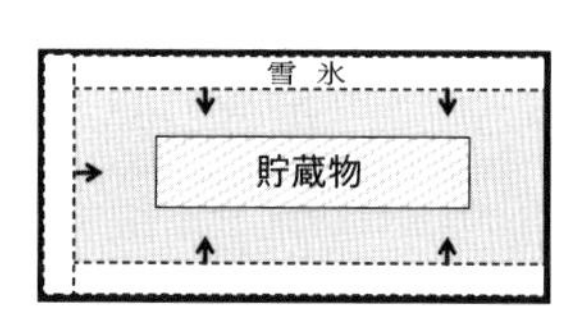

② 直接熱交換冷風循環システム

空気を雪に直接接触させることにより冷却する方式.
送風機を用いて空調対象室と貯雪庫との間で空気を強制循環させる.

③ 熱交換冷風循環システム

貯蔵した雪の融解水の冷熱を，熱交換器を用いて空気と間接的に接触させ，冷房に使用する方式.

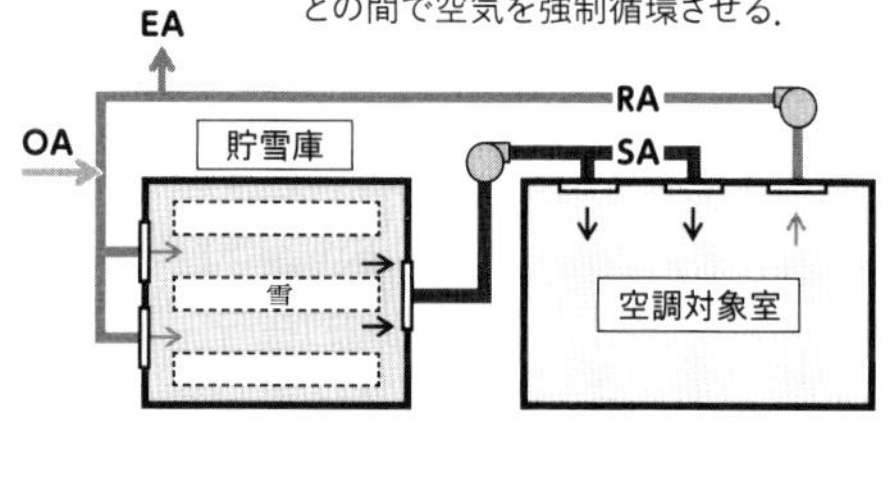

④ 熱交換冷水循環システム

貯蔵した雪の融解水の冷熱を，熱交換器を用いて空気と間接的に接触させ，冷房に使用する方式.
③に加えて，空気と融解水の間に冷水を循環させる.

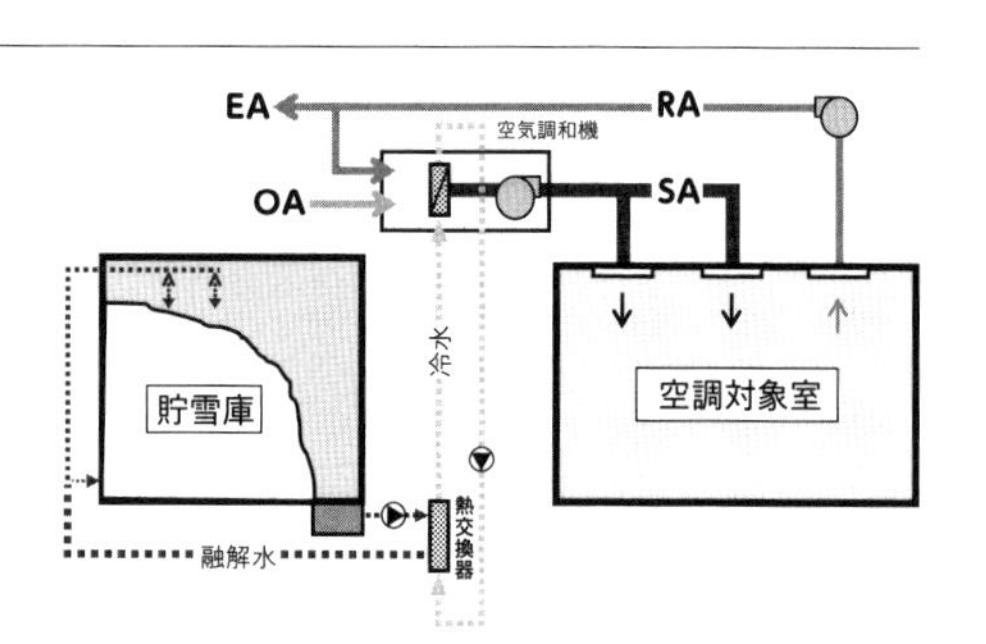

図10-3　雪冷房システムの概要

出所：国土交通省ウェブサイト（https://www.mlit.go.jp/kisha/kisha07/14/141227/02.pdf）.

（冷水循環方式）の三つである。これらは特殊な技術が使われているわけではなく、冷熱源として雪が使われているだけで、どれもごく普通のシステムである。なお、国土交通省作成の図10－3では、冷風循環について、雪山を直接冷熱源として利用する方法（②）と、熱交換機を利用する方法（③）が併記されている。以下では、雪冷房の仕組みについてみていこう。

◎自然対流方式

自然対流方式は、基本的に特殊なシステムを必要としない雪冷房の中でも最も簡便な方法である。個室内に冷熱源を置くと、冷やされた空気が下降し、次第に個室内全体が冷やされる。規模が限定的であれば自然対流方式のような、置いておくだけで冷却機能を発揮し、しかもランニングコストゼロの方法は非常に優れている。また、送風機などを併用することで冷房の効率を上げることも可能である。既設の建物・個室でも応用可能であるが、冷房効率を上げるためには断熱工事が必要である。

二〇〇八年に建設されたＪＡびばいのアスパラ選果場「雪蔵美人」では、通常の電気冷房の補助冷房として選果場内の空きスペースに農業用コンテナに入れた雪を最大四八トン置けるようにしている。このような使い方も自然対流方式に分類することができる。

◎冷風循環方式

全空気式循環方式とも呼ばれる。貯雪庫を設け、冷やしたい空間と貯雪庫をダクトでつないで、送風機を使って空気を循環させる。冷風循環方式は、個室の冷房にも巨大な倉庫の冷房にも応用可能である。雪から直接冷熱を得る冷風循環方式では、雪がフィルター代わりになって化学物質や臭気を吸着させるという効果も期待できる。他方、この方式の場合、空気を循環させるため、径の大きいダクトが必要になり、その分スペースを取ってしまったり、状況によってはダクトに断熱を施す必要が出たりすることもある。効率的に設備を運用するためには、空気と雪の接触を十分に確保する必要もある。

写真10-1　N空調事務所，1階が貯雪庫
撮影：筆者

以上のような性質を持つ冷風循環方式は、相対的に規模の大きい倉庫のような空間の冷房に向いていると思われる。一九九六年に設置されたJA沼田（現・JA北いぶき）のスノークールライスファクトリー、一九九九年に設置されたJAびばいの雪蔵工房が、冷風循環方式を採用している。前者では最大一五〇〇トンの雪を使って三六〇〇トンの籾（もみ）を、後者では最大三六〇〇トンの雪を使って六〇〇〇トンの玄米を、室温摂氏五度・湿度七〇％の状態で貯蔵できる。

狭い空間での応用例は少ないが、美唄市のN空調事務所では、一階に一五トンの雪を保存できる貯雪庫を設置して二階の事務所の冷房として利用する工事を実施した（**写真10−1**）。設計は非常にシンプルで、ＪＲコンテナを三個並べた貯雪庫の上に簡易鉄骨で事務所を設置し、その間にダクトスペースが置かれている。家庭用の除雪機を使って庫内に雪を投入し、足りなくなった場合には追加して雪を投入することもできる。

◎冷水循環方式

冷水循環方式は、冷媒を用いて、雪と冷媒を接触させてから冷房するスペースへと冷媒を循環させる。循環系統は、雪の融解水を直接使うやり方もあるし、冷媒が常時循環する閉鎖系で冷熱を回収する場合もある。閉鎖系の場合、一般的に不凍液が使われる。融解水には不純物が多く含まれており、機器の故障を防止するため、ファンコイルユニット（熱交換器）を挟み、一次系統と二次系統を分けることもある。やり方によっては温水を循環させて暖房に使用することも可能である。冷水循環方式も、個室の冷房にも広いスペースの冷房にも対応できる汎用性がある。また、安定した冷房を実現するためには冷水循環方式が最も適しており、近年はこの方式が主流になりつつあるように思われる。図10−3の④に示されているものは、循環して温められた融解水を雪にかけることで低温の融解水を発生させ、それを集水桝（ます）で集めて再循環させる方式だが、後に紹介する美唄未来開発センターでの実験では、透水性舗装で閉鎖系の管を保護する方式を採用している(2)。

4　美唄自然エネルギー研究会の取り組み

雪冷房の先進地域は全国にいくつかあるが、美唄市はその最先端に位置している。そして、美唄市における雪冷房の取り組みは、美唄自然エネルギー研究会がプラットフォームとしての役割を果たしながら推進されてきた。

美唄市における雪冷房の取り組みは、一九九六年の市長選挙で井坂紘一郎氏が当選したことから始まる。井坂氏は選挙公約の一つに自然エネルギーの推進を掲げていたが、その公約を実現するために翌一九九七年に任意団体である美唄自然エネルギー研究会（以下、研究会）を設置し、市内の農業関係者や企業等を中心に会員を集め、また、技術アドバイザーとして、沼田町のスノークールライスファクトリーを設計した媚山政良（こびやままさよし）室蘭工業大学教授を招聘した。以降今日まで、ほぼ途切れることなく月例会を開催し、毎年雪を使った各種の実験やイベントでのデモンストレーションなどを実施してきた。また、例会後に行われる懇親会での発言も、会の活動に多大な影響を与えてきた[3]。

雪の活用に興味を持った企業の関係者を中心に新規の会員も多数加入したが、その一方で、当初の中心メンバーだった市内の会員の多くは会を去っており、半数以上の会員は札幌在住である。新規加入の会員も流動が激しく、会社の方針転換や転勤・転属・退職などの理由で姿を消す者も少なくないが、一定の会員数をキープしながら今日に至っている。すでに会員のほとんどは美唄市外在住であり、美唄市（厳密には美唄市出資の第三セクターである美唄未来開発センター）が実質的に事務局機能を担っているということ以外に美唄の会であるという根拠はないといえなくもない。しかし、会員は美唄にアイデンティティを持ち、美唄市内での活動にとどまらず、各地で美唄への愛着をもってイベント等に取り組んできた。今日流にいえば「関係人口」の典型である。会を去った会員も含め、多くの関係人口を生み出したのは雪冷房である。

◎美唄市内での雪冷房施設の設置と研究会

研究会では当初、会員となった市内の農業者や企業の仕事に直結する成果を上げることを目標に活動を始めた。そのため、まず、雪冷房に関する知識を会員間で共有しつつ、会員が保有している施設や建設予定の施設への雪冷房導入を順次進める方針を決定し、**表10-1**のように、一九九九年から二〇〇三年にかけて、研究会主導（一部除く）で市内で雪冷房施設建設が実現していった。その際、先に説明したさまざまな方式の性能試験も兼ねていた。それぞれの方式の評価のみにとどまらず、人のいるスペースでの実用性も課題としていた。また、施設建設には会員企業が関与することもあり、「町場の工務店でも設置可能」なレベルが求められたため、シンプルな設計も追求された。

二〇〇八年には、農業を営む会員の希望で、米の貯蔵スペースを冷却するためのシステムが新たに開発された。作業場として使用している建物の落雪を貯雪槽で受けることで雪集めの効率化を図り（**写真10-2**）、春先にさらに雪を盛り上げて雪山状にして保存し、融解水を建物内に設置したJRコンテナ製の米の貯蔵スペースに循環させるものである。

これら取り組みの背景には、いろいろな方法を試し、それぞれのメリットおよびデメリットを明らかにすることで、雪冷房の応用可能性を広げていこうとする志向性があった。

表10-1　美唄市内の雪冷房施設

施設名	竣工年	貯雪量	冷却方式
JAびばい氷室貯蔵研究所	1999年	48t	自然対流方式
ウェストパレス(賃貸マンション)	1999年	100t	冷水循環方式
コミュニティホーム美唄(介護老人保健施設)	2000年	300t	冷水循環方式・全空気循環方式併用
個人住宅・事務所	2000年	15t	全空気循環方式
JAびばい米穀零温貯蔵施設「雪蔵工房」	2000年	3,600t	全空気循環方式
ケアハウス・ハーモニー(老人福祉施設)	2002年	121t	全空気循環方式
美唄市交流拠点施設　ピパの湯ゆ～りん館	2003年	150t	冷水循環方式・全空気循環方式併用
S農場米貯蔵庫	2008年	85t	冷水循環方式
JAびばいアスパラ選果場	2008年	48t	空冷式冷凍機との併設(自然対流方式)
利雪食品加工研究施設「ホワイトラボ」	2017年	172t	自然対流方式・全空気循環方式併用

出所：角[2011: 174]をもとに筆者作成.

写真10-2　S農場の貯雪槽
写真提供：安藤利倫

研究会の試行錯誤は、雪冷房の拡大にとって不可欠な営みであった。

◎雪山による雪の保存

雪冷房はコストが高いとされてきたが、それは冷熱需要期の六〜九月の前に雪を貯めておく必要があり、そのための倉庫(貯雪庫)が、高い断熱性能などの必要性から建設費用が割高であったことが最大の課題であったといえる。事実、一部の例外を除き、雪冷房施設には必ず貯雪庫が併設されており、一般の倉庫と比べて非常に高いイニシャルコストを必要としていた。容積が増せば費用も当然大きくなるため、貯雪庫の規模は制限されざるをえない。秋口になると雪がなくなり、設備が使えなくなるところも少なくない。

イニシャルコスト高の問題の解決手段として、沼田町において二〇〇〇年に雪山による保存実験が実施された[伊東 2001]。雪山は、基本的に台形上に成型した雪の上に三〇センチメートル以上の被覆を施して雪を保存するものである。被覆材はバーク材やウッドチップなどの木材が主流であるが、稲わら・もみ殻・牧草・土砂などが試された実績があり、どれも成果が上がっている。沼田町では、国土交通省の補助を受けて、道路除排雪で雪山を造成する雪山センター事業を二〇〇八年から始めている。沼田町が雪山センターを設置した背景には、二〇〇〇年に策定した大規模食糧備蓄基地構想がある。現在、穀物や豆類など国民生活の根幹を支える食糧については一定量の備蓄を実施しているが、全国各地の倉庫で保管される過程で劣化を余儀なくされる。食糧倉庫の標準的な温度設定は摂氏一五度で、しかも電気冷房の場合は乾燥も問題となる。低い温度では庫内の水蒸気量そのものが少なくなることと、電気冷房では結露を防止するために除湿をしているためである。こうした問題点を雪冷房によってクリアしようというのが沼田町の考えである。その際、必要となる雪の量は従来の施設とは比較にならないほど多くなるため、雪山で大量の雪を保存するという考えに至ったわけである。

研究会では、二〇〇五年から今日まで、毎年雪山を造成してさまざまな実験を繰り返してきた。そして二〇一〇年、ホワイトデータセンター構想（後述）の実現に向けた取り組みとして、美唄未来開発センターのサーバールーム冷却実験が雪山を使って実施された。沼田町の雪山が雪を保存する目的のみなのに対して、美唄の実験は、雪山の下にホタテの貝殻で作られた浸透性の舗装で保護された管を張り巡らし、冷媒を循環させてサー

写真10-3・10-4　美唄未来開発センターの実験雪山と冷却設備
撮影：筆者

バールームを冷やす試みだった。したがって、循環系統は閉鎖系となっている。**写真10-3**の左側にある設備を拡大したのが**写真10-4**で、右の系から雪山で冷却された水を送り、左の管から温まった水が雪山に戻される。管に被覆も施さないきわめて単純なシステムであったが、サーバー室の温度を常時二八度以下に保つことに成功した。ここでの成果を基礎として、二〇一四年からの実験へと向かうこととなる。

5 冷熱利用の最先端——ホワイトデータセンター構想

近年、官庁や企業の業務にかかる情報のクラウド化の進展、スマートフォンの一般化とそれに伴うSNSやソーシャルゲームの普及などにより、データセンター（サーバーやネットワーク機器の設置・運営に特化した建物）の需要は急速に拡大している。現状では、データセンターの多くは首都圏に置かれているが、サーバーは非常に高い熱負荷があり、高温になると正常に作動しなくなるため、常時冷却する必要がある。したがって、サーバーそのものを動かすための電力とともに、冷房にかかる電力もかなりの量になり、コストアップの要因となっていた。同時に、CSR（企業の社会的責任）などが重要視されるようになっている今日、環境に配慮した経営は、企業のブランドイメージにプラスになる。このような状況の下、北海道をはじめとする寒冷地でのデータセンター立地が注目されるようになっている。二〇一一年、石狩湾新港にさくらインターネットが石狩データセンターを設立し、北海道の冷涼な外気を冷房に活用することにより約四割の消費電力を削減している[さくらインターネット n.d.]。二〇一九年一月には、京セラコミュニケーションシステムが、同じく石狩湾新港に、再生可能エネルギー一〇〇%のゼロエミッション・データセンターを開設する構想を発表した。

研究会の会員が美唄市で独立起業した株式会社雪屋媚山商店と美唄市は現在、ホワイトデータセンター(WDC)構想(以下、構想)の実現に向けて動いている。私的なバーベキューパーティの場での会員農家の発言をきっかけとして、二〇〇九年に美唄市と美唄自然エネルギー研究会が共同で発表した「美唄ホワイトデータセンター構想」という夢は、二〇一二年、東京ビッグサイトで開催された「データセンター構築運用展」で構想に関心を持った共同通信デジタル等が美唄WDCプロジェクトコンソーシアムに参加することで現実味を帯びてきた。そして、NEDOの再生可能エネルギー熱利用技術開発事業の採択を受けて二〇一四年から二〇一九年にかけて実施された実証実験を経て、二〇二〇年七月二七日、美唄市と共同通信デジタルとの間で空知団地の一部の譲渡契約が締結され、最もコアとなるデータセンター建設に着手することとなった。

あらためて構想を確認するために、**図10-4**を見ていただきたい。基本的には、寒冷地にデータセンターを置くという発想が原点にあるが、本構想では、さらに雪を利用してその能力を強化する。しかも、集められる雪は、寒冷地では不可避の道路除排雪を利用する。現状では、道路除排雪は雪国にとって不可避の厄介な存在でしかなく、財政的にも大きな負担となっている。個人宅でも、屋根や庭に降り積もる雪を、場合によっては有償で処分する必要が生じる場合もある。雪冷房および雪山を利用した雪の保存の拡大は、単なる「金食い虫」でしかない除排雪が、経済的

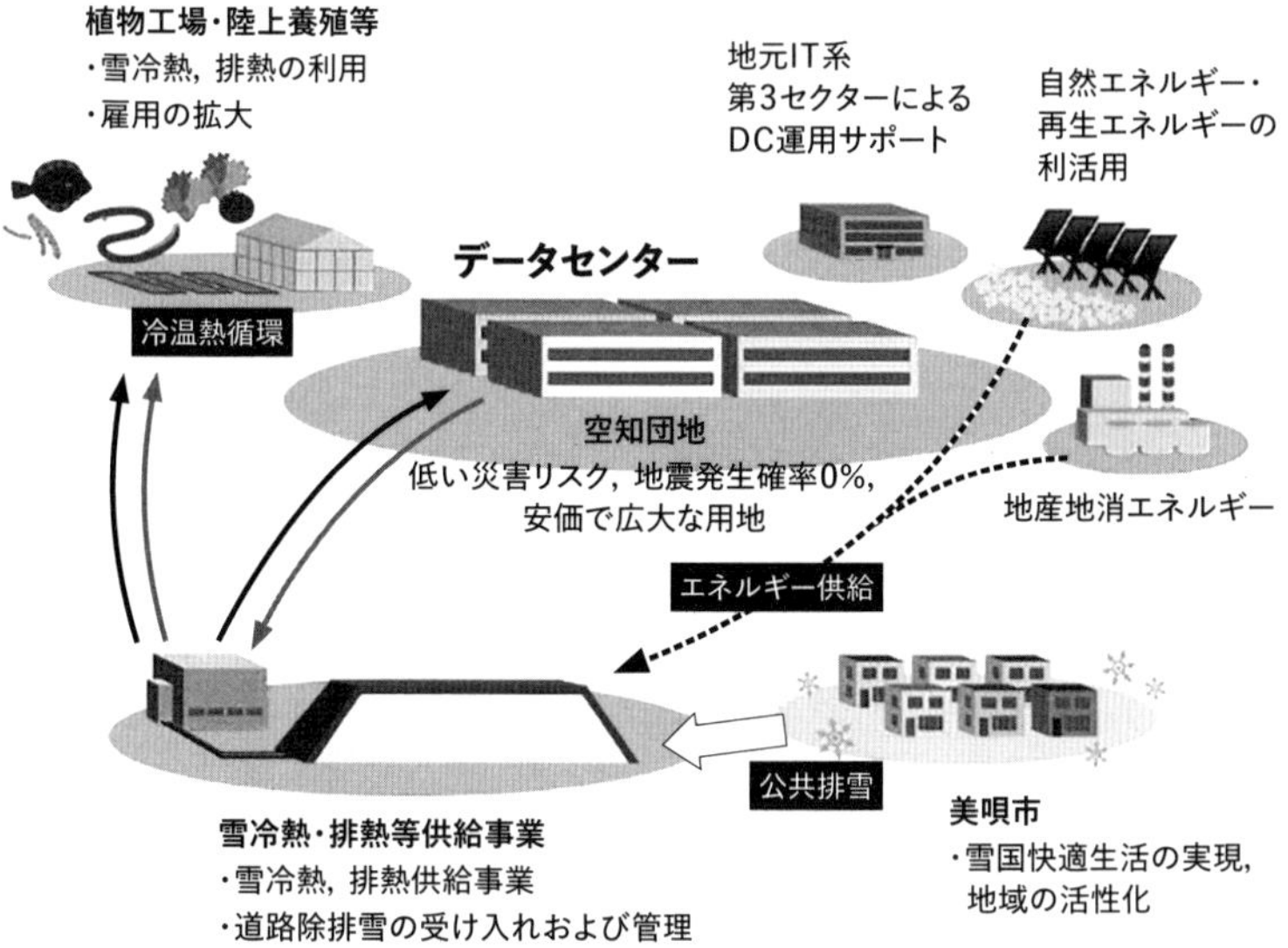

図10-4　ホワイトデータセンター構想概念図

出所：美唄市提供のデータを一部改変.

負担の軽減、あるいは経済的利益と結びつく可能性を拓く。なお、道路除排雪は雪以外のものも混ざるが、閉鎖系の冷水循環方式にすることで道路除排雪を直接の冷熱資源として使用する必要がなく、データセンターへの影響は避けられる。また構想では、データセンターで使用する電源の一部および補助電源としてソーラーパネル、バイオガスプラントを想定している。バイオガスプラントで使用する原料としては、河川敷等に繁茂する、イタドリを主とする雑草などが検討されており、すでにプラントメーカーとの間で話は着々と進んでいる。なお、図10-4には石炭火力発電所のイラストが描かれているが、これは、美唄がかつて炭鉱で栄えた歴史を持ち、現在も露天掘りでの採掘が行われていることを踏まえ、構想初期にエネルギーの地産地消の観点から盛り込まれていたものである。ちなみに研究会では、かつて石炭が「黒いダイヤ」と呼ばれていたことにかけて、雪を「白いダイヤ」と称している。

そして、構想のもう一つの重要な核が農産物や魚介類の生産工場である。北海道農業では冬場の収入確保は困難をきわめる。データセンターの排熱は、冬場の収入源確保および雇用創出へと結びつく貴重な資源としてとらえられる。低温の時期にはデータセンターの排熱を利用し、高温になる夏場は雪冷房を活用することで低コストでの温度管理を可能にするのである。魚介類の養殖および農産物の栽培は高級食材を中心に検討が進められているが、生産する体制が整えば、この施設も美唄に新たな産業を創出することとなる。これを実現すべく、二〇二一年四月一日、データセンターを運営し、その排熱を利用して内陸養殖や農産物の生産を実施する株式会社ホワイトデータセンター(WDC)が美唄市に設立された。

中核となるデータセンター設置は外部資本によるものであるが、構想には地域の企業と自治体が主体的に関わり、道路除排雪の有効活用、データセンターの排熱利用とそれと結びついた雇用機会の創出、再生可能エネルギー利用、さらには長い間塩漬け状態にあった広大な工業団地の有効活用にもつながる。内発的発展論で批判された外来型開発の特徴を従属的・客体的・受動的・非連動的とするならば、地域の側から構想を立ち上げて誘致したい業種を具体的に示し、企業誘致にとどまらず、それをテコとしてさまざまな地域の利益に結びつけようとする、先導的・主体的・能動的・連動的な、新しい形の企業誘致と評価できる。雪屋媚山商店および美唄市は、事業者に対して構想への理解を得る努力をしながら事業実現を目指し、ついに構想は間近に実現されるところまできたのである。

6　冷熱エネルギー利用の意義と未来

基本、エネルギーは移動させない方がよい。移動させれば、直接間接にロスが生じるからである。とくに熱エネルギーは移動に不向きなものであり、原則として資源としての熱は移動させるべきではない。バイオマスにせよ冷熱資源にせよ、資源が発生した場所で利活用するのがベストである。かつて東京ごみ戦争で東京都が提案した「自区内処理の原則」は、エネルギー問題のブレイクスルーにも役立つアイデアと思われるし、エネルギーの地産地消は、もちろん地域振興という観点もあるが、エネルギーの効率的利用およびエネルギーをめぐる公正の確保という観点からも推進されるべきである。

さらに、ホワイトデータセンター建設は、低温・冷熱に対する需要に基づくものであって単なる省エネではないことに注意が必要である。データセンターのサーバーからの排熱処理は不可避の課題であり、冷やす必要がある。食糧備蓄についても、食糧を長期間、品質の低下を防ぎながら（場合によっては品質の向上を伴いつつ）保存するためには、冷やすことが最も適切な方法である。寒冷地域はそうした冷熱需要を満たすのに適した条件を持っているのである。冷熱を必要とする施設は、熱負荷の高い地域から低い地域へ移動させることが合理的である。データセンターや冷温倉庫などは明らかに寒冷地域に優位性がある。データセンターについては、寒冷地域への新設（あるいは移転）の動きはすでに始まっているし、冷温倉庫の移転は流通の仕組みを手直しすれば実現可能である。

このような取り組みが進展していくと、おのずと産業分布の変化に伴う人口分布の変化も生じていくこととなり、東京をはじめとする大都市への人口集中の緩和にもつながる。これまで土地利用や設備の配置は経済効率を中心に決定されてきたが、今後は、それに加えてエネルギー利用をはじめ、多様なファクターを考慮して最適な施設の配置を考える必要性がある。

7 おわりに

雪の利用はどこでもできるものではない。したがって、これまでに紹介したような活用の可能性は地域が限定される。しかしながら、寒冷地域でしか冷熱利用は不可能ということでもない。寒冷地域ほどの冷熱は期待できなくても、温度差があれば冷熱利用は可能である。例えば、近年一般住宅で普及し始めているヒートポンプはその一例となる。地中熱や河川水は一年を通して温度が相対的に安定しており、夏場は冷熱、冬場は温熱の利用が可能である。北海道内では、ヒートチューブと呼ばれるプラスチック製の管で、比較的浅い地中の熱を利用する取り組みもみられる。また、排気や排水に含まれる熱を利用する取り組みも実用化の段階に入っている。例えば、伊藤組土建が開発した「換気廃熱利用融雪システム（特許番号 4397427 号）」は、建築基準法で定められている二四時間換気の際に生じる廃熱(温熱)を駐車スペースのロードヒーティングに利用するものである。冷熱はもちろんのこと、温熱も含めた熱利用に関する対応の余地は広大に広がっているのである。

註

(1) 一九九九年、美唄自然エネルギー研究会は、JAびばいが所有していた石造倉庫に、断熱を強化した上で、農業用コンテナに詰めた四八トンの雪を搬入し、出荷時期調整のための野菜等の保存実験を行った。結果は良好で、雪によってつくり出される低温(〇~四度)・高湿度(九〇~九九%)の環境が、生鮮野菜の劣化速度を遅らせるだけでなく甘味や旨味を増やすなどの効果に寄与することが明らかとなった。低温状態で保存された野菜の甘みが増すのは、野菜自身が凍結を防ぐためにでんぷんを糖に分解することで凝固点を下げようとするためである。

(2) 融解水を使った取り組みとしては、岩見沢のいちご栽培で実施していた取り組みが特徴的なので紹介しておきたい。岩見沢市では、雪堆積場の雪を使った取り組みが行われており、地元の中小企業と合同で独特の仕組みをつくり上げてきた。その一つがいちご栽培への応用で、夏場、コンパネ製の小型の貯雪庫に隔日で雪を供給してハウスへ冷風を送るとともに、融解水をいちご苗床に供給することで端境(はざかい)期となる夏場のいちごの収穫を実現しようとしたものである。そもそもの始まりが、市内のいちご仲買業者が夏場の国産いちごの供給を模索していたことにあったことも興味深い[北海道教育大学旭川校社会学研究室編 2012]。

(3) 二〇二一年四月二三日に開催されたホワイトデータセンター運営会社設立記念シンポジウムの副題が、「エネ研いつもの酒席の夢が、また一つ現実になった」となっているのは、まさに研究会のこれまでを象徴している。

第11章

エネルギー転換に向けた薪利用の意義と課題

山本信次・佐藤恵利・小笠原 碧・村上唯・髙田乃倫予

1 エネルギーの由来の可視化と社会システムの変革

近代社会においてエネルギー利用は快適な生活の前提である。しかし当然の前提ゆえ、それがどこからもたらされ、自然や社会にどのような影響を生んでいるかという「エネルギーの由来」について考える必要のない社会に私たちは暮らしている。そうした「エネルギーの由来の不可視化」がもたらしたのは、消費地から遠く離れた場所で起こる原発事故や熱帯林の破壊といった現実である。こうしたエネルギーのあり方の転換は大きな課題である。しかし、エネルギー転換を単に新技術導入の問題にとどめては意味がない。エネルギー供給方法を変更するだけでは社会に内包されてきた問題は温存されてしまう。エネルギー転換とは、エネルギーをめぐる社会の在り方そのものの転換でなければならない。
そのための一つの糸口は、時に他者にリスクを押しつけるあり方を許容してきた「エネルギーの由来」を可視化することだろう。そうした「視(み)えるエネルギー」を手がかりに、エネルギーを取り巻くさまざまな問題への気づきが広まることが「エネルギーをめぐる社会転換」の第一歩といえるだろう。

もちろん、それは家屋や地域レベルでのエネルギー完全自給を強要するものではない。自然資源に恵まれ、再生可能エネルギー賦存量（理論上は潜在的に存在していると算出される量）の大きい農村においてはそれも不可能ではないが、人口の多数を占める都市においては困難をきわめる。二〇一五年、ドイツ有数の大都市ハンブルグ市の再生可能エネルギー担当者の話を伺った折、感銘を受けたのは、「ハンブルグ市内においても再生可能エネルギーの導入を進めているが、一〇〇％にするのは不可能だ。だからこそ周辺の農村と協力し、あわせて再生可能エネルギー一〇〇％地域を目指している」という話であった。再生可能エネルギー資源が豊かな農村と、エネルギーの消費地としての性格が強いものの現代的生活様式を体現する場としての都市が、再生可能エネルギー供給を通じて結びつき、共存共栄する社会を目指すものであり、それはハイリスクな発電施設を社会的な立場の弱い地方や農村に押しつけるいびつな関係とは異なるW・i・n－W・i・nの関係性である。

日本の状況をみれば、一九五〇年代の木質燃料から化石燃料への転換による燃料革命やその後の木材輸入自由化により、農村は燃料や木材の供給地としての地位を低下させ、木材利用に伴う定期的な伐採を保全の条件とする里山や針葉樹人工林は劣化し、生態系サービス供給機能の低下という問題が生じている。農村に豊富に存在するバイオマスとしての木質資源を地元農村で利用し、さらには都市へも供給し、双方で利用する構造をつくりえれば、CO_2排出量削減とともに、農村における化石燃料利用に伴う地域外への富の流出を抑えて地域内の経済循環を促し、都市部ではエネルギーの由来を可視化しつつ農村活性化を支援できる。そうした木質バイオマスエネルギーの一つとして薪がある。薪利用は大規模な木質バイオマス発電に比べれば規模は小さく、CO_2削減効果も少ない。しかし薪生産は資本に恵まれない農村地域でも薪割機などの小規模投資で開始可能であり、また利用面での燃焼機器普及も自治体による住民への少額補助などで十分である。すなわち大規模な資本や公金投入を必要とせず、地域における自律的取り組みが容易な点など見るべき点が多い。本章ではこれらを念頭に小規模ではあるが、それゆえに目に視え、手触り感のあるエネルギーとしての薪に着目し、その現状と可能性について考えたい。

2　薪利用の衰退がもたらしたもの

筆者らは再生可能エネルギー調査と並行して、ドイツ、オーストリアなど欧州の森林管理の調査を進めてきた。そこで気づくのは欧州の薪利用率の高さである。林道端には建築用材に適さない丸太が積まれ、それを住民や薪業者が買い取り、トラクターに直結させた薪割機で加工し、利用する（写真11―1・11―2）。

オーストリアでは根や葉まで含めて二〇一七年の一年間に利用された木質系資源量は二三四〇万立方メートルとされ、薪は二六〇万立方メートルと一割以上を占める［植木 2020: 74-76］。一方、日本の二〇一八年の国産丸太供給量（幹の部分だけ）は約三〇二〇万立方メートルに対して薪供給量は積んだ体積を表す層積で七万六六六〇立方メートル、これを丸太材積換算するにはおおむね半

写真11-1　オーストリアの林道端に積まれた薪と原木
撮影：筆者（山本）

写真11-2　オーストリアのホームセンターで販売される薪ストーブのラインアップ
撮影：筆者（山本）

分にすればいいので三万八三三〇立方メートルとなり、わずか〇・一三％にすぎない［林野庁 2020］。ただし統計に表れているのは販売量であり、自給分がその三倍あると仮定しても〇・五％にすぎない。いかに日本社会が薪というエネルギーから離れているか実感できる。

ドイツの林学研究者に、貴国ではどのくらいの世帯で薪ストーブなどが導入されているのかと質問したところ、あまりにも当たり前に使われていて正式な統計はないと思うとしつつ、「農村部なら一〇〇％、都市郊外でも五〇％くらいの家には暖炉や薪ストーブ、薪オーブンなどがあるのが当然。都市中心部においても木質ペレット利用などがある」との回答であった。日本がこのような高比率でないことは明らかだろう。さらに森林の手入れに不可欠な間伐について議論した折、日本では間伐材販売の困難さから間伐が進まないことを説明すると、「なぜ薪として販売しないのだ」と問い返された。日本の農村ではドイツほど薪利用が盛んではないと説明したが、理解できない様子であった。そもそも、なぜ日本の農村では欧州諸国ほど薪利用が存在しないのだろうか。

日本でも一九二〇年代までは木材供給の八割は炭焼き原木を含む薪炭材であった。しかし四〇年代から五〇年代にかけて建築用材や製紙原料としての用材比率が上回るようになり、それでも五〇年代半ばには二〇〇〇万立方メートル台で国内木材供給の三割を占めていたが、六〇〜七〇年代にかけて六〇〇万立方メートル台に激減し、二〇世紀終盤には国内木材供給の一％未満となった［深澤 2001: 43］。とくに一九五〇年代に起きた化石燃料への転換は燃料革命と呼ばれ、木質燃料離れとそれによる里山放棄の原点となった。こうしてみると、社会や産業の近代化、すなわち燃料革命による木質燃料からの離脱が薪利用離れの大きな原因といえる。

しかし近代化による化石燃料への転換は先進国共通の事象であり、ともに先進国である欧州と日本の薪利用率の差はどこから生じたのだろうか。

その原因の第一は、日本の農村の伝統的な家屋と家屋内燃焼機器の特徴、すなわち囲炉裏(いろり)とかまどの煙突の不在であろう。囲炉裏はいわば屋内の焚き火台で、燃料を選ばず薪や粗朶(そだ)・柴、農作物残渣でも燃やすことができる。炎が上がるため照明ともなり、天井からぶら下がる自在鉤(かぎ)で炎との距離を変えれば火力調整も可能で調理器具ともなる。もちろん暖房器具としても機能し、利用時に立ち上る煙による燻煙(くんえん)で茅葺(かやぶき)屋根の防腐効果も発揮する。まさに農村民家の必需品であった(対照的に火事が許されない都市部の長屋では、炎の上がる囲炉裏は危険で、暖房は火の粉も飛ばず無煙の炭による火鉢となる)。ただし囲炉裏の有用性は、煤煙による目や呼吸器に対する疾病リスクと引き換えでもあった。これに対して欧州の暖炉やペチカ(レンガ等でつくられた暖炉兼オーブン)などは、室内を温めつつも煙突によって煤煙を屋外に排出する構造であった。

調理器具としてのかまども同様で、伝統的な日本のかまどには煙突がなく、煙を屋内に充満させて使われてきた。とくに農村部では第二次大戦後まで囲炉裏やかまどの利用が根強かった。大きな変化は、一九四八年の農業改良助成法に基づく生活改善運動によってもたらされた。これはGHQの指示に基づき、農協や公民館活動を通じて農民の自主的な活動を促し、農村民主化を図ったものであり、この運動初期の具体的な取り組みが改良かまどの普及だった。かまどに煙突を装着して疾病予防を図り、あわせて薪使用量を約三割に削減し、しかも自力施工が可能なことから改良かまどは急激に普及した[鈴木 2013: 251–294]。

また一部の農村では、「近代化農業への脱皮のシンボル」として茅葺屋根をカラートタンに葺き替えることが推奨された[田村 2001: 55–73]。それは茅葺屋根のための囲炉裏やかまどによる燻煙を無用化し、疾病リスクの低下も目指すものであった。

これらは疾病リスク低下を目指すのは当然としても、全体として伝統的な農村住宅や生活様式を否定的にとらえる時代精神を示すものであり、そのもとで農村の近代化が進行した。そして近代化され気密性の高まった住宅において、伝統的な薪利用は疾病リスクをより高め、住宅を汚すものとして敬遠され、さらに衰退した。

ここまでであれば、薪利用は減少しても、伝統的なかまどを改良かまどに替え、採光・調理・暖房・燻煙の四機能を果たしていた囲炉裏は、電灯など代替できる機能を分離し、暖房に特化しつつ煙突付き薪ストーブに転換する欧州型の薪利用残存もありえたはずである。しかし、そうならなかったのは第二に近代化のスピードの差であろう。

疾病リスク低減のための住宅や燃焼機器の改善は、欧州では近代に向かう長い年月の中の出来事であった。その中で排煙しつつ、屋内で「炎が見えて、パチパチと薪が燃える情景に驚くべき執着心」を持つ文化が育まれた[新穂 1986: 31–32]。そして、そこに現代化を重ねる形で燃料革命が起こった。そうした長い時間があってこそ、薪利用の伝統と電化や化石燃料利用という近代化の両立、すなわち「炎が見える豊かな暮らし」としての暖炉や薪ストーブへの愛着と現代的な利便性を両立させるライフスタイルが実現したのである。それは現代的な生活を営みつつも伝統的な美しさを失わない農村の住宅や景観保全へとつながり、欧州の美しい農村景観の一因をなしている。

しかし戦後の日本農村では、伝統的なものをネガティブにみる時代精神の中で薪利用の「改善」が急速に行われ、それは疾病リスクや燃料コスト低減というプラグマティックな理由から進んだ。そこに間髪を入れず、戦前は都市部でのみ利用できたガスがボンベ供給の形で農村にも普及し、灯油の普及もあわせて燃料革命が押し寄せた。便利さを追求する中で行われた薪利用の「改善」は、さらに便利な化石燃料の登場によって薪利用の「駆逐」へ進展した。そこには「炎の見える暮らし」を豊かなものとしてとらえる文化的熟成の時間的余裕はなかっただろう。そうした化石燃料の利用が近代的住宅への改築のテコとなり、農村の住宅や景観を近代的なものへと急変させ、伝統的な景観を失わせることとなった。

また燃料供給地としての里山薪炭林は農村集落の共有財産であり、村人の協働により利用・管理される入会地・コモンズであった。第二次世界大戦終結から高度経済成長期までのきわめて短期間に、いわば「近代化」と「現代化」の二つの波を立て続けに浴びせられた日本の農村は、自律的なエネルギー供給構造を大きく揺るがされることとなった。歴史家の鈴木淳は、こうした農村への化石燃料導入の結果として、「農家の屋内が都市の家屋と同じようになるだけではなく、社会・経済的にも地域のまとまりや資源から離れて、都市の家と同様な経済合理的な消費の主体になることを意味していた」としている［鈴木 2013: 294］。農村における薪利用の衰退は単なる燃料転換ではなく、農村景観の喪失、エネルギー自給構造の弱体化、農村住民の「消費者」化による、エネルギーの由来の視えない社会への変貌をも意味していたのである。それゆえ地域と暮らしに根差し、

「目に視え、手触り感のある」木質バイオマスエネルギーとしての薪利用の回復は、極小規模ではあっても重要な意味を持ち、日本の木質バイオマス利用適正化の鍵ともなりうるのである。

3 現代農村における薪利用の実態

次に農村の薪利用実態として、岩手県北上市口内町（くちないちょう）の二〇一五年の状況をみよう。口内町は北上市中心部から約一〇キロメートル、周囲を山に囲まれた盆地の農村で住民の大半が兼業農家である。人口一六四三人、世帯数五八四戸、高齢化率約四〇%、森林率は約五五%である。調査は住宅地図に記載がある家屋を対象に薪の積み置きと煙突の有無を確認して薪利用世帯を確定し、聞き取りを行った。

調査の結果、五二七世帯中六・一%にあたる三二世帯が利用世帯であった。利用世帯の家屋の築年数は一〇〇年以上が八世帯と最多で、築三〇年を超える家がほとんどである。ただし建て替えや移住による新築もわずかにあり、後述のように使用ストーブに相違がみられた。利用方法は暖房が最も多く二六世帯、暖房・調理と答えた世帯は一七世帯で、ほぼ重複しており、風呂焚きは一世帯のみであった。使用機器については鉄板ストーブが一三世帯と最も多く、ホームセンター等で安価な鉄板ストーブを購入し、数年で穴があいたら買い替える。鋳物（いもの）製の薪ストーブは、燃焼効率が良く煙突掃除の手間が少ない高価な輸入品の新型と、「だるまストーブ」と呼ばれる旧型に分かれる。新型を利用するのは五世帯（新築三世帯）で、新築のうち一世帯は他地域からの

Iターン者である。旧型利用世帯は八世帯であった。鉄板製あるいは旧型を使用する世帯は建築年数の古い家屋ないしは作業小屋での利用である。薪調達は、自家森林からが多く一七世帯で、二三世帯が自家森林を所有しているものの薪調達には利用していない世帯もみられ、無償で手に入る支障木や建築廃材の利用も目立った。薪の購入はIターン者の一世帯のみである。薪利用の利点は、火が見えて暖かみがある、暖かさが持続するなど暖かさの質に関するものが多く、苦労する点は薪調達・薪割りを二〇世帯が挙げ、煙突掃除が続き、火の始末や薪保管の手間などもあった。また利用を中断している五世帯を除いた二七世帯中の二四世帯が、今後も薪を利用すると回答した。

以上、予想どおり利用率の低い実態が明らかとなった。各地での既往研究でも、後述する岩手県西和賀町（にしわがまち）の例を除き利用世帯率一〇％内外との報告がなされており、この程度の利用率が平均的といえそうである［泉ほか 2018: 26–35］。また自家森林からの薪採取は薪使用者に限っていえば高いが、そもそもの薪使用者の少なさを考えれば、地域資源としての森林からの自給的燃料採取離れも明らかである。そして薪利用者の多くが比較的古い建物の居住者であり、住宅の近代化により薪利用が衰退する傾向も確かめられた。さらに、薪を現在利用している者の継続意識は高いが、全体としては少数である点は否めない。しかし一方で、新築や改築後の近代的住宅においても利用可能な新型薪ストーブを導入する欧州的生活様式もわずかながら見られ始め、農村部における薪利用の再興にはこうした層の増加が欠かせない。

4 薪利用維持・復権の要点

先述した岩手県西和賀町の薪利用世帯率は二九・五％と高く、その薪ストーブ稼働数は一九五〇年代をピークに下がってきたものの、近年は新規導入世帯もあり下げ止まりをみせ、それは同町の薪ストーブ奨励政策に負うところが大きい［齋藤 2011］。つまり条件次第では、農村部における薪利用の維持・拡大は可能ということである。齋藤は薪ストーブ普及にあたっては薪調達と燃焼機器の手入れの容易さを課題としており、それは口内町での調査結果とも符合する。

そこで世帯の経済状況や自治体補助に左右される燃焼機器の問題ではなく、燃料調達の容易さに着目して二〇一六年に追加調査を実施した。具体的には果樹剪定枝などの燃料入手が容易な青森県五所川原市七和地区を対象とした。七和地区は俵本、原子、持子沢、羽野木沢、高野、前田野目の六小字からなり、五所川原市中心部から約一〇キロメートルの農村地帯で米とりんごの生産が盛んである。人口は一九八九人、世帯数七七七世帯、高齢化率三五％である。森林率は約二八％と口内町の半分だが、果樹園面積が一三％を占める。調査は住宅地図に記載がある家屋を対象に、口内地区と異なりアンケートで行った。

調査結果を小字ごとにみると、薪利用世帯数率は、米生産が盛んでりんご農家が少ない俵本が最も低く三三・三％、大規模りんご農家の多い高野が最多で五一・九％であり、全体の薪利用世帯率は四四・五％と高かった。薪の種類は、りんご等果樹の枝が最多で回答者の九三％、次いでスギ等の針葉樹と薪用に伐採された広葉樹がともに一四%、道路や庭木などの支障木が一二%、建築廃材が一一%だった。調達方法は自家農地からが最多で七六%、自家森林からは二六%、無償譲り受けは一五%であった。旧入会地である財産区有林からは九%、購入は六%であった。調達方法の組み合わせでは自己調達のみが圧倒的に多く七三%であった。使用機器は鉄板ストーブが最も多く五三%、旧型鋳物ストーブは一八%、新型鋳物ストーブは一六%であった。薪ボイラーは八%の世帯で風呂や給湯に利用されていた。薪用途は暖房が九八%とほとんどであり、洗濯乾燥二四%、風呂一四%、調理一〇%、給湯八%であった。薪の良い点では、火が見えて暖かみがある、暖かさが持続するといった暖かさの質に関する回答が最多で八一%、次いで燃料代の節約七七%であった。苦労することでは、薪割りと煙突掃除が最多でともに六七%、保管の手間が二九%、薪調達が二三%であった。口内町と異なり薪調達の苦労が少ない。

調査結果は、薪の入手の容易さ、とりわけ薪入手のための追加的な経済負担・労働負担のない自営農業の廃物利用が西和賀町をも上回る薪利用世帯率を支えることを示している。それは薪利用の困難さが薪割りと煙突掃除という点に明確である。

このように、農村における薪利用の継続には経済負担・労働負担の少ない薪入手が重要といえる。労働負担については高齢化の進む農村部においてはますます深刻化するだろう。その解消には薪の購入がシンプルな解決策たりうるが、農村部での少数かつ小口の薪利用向けの商品生産ではコスト高になりがちで、安価な薪利用とは矛盾する。一方、都市部では薪利用は炎の見える生活の豊かさなどの観点から増加傾向にある。筆者の暮らす県庁所在地盛岡市において、地域材利用による住宅供給を盛岡とその周辺で行っている複数の工務店への聞き取りでは、薪ストーブの設置を望む顧客が大半で、住宅密集地で薪ストーブを設置できない場合はペレットストーブを望むという（**写真11–3**）。これに呼応するように薪販売業者が盛岡市内に複数起業するなど、明らかに薪購入需要は増加している。これは薪を中心とした木質燃料利用への回帰を示すものである。

薪生産・販売を行う農村側の主体である岩手県の葛巻町（くずまきまち）森林組合参事は、筆者に対し「都市部での薪需要は伸びているが、都市部での薪利用には住宅密集地ならではの問題として煙や臭いがあり、解消のためには乾燥などの品質管理が欠かせない。我々は品質管理を徹底し、高品質な薪を供給することで都市部での販売量を増加させることを目指している」と説明し、増加する都市部での薪需要をターゲットにしたビジネス構想を明らかにしている。

また、「現在の葛巻町において薪利用を行っている人たちには高齢者が多く、早晩、薪の自給が難しくなる。だからこそ都会の需要に応えて薪を供給するシステムをつくり、それを応用して将来、高齢者などの地元住民により安く薪を供給し、地元にも貢献したい」と

写真11–3
盛岡市内の新築の家に設置された薪ストーブ
撮影：筆者（山本）

も述べている。

これは都市の薪需要増をテコに、農村から都市への薪販売を実現し、エネルギー供給を通じた都市から農村への富の分配経路を構築し経済的利益を上げるのみならず、労働負担から薪利用をやめざるをえなくなった農村の高齢者などに安価に薪を供給するシステムを構築することで、都市・農村双方において薪利用を復活させることを目指すものといえる。次にその取り組みをみよう。

5 都市と農村を結ぶ薪生産システム

◎薪生産の経緯

葛巻町は周囲を一〇〇〇メートル級の山々に囲まれた森林率約八五％の山村である。基幹産業は酪農と林業で、政策的に風力などの再生可能エネルギー利用を全国に先駆けて進めてきた。薪生産を担う主体は葛巻町森林組合である。一般的な林業活動とともに環境保全を意識し、地域特性を生かした新たな事業を展開し、その一環として都市部の企業と協働する「企業の森」や薪生産を実施している。

「企業の森」とは全国的に行われるCSR活動である。CSRとは「企業の社会的責任」を意味し、日本では二〇〇〇年以降に急速に普及した。CSR活動は、実施企業により内容はさまざまだが、環境問題への対応として森林整備を行う企業も少なくない。「企業の森」の形態もさまざまで、N

ＰＯなどの森林保全活動に企業が資金提供するもの、社員が森林保全イベントに参加するもの、社有林で植林イベントを開催するものなどがあるが、葛巻町森林組合の「企業の森」はこれらとは異なる。所有者による管理が困難化した町内の森林の購入を町外企業にあっせんし、管理を森林組合に委託してもらうというものである。企業、町、森林組合で協定を締結し、企業には森林組合員になってもらう。町側の意向を理解してくれることが協定の前提であり、最終的には森林組合側が選択する。したがって、協定を結んだ企業の多くは本業が森林や木材利用と深い関係を持つ。例えば、協定関係にある建設企業は町産カラマツ集成材による住宅建設を行っている。後述する薪販売のパートナー企業も町内の森林を購入し、森林組合員となっている。企業が購入した森林は毎年行われる植樹祭の舞台となり、二〇一九年には二〇回を超えた。植樹祭には地元の児童・生徒、その保護者や都市部協定企業社員、地元林業関係者等が参加し、都市と農村を結ぶ重要な交流の場となっている。こうした都市農村交流の上に薪供給システムも構築されている。

森林組合による薪販売の契機は町内広葉樹林の有効活用にあった。葛巻町の天然林一万六〇〇〇ヘクタールのうち一万二〇〇〇ヘクタールが広葉樹林であり、その多くはかつて定期的に伐採されてきた里山的薪炭林である。こうした広葉樹二次林は放置すればカシノナガキクイムシによるナラ枯れ病の標的になりやすく、定期的に伐採利用を行うことが環境保全上も望ましい。森林組合では年間三〇ヘクタール程度ずつ計画的に伐採を行い、生産される木材の七割がナラ（ほぼミズナラ）である。ナラ以外の広葉樹の大半は製紙用チップとなり、残ったナラは最も高価なシイタケ原木に、シイタケ原木に不適なナラは次に高価格の木炭生産に、さらに木炭生産にも不適なナラが薪として利用され、残さず活用される。

森林組合は二〇〇七年に県林務職員から薪ストーブ販売企業の紹介を受け、その後、「企業の森」提携、協働による薪販売へと発展してきた。同社は東京を本社とし、輸入薪ストーブ販売、取付工事を行い、一二のショールームを展開し、首都圏を中心に営業を行っている。また、「企業の森」として葛巻町に五・七ヘクタールの社有林を所有している。同社は一九七七年から薪ストーブ販売を始め、バブル期までの顧客の中心は「炎が見えて、パチパチと薪が燃える情景に驚くべき執着心」を持つ文化圏である欧米から来日した外国人が中心であった。首都圏の日本人顧客が薪ストーブを購入するようになったのは、薪ストーブなどを置くためのスペースが最初から用意されている輸入住宅が販売されるようになった二〇〇〇年頃以降としている。都市部で薪ストーブを導入した顧客は薪の入手ルートを持たない。また入手できても、乾燥不十分などの低質な薪を燃やした場合、住宅が密集した都市部では煙や臭いの問題が生じる。こうした点から、乾燥など品質管理された薪を調達する必要性が高まっていた。同社経営者が適切な木材生産による森林整備に薪利用を通じて参加したいと考えていたことも相まって、適切な森林管理と高品質な薪生産に応じてくれる葛巻町森林組合とのマッチングは渡りに船であった。森林組合では二〇〇六年から試験的に薪生産を始めていたが、パートナー企業との協働による本格的な首都圏への販売は二〇〇八年にスタートし、同社の抱える約四〇〇〇軒の薪ストーブユーザーが販売対象となっている。

◎薪生産の実態と意義

薪の生産は、①原木搬出、②薪割り、③薪積・乾燥、④梱包・発送からなる(**写真11-4**)。①は森林組合作業班が実行し、②・③・④は森林組合作業班を定年退職した六五歳以上の高齢者が担う。薪のサイズや乾燥度合いなどの規格はパートナー企業と森林組合との間で決められ、この規格の遵守が都市部での薪販売継続の鍵となる。積み方、雨除け、日当たりなどに配慮しつつ一年間乾燥させ、含水率が表面一五%、内部二〇%以下になるよう管理し、検査をパスした薪を段ボールに詰めて、商品「いわての薪」が完成する。販売開始当初は薪を二〇〇キログラム単位で東京に送り、そちらで梱包していたが、葛巻町内に雇用を増やす意味で現在は町内の高齢者がこの作業も担っている。完成した商品は運送業者によって薪ストーブ利用者の自宅まで届けられる。

写真11-4　乾燥中の薪(岩手県葛巻町)
撮影:筆者(山本)

高齢者の雇用は二〇一二年に始まり、現在一二名が平均月一〇万円程度の賃金でパートとして雇用され、雇用の少ない農村の年金生活者の貴重な収入機会となっている。

薪は生産量が完売しており、需要の高さを物語る。具体的な販売量は二〇〇九年の四一立方メートルから二〇一四年には二二一立方メートルまで増加し、以後横ばいで推移し、現在のシステムでの上限まで生産が行われている。また震災で業務量の減少した県内の他の森林組合に一部生産を委託するなど、復興支援にも薪生産を生かしている。

薪の価格は森林組合が決定し、原料費、人件費、管理費などの原価に一〇％程度を加えたものを売価とし、確実に地元関係者に利益配分している。森林組合としては、組合員である森林所有者や作業員などの関係者に利益が回れば、自らは赤字にならなければよいと考えており、営利企業ではない協同組合としての姿勢が鮮明である。

パートナー企業は植樹祭など「企業の森」活動を通じて生産現場を訪れ、薪生産過程の持続可能性や農村社会への貢献状況を把握し、薪購入希望者にインターネットなどを通じて発信し、薪の由来について可視化している。倫理的、品質的に問題のない薪の持続的供給は薪ストーブ販売事業の前提として機能している。

森林組合にとっては、協働により短期間に顧客の大量確保ができた点が最大の成果であり、その継続の条件である品質管理をパートナー企業からも高く評価されている点が成功の要因である。さらに広葉樹資源の高付加価値化、高齢者の雇用確保など、「目に視え、手触り感のあるエネルギー供給」を通じた都市と農村を結ぶＷ・ｉｎ－Ｗ・ｉｎの関係性が構築されている。将来の地元への薪販売にも期待したい。

6　おわりに

木質バイオマス資源に恵まれた農村部においてすらその利用の消失が著しいことが、日本社会全体の木質バイオマスへの「なじみ」の薄さへとつながり、結果として木質バイオマス利用が、欧州のように家庭や地域熱利用から商業発電まで、すなわち極小規模から小規模・中規模と多様に展開するのではなく、ＦＩＴに基づく売電による経済的利益のみをインセンティブとした大規模バイオマス発電に著しく偏るという日本の問題点を生む遠因になっているように思われる。やはり、「目に視え、手触り感のある」木質バイオマスエネルギーとしての薪利用の回復は、極小規模ではあっても、日本の木質バイオマス利用を適正化していくための重要な存在と位置づけられる。

その上で、農村と都市を結ぶ商品としての薪流通創出による薪利用再興はその一助となるものといえる。そして、さらに踏み込んでエネルギー供給を自らの手に取り戻すことへの直接的参加活動として、「薪割クラブ」などの名称で全国に展開する森林ボランティア的な自律的薪自給の取り組みも増加しつつある。さらに地域通貨利用と結びついた、エネルギー自給にとどまらない地域内循環を目指す取り組みとしての「木の駅」プロジェクトなどもまた、人々が森に入り、薪をつくり、使うという「目に視え、手触り感のあるエネルギー供給」を回復する取り組みと位置づけられる。これらの薪をめぐる活動の活発化は薪利用の可能性をさらに広げ、失われた社会全体の木質バイオマス利用への「なじみ」を回復させるものとして評価でき、さらなる発展に期待したい。

最後に福島県においても、震災前は隆盛を見せていた「薪割クラブ」的活動の多くは、原発事故後に停滞を余儀なくされた。また放射性物質の影響の強い農村部では、残存してきた薪利用も控えられることが多い。「恐怖の報酬」と引き換えに地方に押しつけられた視えないエネルギーとしての原子力は、震災後の地域の人々の自律的な暮らしの回復をも阻害し続けている。エネルギーをめぐる社会転換が必要とされるゆえんはここにも存在している。

III

公正で持続可能なエネルギー転換のために

――社会システムの変革と社会的解決

第12章

「地元」として、「主体」として

自治体が直面するエネルギー転換の課題

山下英俊

1 エネルギー転換における自治体の役割

エネルギー転換を進める上で、自治体が果たす役割は大きい。従前から、自治体は個別の発電設備が立地する「地元」としての役割を有していた。これに加え、エネルギー転換においては、小規模分散電源という再生可能エネルギーの一般的特性から、自治体自身が発電などのエネルギー事業に取り組む「主体」としての役割が浮上してきた。

「地元」としての役割は、事業者の設備の立地を受け入れる受動的なものであり、火力発電所や原子力発電所のような従来の大規模集中電源と比べると、むしろ個別発電設備からみた立地地域の位置づけは軽いものとなるかもしれない。一方、自治体側からみると、地域に立地する発電設備の数が増えるため、事業者と一対一で個別対応してきた従来のやり方では処理できず、条例の制定やゾーニングなど、より制度的・面的な対応が求められることもありうる。

一方、「主体」としての役割は、文字どおり、自治体自身が能動的に発電事業などに取り組むことを意味する。いわば、コミュニティ・パワーの担い手としての自治体である。筆者らは、エネルギー転換が市民主導・地域主導で進められてきたドイツなどの取り組みを参照し、地域からのエネルギー転換と名付けて注目してきた[寺西ほか編 2013]。ドイツにおいては、市民によるエネルギー協同組合や農家が、地域からのエネルギー転換の担い手となってきた(本書第6章参照)。日本でも、市民・地域共同発電所などの市民による取り組みは存在するものの[和田ほか 2014]、小規模な事業に限られている[豊田 2017]。固定価格買取制度(FIT)導入初期に稼働したメガソーラー事業の中で、コミュニティ・パワーの基準を満たしていたものは大半が自治体による事業だった[山下 2014]。

もともと分権的な政治構造を有していたドイツなどと異なり、日本ではコミュニティ・パワーの事業化を進める前提条件が整っていなかった。このため、自治体には「地元」としてコミュニティ・パワーの条件を整備するだけでなく、「主体」として自ら事業主体になることが期待されている。

こうした、自治体に期待される役割に対して、実際に個別の自治体ではどの程度応えているのか、どのような課題に直面しているのか。その実態を明らかにするため、筆者らは全国一七四一の基礎自治体を対象とした「全国市区町村再生可能エネルギー実態調査」を実施してきた。(1) 本章では、過去三回、二〇一四年、二〇一七年、二〇二〇年に実施した調査の結果を統合した分析［山下・藤井 2021］を中心に紹介する。

2 「主体」としての自治体の役割の現状

まず、「主体」としての自治体の取り組み、すなわち自治体自身による発電事業の実施状況を把握するため、代表的な取り組みとして、自治体自らによる再生可能エネルギー設備の設置状況を確認する。

図12-1は、各自治体が三回の調査で、自ら太陽光パネルを設置していると回答したか否かについて、集計した結果である。二〇一四年調査では七四三団体（全市区町村の四二・七％）が設置していると回答し、二〇一七年調査では九八二団体（同五六・四％）へと増加した。二〇二〇年調査では、六八五団体（同三九・三％）が二〇一七年調査以前に設置したと回答し、二八九団体（同一六・六％）が二〇一七年調査以降に設置したと回答している。一方、二〇一四年調査と二〇一七年調査のいずれかで設置していると回答していたものの、二〇二〇年調査で二〇一七年調査以前には設置していないと回答した団体が三四五団体（同一九・八％）ある。加えて、二〇一四年調査と二〇一七年調査のいずれかで設置していると回答していたものの、二〇二〇年調査で末回答だった団体が二七六団体（同一五・九％）ある。これらを二〇二〇年調査で二〇一七年調査以前に設置したと回答した団体と合わせると、一三〇六団体（同七五・〇％）が二〇一七年調査時点までに太陽光パネルを

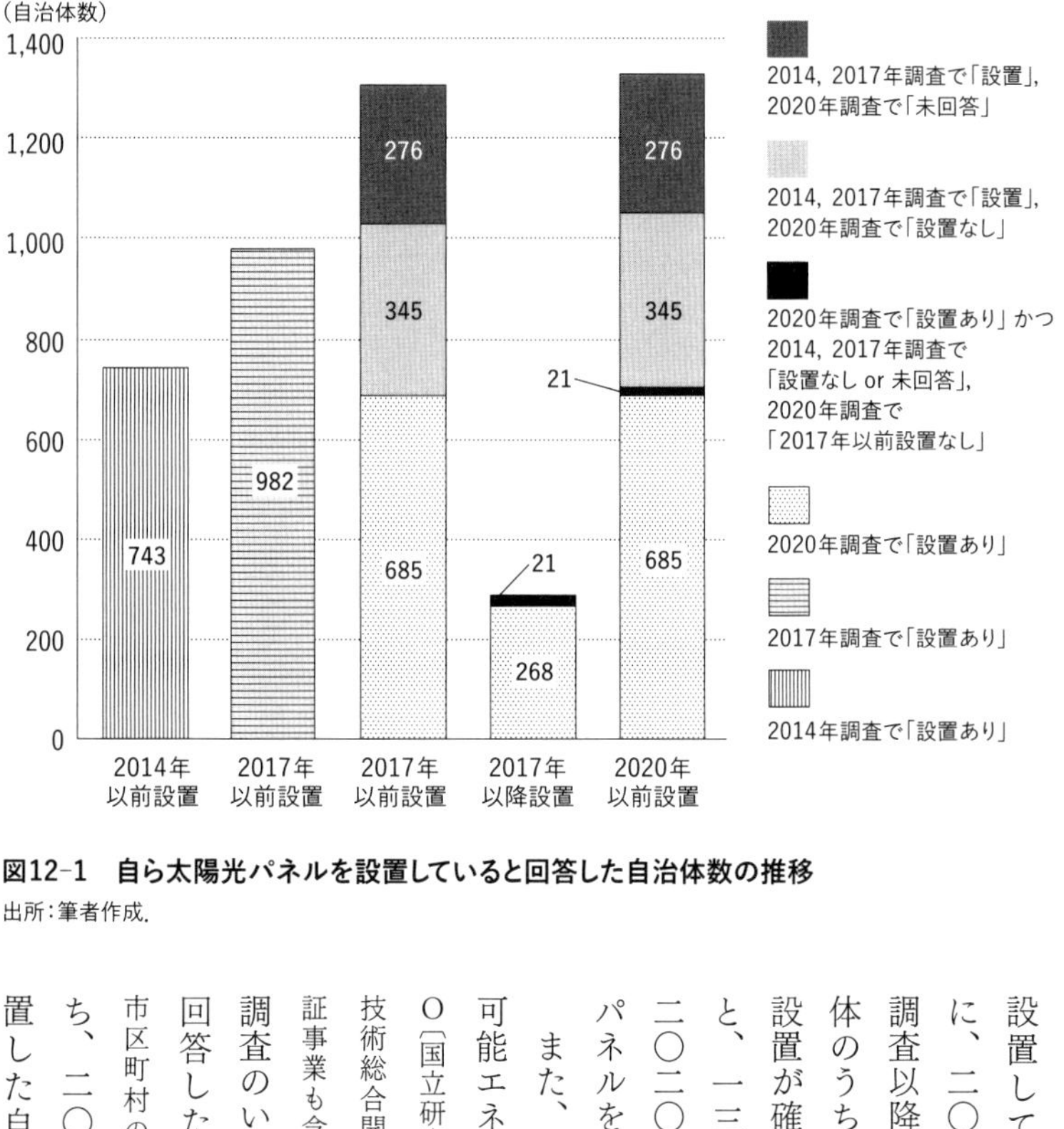

図12-1　自ら太陽光パネルを設置していると回答した自治体数の推移

出所：筆者作成.

設置していたことになる。さらに、二〇二〇年調査で二〇一七年調査以降に設置したと回答した団体のうち、二〇一七年調査以前の設置が確認できない団体を加えると、一三二七団体(同七六・二%)が二〇二〇年調査時点までに太陽光パネルを設置していたことになる。

また、太陽光パネル以外の再生可能エネルギー設備の設置(NEDO(国立研究開発法人新エネルギー・産業技術総合開発機構)等の補助金による実証事業も含む)については、三回の調査のいずれかで設置していると回答した自治体が五七六団体(全市区町村の三三・一%)ある。このうち、二〇一七年以降に初めて設置した自治体は三二団体であった。太陽光パネルも含め、何らかの再生可能エネルギー設備を設置した自治体は一三九〇団体（同七九・八％）となった。

以上の結果から、二〇一七年時点ですでに、全国の四分の三の自治体で太陽光パネルを設置していたこと、その後二〇二〇年までの三年間に初めて太陽光パネルを設置した自治体はごくわずか（回答団体の中では二一団体）で、追加設置を含めても近年の設置は限定的（先述の二八九団体）であることがわかる。「主体」としての取り組みは、大半の自治体に広がってはいるものの、近年は停滞している可能性がうかがえる。

3 「地元」として受ける恩恵 ――コミュニティ・パワーの広がり

次に、「地元」としての自治体の現状について、プラス（第3節）、マイナス（第4節）両面の影響を検討する。

◎地域貢献を行っている再生可能エネルギー事業の存在

自治体区域内に立地する再生可能エネルギー事業の中で、地域の主体が出資していたり、地域に利益還元を行っていたりするもの、すなわちコミュニティ・パワーに該当するような地域貢献を行っている事業はどのくらいあるか。二〇一七年調査および二〇二〇年調査において、自治体の再生可能エネルギー担当者に対し、それぞれ具体的な地域貢献の選択肢を示して、該当する

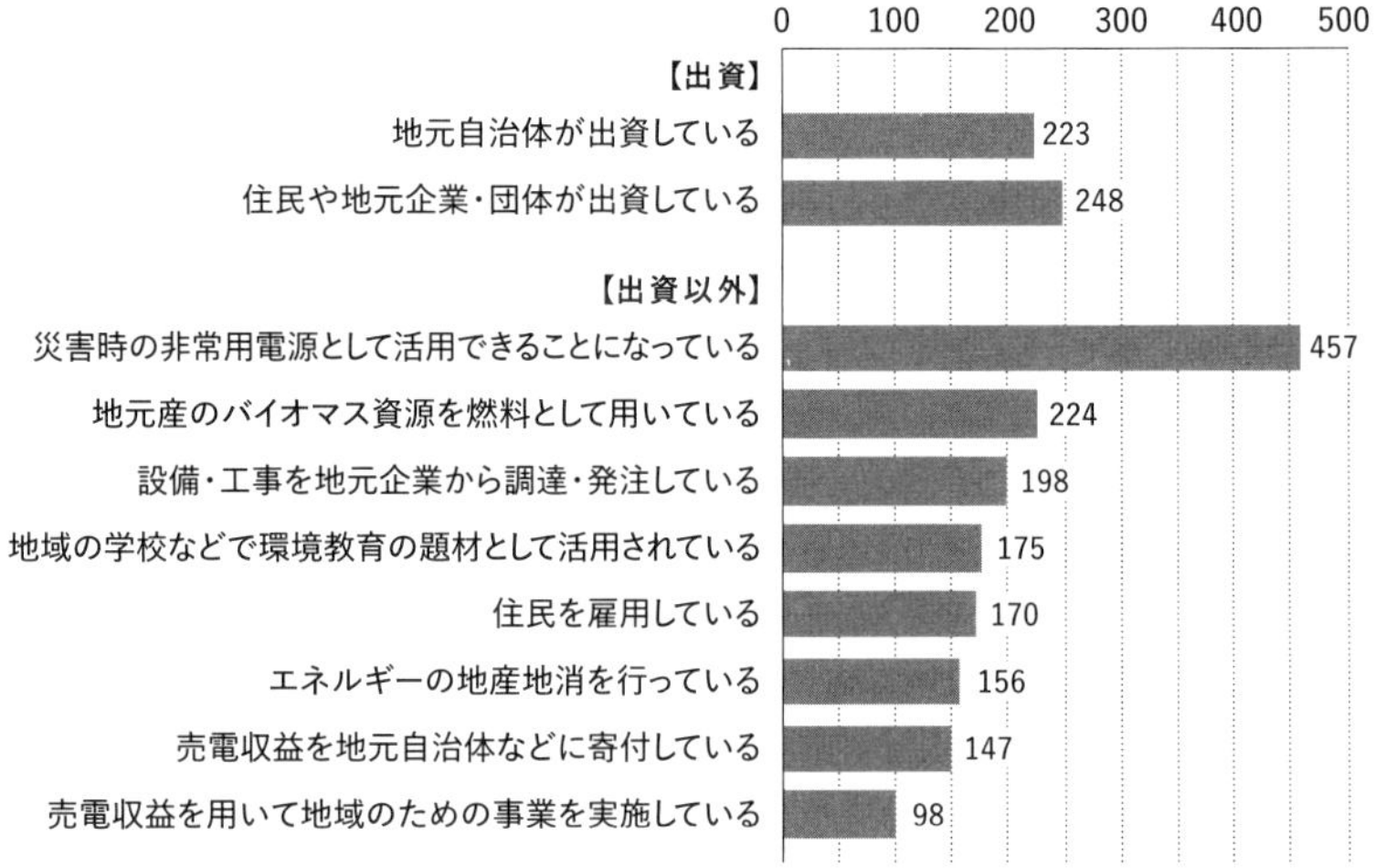

図12-2　地域貢献をしている事業の存在を認知している自治体の数

出所：筆者作成.

事業があると認知しているか否かを尋ねた。二〇一七年調査および二〇二〇年調査において、少なくとも一回は地域貢献事業を認知していた自治体（一つでも「該当あり」を選択した自治体）は九一七団体（全市区町村の五二・七％）に上る。つまり、全国の過半数の自治体において、何らかの形で域内事業による地域貢献が行われていることが確認できる。

◎地域の主体による出資

地域貢献の方法ごとの詳細を図12−2に示す。まず、出資に関しては、「地元自治体が出資している」を選択した自治体は二二三団体（全市区町村の一二・八％）、「住民や地元企業・団体が出資している」を選択した自治体は二四八団体（同一四・二％）であった。自治体出資については、先に紹介した自治体自身による設置の結果（一三二七団体〔七六・二％〕が太陽光パネルを設置）を大きく下回っている。調査設計者としては、「自治体自らが設置」ということは、費用も自治体が負担しているはずであり、「自治体が出資している」ことと同義であると整理していた。しかし、回答者の側で「出資」をより限定的に解釈されてしまったものと思われる。同様に、「住民や地元企業・団体が出資」についても、実態よりも低い数値になっていると考えられる。

筆者は、資源エネルギー庁が公表しているＦＩＴ制度の事業計画認定情報をもとに、ＦＩＴ制度で認定された個々の事業（ただし太陽光発電は二〇キロワット以上）の事業主体と発電所の所在地を確認し、事業主体の住所と発電所の所在地が同一市区町村である事業を「域内事業」と判定して市区町村ごとに域内事業の割合を推計した（推計の詳細は、山下［2020］を参照）。その結果、域内事業の割合がゼロだったのは一二九団体（全市区町村の七・四％）だった。したがって、残りの一六一二団体（同九二・六％）には、少なくとも一件は域内事業が存在していることになる。ただし、この分析では、事業会社の出資者を確認していないため、域内事業の中には、外部の主体が発電所の立地自治体に事業会社を設立したものも含まれてしまう。このため、「域内事業あり」の自治体の中にも、地元出資ではない自治体も含まれている可能性はある。この点を差し引いても、「地元出資あり」の選択割合は極端に低いと考えられる。ただし、地元の主体が出資していても、それだけでは必ずしも地域貢献とはいえない。地元出資事業の中でも、自治体担当者が地域に貢献していると判断した場合だけが回答に反映されていると解釈すべきかもしれない。

◎出資以外の地域貢献

次に、出資以外の地域貢献について、認知度の高い順に紹介する。最も認知度が高いのは、「災害時の非常用電源として活用できることになっている」の四五七団体(全市区町村の二六・二%)であり、「地元産のバイオマス資源を燃料として用いている」の二二四団体(同一二・九%)、「設備(や設置工事)(の一部)を地元企業から調達(または発注)している」の一九八団体(同一一・四%)、「地域の学校などで環境教育の題材として活用されている」の一七五団体(同一〇・一%。ただし二〇二〇年調査のみの結果)、「住民を雇用している」の一七〇団体(同九・八%)、「エネルギーの地産地消を行っている」の一五六団体(同九・〇%、ただし二〇二〇年調査のみの結果)が続く。以上は地域貢献ととらえることはできるが、コミュニティ・パワーの定義における利益の還元とみなせるかどうかは、検討が必要である。災害時の非常用電源や環境教育などは、「社会的利益」に位置づけられるかもしれない。また、地元からの調達や雇用などは、事業者にとっても経済的メリットがあることも少なくない。利益還元とみなすには、厳密に考えると、他により安価な選択肢があるにもかかわらず地元を優先していることを確認する必要がある。一方、明らかに利益還元とみなすことができる選択肢としては、「売電収益(の一部)を地元自治体などに寄付している」が一四七団体(同八・四%)、「売電収益を用いて地域のための事業を実施している」が九八団体(同五・六%)という結果となっている。傾向的には、災害時の非常用電源や環境教育など、事業者にとっても負担の少ない方法や、地元からの調達や雇用など、事業者にとっても経済的メリットがありうる方法の方が、高い割合となっているといえる。なお、いずれも自治体の担当者が認知していることが回答の前提となるため、実際にはより多くの地域貢献事業が存在している可能性がある。

◎「地元」として受ける恩恵は不十分

このように、「貢献」の範囲を広くとれば、日本においても過半数の自治体にコミュニティ・パワーが存在していることになる。「出資」については、先述の筆者による推計によれば、域内事業の割合の全国平均は設備容量ベースで二四・七％（山下［2020］は二〇一九年六月三〇日時点の集計だったが、二〇二〇年三月三一日時点で集計し直したため、若干値が異なる）であり、多くの自治体で一定割合の地元出資事業が存在しているといえる。一方、「利益還元」については、先述の売電収益による寄付と地域貢献事業実施を合わせると二〇五団体（全市区町村の一一・八％）となり、明確な利益還元がなされている自治体は一割程度にすぎない。こうした現状を踏まえると、再生可能エネルギー事業の立地を受け入れる恩恵を、立地地域がいまだ十分に享受できていないことがうかがえる。今後に向けて、事業の実質的な地域貢献を高めていくような政策的誘導が求められている。

4 「地元」として被る迷惑
——住民トラブルの増大

一方で、ＦＩＴ制度導入直後から、再生可能エネルギー事業をめぐる周辺住民などとのトラブルが報じられるようになった。こうした住民トラブルの全国的な状況を把握するため、自治体の担当者が住民トラブルを認知しているか否かを尋ねた。具体的には、「過去に発生していたが、現在は発生していない」（過去発生）、「現在、発生している」（現在発生）、「これまでには発生していないが、今後の発生が懸念される」（発生懸念）、「これまでには発生していないし、今後も発生しないと考えられる」（発生なし）、「把握していない」（把握なし）の選択肢を提示した。

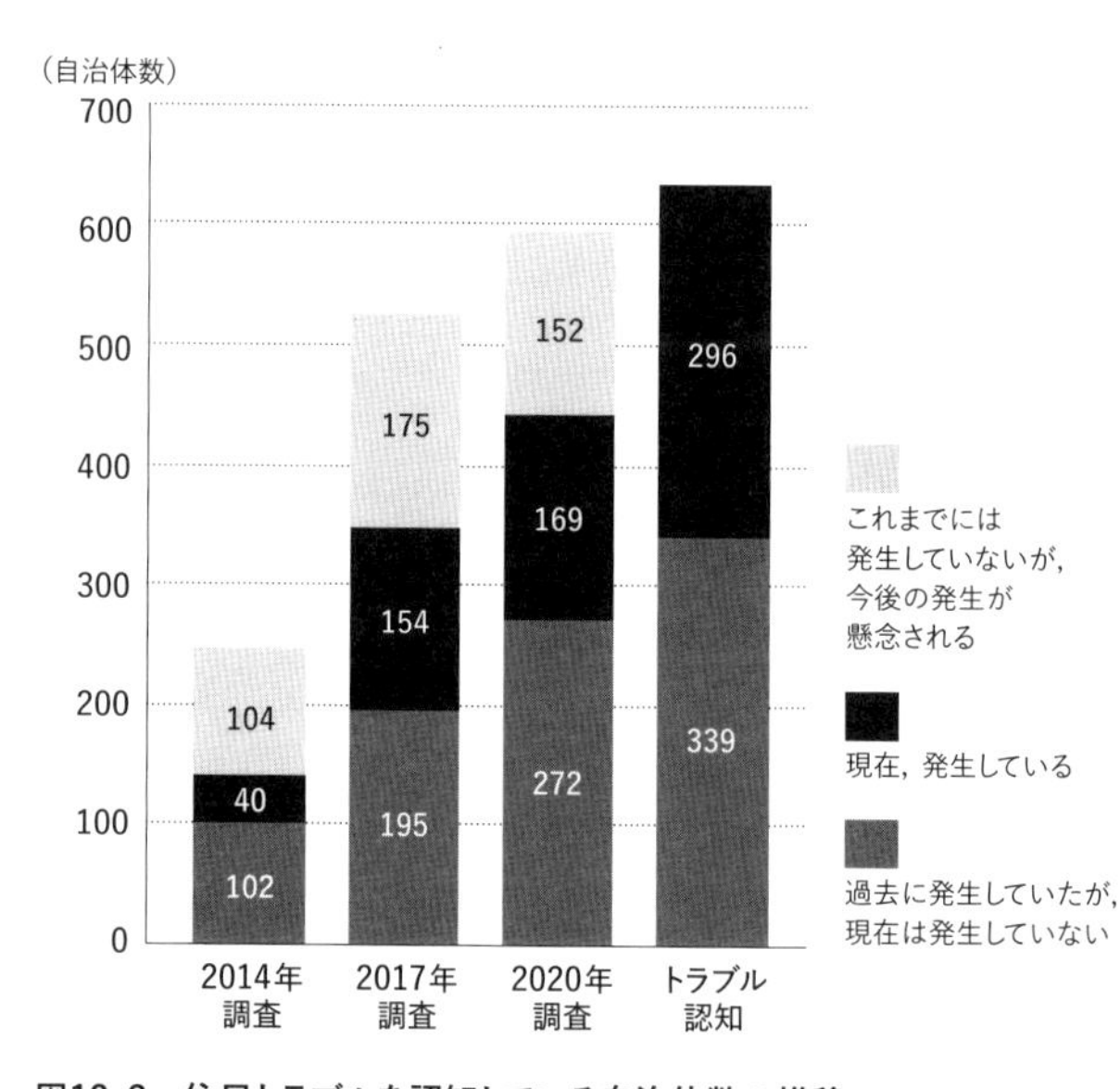

図12-3　住民トラブルを認知している自治体数の推移

出所：筆者作成．

結果は**図12-3**に示したとおり、「過去発生」「現在発生」「発生懸念」を合わせた選択団体数は、二〇一四年調査では二四六団体（全市区町村の一四・一％、回答団体の一七・八％。「発生懸念」を除くと一四二団体）だったが、二〇一七年調査では五二四団体（同三〇・一％、三七・九％。三四九団体）、二〇二〇年調査では五九三団体（同三四・一％、四六・〇％。四四一団体）へと増加している。一方、三回の調査のうち一回でも「過去発生」あるいは「現在発生」を選択した自治体をトラブル認知自治体とすると、その数は六三五団体（全市区町村の三六・五％）に達し、「現在発生」を選択した自治体だけに限定しても二九六団体（同一七・〇％）となる。各回の回答の単純集計が示すよりも、再生可能エネルギー事業をめぐるトラブルの広がりは大きいと考えられる。

一方、三回とも「現在発生」を選択した自治体は七団体、二回連続で「現在発生」を選択した自治体は五一団体（加えて、二〇一四年と二〇二〇年の二回の自治体が二団体）あり、これらの自治体では相対的に深刻な問題が発生し、対応が長期化している可能性がある。実際、当該自治体内でのトラブル発生が報じられている自治体が少なくない。

このように、問題の深刻さはわからないものの、全国の三分の一を超える自治体でトラブルの発生が認知されている。トラブル認知自治体は四七都道府県すべてに分布し、「現在発生」を選択した自治体だけに限定しても四三都道府県に存在している。残念ながら再生可能エネルギー事業をめぐるトラブルが全国に蔓延してしまっているといえる。

5 「地元」としての課題への対応

◎再生可能エネルギー条例の制定状況

第3節の地域貢献を誘導するためにも、第4節のトラブルに対応するためにも、自治体の政策的対応が不可欠となる。その中でも、二〇一七年のＦＩＴ制度の改革により、認定要件に法令遵守義務が追加されたことから、自治体による条例が中心的な役割を果たすことが可能となった。

再生可能エネルギーに関する条例の制定状況について、二〇一四年調査では「再生可能エネル

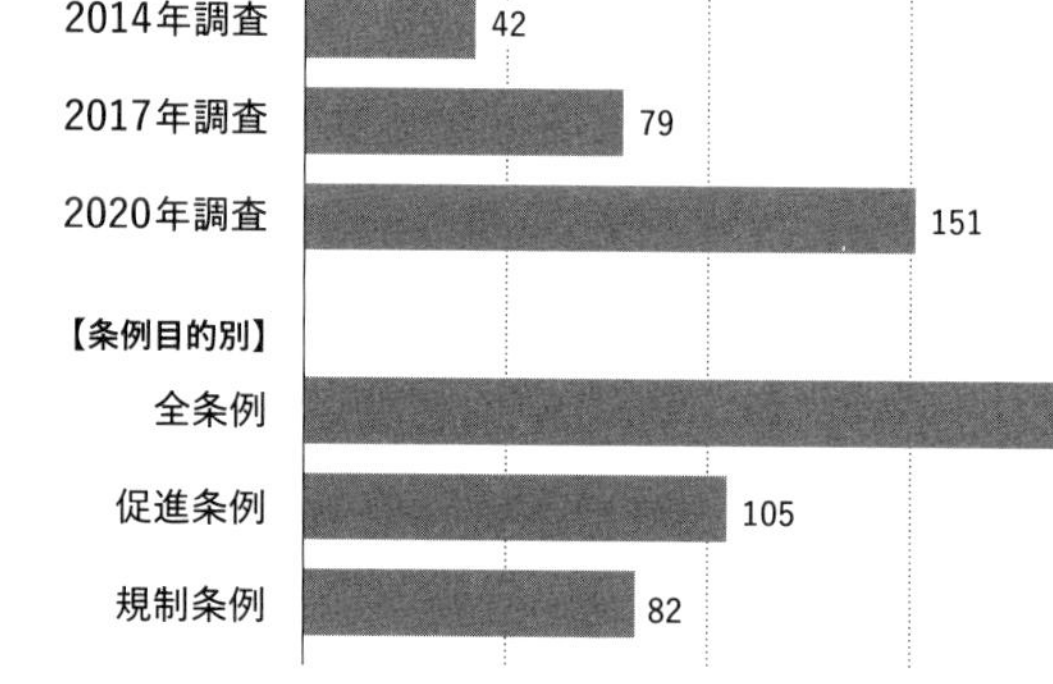

図12-4　再生可能エネルギー条例の制定状況（単位：自治体数）
出所：筆者作成.

ギー導入促進のための条例」（以下、導入促進条例）のみを、二〇一七年調査では導入促進条例に加え、「再生可能エネルギー立地規制のための条例」（以下、立地規制条例）を、二〇二〇年調査では、両条例に加え、「再生可能エネルギーに関する条例（導入促進と立地規制に分類できないもの）」（以下、分類不能条例）の制定状況を尋ねた。また、二〇二〇年調査では別途、再生可能エネルギー条例の制定・検討状況や条例が規定する内容についても尋ねた。

結果は**図12-4**のとおりで、二〇一四年調査では四二団体（全市区町村の二・四%）、二〇一七年調査では七九団体（同四・五%）、二〇二〇年調査では一五一団体（同八・七%）が、いずれかの条例を制定していると回答した。また、三回の調査のうち一回でもいずれかの条例を制定していると回答した自治体は二一三団体（同一二・二%）あり、三回の調査のうち一回でも導入促進条例を制定していると回答した自治体は一〇五団体（同六・〇%）、二回の調査のうち一回でも立地規制条例を制定していると回答した自治体は八二団体(同四・七%)あった。一方、二〇二〇年調査の再生可能エネルギー条例の制定・検討状況に関する設問で、条例を制定済みと回答した自治体は一四八団体(同八・五%)、検討中と回答した自治体は二七団体(同一・六%)あった。

◎立地の適正化

この結果からは、再生可能エネルギー条例を制定する自治体は増加傾向にあり、全国の一割強の自治体ですでに制定されていると見込まれること、条例の内容としては立地規制条例よりも導入促進条例を制定している自治体の方が多い傾向であることがうかがえる。しかし、二〇二〇年調査で条例の規定について確認した結果(図12-5)によると、「地域主導による再エネ導入を促進するため規定がある」や「事業者に地域貢献を促す規定がある」といった地域貢献を促進する規定を持つ自治体は少なく(前者が二二団体、後者が一八団体)、「住民などへの説明会の開催を義務づけている」や「事業者に対して行政指導(勧告)をする根拠となる規定がある」、「設備の立地に関する地域区分(抑制区域・禁止区域など)を定めている」といったどちらかというと立地規制に関する規定を持つ自治体の方が多い(順に九九団体、七九団体、七五団体)。したがって現状では、トラブル対応を念頭に、適正な立地のための手続きの整備を目的として条例を制定した自治体が多くを占めていると考えられる。

法的な根拠を持って、自治体が再生可能エネルギー事業の立地に関与し、立地の適正化を進め

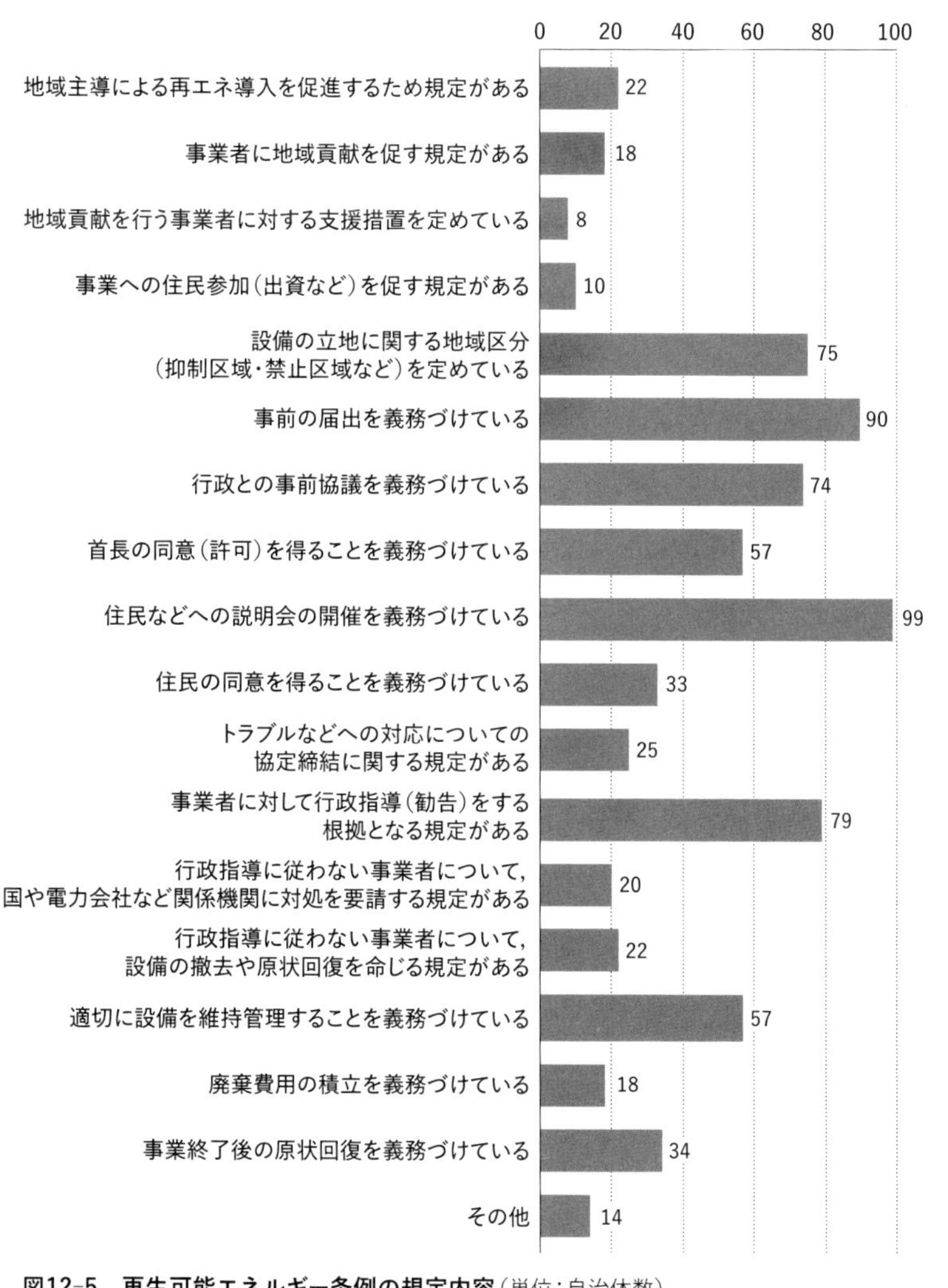

図12-5　再生可能エネルギー条例の規定内容（単位：自治体数）

出所：筆者作成.

ることは、「地元」としての自治体が果たすべき基本的な役割である。地域にとって望ましくない場所に事業が立地してしまうことを防ぐことで、トラブルの予防につながる。逆に、再生可能エネルギーの利用可能性が高く、他の土地利用にも悪影響を与えないような場所を特定することで立地の適地を示し、そこに地域への貢献が期待できる事業者を誘致することができれば、温暖化対策だけでなく地域の経済・社会への好影響も期待できる。独自の条例を制定していない場合でも、二〇二一年の地球温暖化対策推進法改正によって導入された、自治体が一定の条件を満たした区域を「促進区域」として指定する制度が、この目的のために活用できる。

◎他の推進施策の実施状況

一方で、第2節で確認したとおり、「主体」としての自治体の取り組みは、むしろ近年は停滞している。それだけでなく、地域の主体による取り組みを支援する施策の実施状況についても、伸び悩みが見られる。図12-6に示したとおり、「再生可能エネルギー設備の設置補助・助成」(回答自治体に占める選択した自治体の割合は二〇一四年六〇%、二〇一七年五五%、二〇二〇年四六%)や、「公有地・公共施設の屋根の再生可能エネルギー企業への貸出」(同二〇一四年一五%、二〇一七年一二%、二〇二〇年九%)といった支援施策は、調査の回を追うごとに選択割合が減少している。入れ替わりで増加が期待される「再生可能エネルギーを有効活用するための周辺システム(蓄電池、EMS〔エネルギー管理システム〕等)の導入への補助・助成」(同二〇一四年未調査、二〇一七年一二%、二〇二〇年一七%)は、それほど伸びていない。以上のような供給面の施策に加え、自治体新電力の設立や、再生可能エネル

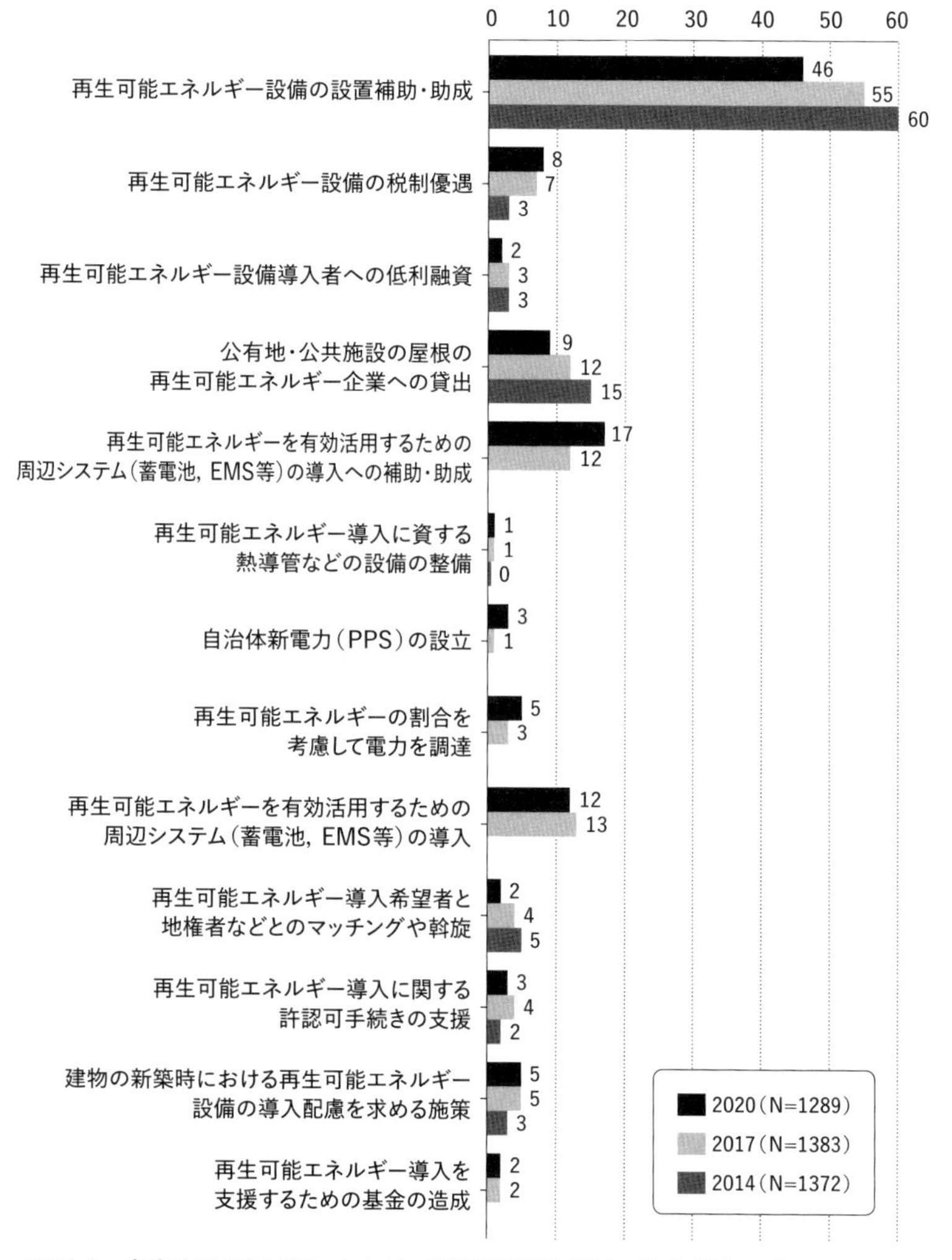

図12-6　自治体の再生可能エネルギー推進施策実施状況の推移（単位：%）

出所：筆者作成.

ギーによる電力の調達など、需要面の施策に関しても、取り組みを行っている自治体は限られている。

6 まとめ

日本においても、二〇二〇年一〇月にようやく政府が二〇五〇年までに温室効果ガス排出を実質ゼロにする目標を提示し、本格的に気候変動問題に取り組む姿勢を見せるようになった。このゼロ目標達成のためには、自治体レベルでも一段の取り組み強化が求められる。実際、政府の目標に先駆けて、二〇五〇年二酸化炭素実質排出量ゼロに取り組むことを表明したゼロカーボンシティが増加し、二〇二一年七月三〇日時点で四三二団体に達している。

しかし、本章で確認したとおり、具体的な施策のレベルでは、むしろ自治体の取り組みは近年は停滞気味であった。二〇二〇年調査がちょうど国によるゼロ目標の表明と重なる時期に実施されたため、それ以降の各自治体の施策の進展を反映できていない部分もある。その点を考慮しても、多くの自治体では新たに高めの目標を設定するところまでしか着手できておらず、その目標を実現するための具体的な手立てはこれからの課題となっているのではないか。まずは当面の二〇三〇年目標に向け、自治体があらためて「主体」として率先して再生可能エネルギーの導入に取り組むと同時に、地域の主体による取り組みの支援を強化することが求められる。

一方で、第4・5節で明らかにしたとおり、再生可能エネルギー事業をめぐるトラブルが全国に広がり、規制強化を求める動きが強まっている。「地元」として対応する自治体は、地域から再生可能エネルギー事業を締め出すような方向で規制を強化するのではなく、条例の制定やゾーニングによって立地を適正化することによって、トラブルの予防や地域貢献を誘導し、再生可能エネルギーの社会的受容性を高めるような方向に進むことが期待される。また、立地の適正化は、導入当初のFIT制度に立地地域への配慮が欠けていたことだけでなく、それ以前からの日本の土地利用規制における土地所有権偏重の問題にも関わる論点である。ともすれば土地所有者の意向次第で開発(あるいは近年はむしろ利用放棄)が進められてしまう状況から、地域社会の幅広い利害関係者を巻き込んで、より社会的に意思決定していく方向(土地利用の社会化[山下 2020])に転換することが、再生可能エネルギーの導入拡大だけでなく、地域資源の有効利用を通じた地域社会の持続のためにも求められている。

註

(1) 二〇一四年五~七月に第一回調査[藤井・山下 2015]を、二〇一七年五~七月に第二回調査[山下ほか 2018]、二〇二〇年一〇月~二〇二一年三月に第三回調査[藤井・山下 2021]を行った。二〇一四年調査では一三七二団体(回収率七八・八%)から、二〇一七年調査では一三八三団体(回収率七九・四%)から、二〇二〇年調査では一二八九団体(回収率七四・〇%)から回答を得た。なお、三回の調査すべてに回答があったのは八七八団体(全市区町村の五〇・四%)であり、三回のうち一回でも回答があったのは一六九三団体(九七・二%)、一回も回答がなかったのは四八団体(二・八%)であった。

第13章

メディエーターの戦略的媒介による地域の意思決定支援

古屋将太

1 はじめに

エネルギー転換は社会変革を伴うものであり、そのプロセスにおいてはさまざまなアクター間でそれまでとは異なるコミュニケーションを交わす状況が発生することとなり、必然的に社会的摩擦が生じる。そのような社会的摩擦は、ある局面では見過ごされかねなかった潜在的な価値を顕在化させ、エネルギー転換の実践に意義や連帯を付与する機会へと昇華することもあるが、他の局面では深刻な利害対立へと至り、紛争化の原因にもなりえる。

分散型で導入が進む再生可能エネルギーの社会的受容性は、風力発電に関して従来の開発問題で使われてきたNIMBY (Not in My Back Yard) の枠組みでとらえるには不十分であり、ポジティブな受容のあり方も含めて検討する必要があるという批判的検討［Devine-Wright 2005］が行われた後、Wüstenhagen et al.［2007］による社会政治、市場、コミュニティの三つの分析視点が広く共有されている。しかし、これらの分析視点をもってしても、地域の複雑な文脈が絡み合う再生可能エネルギー導入プロセスにおいて、社会的摩擦の発生から発散、収束にまでに至る道筋をあらかじめ予測することはきわめて困難であるといえる。

そのため、あらかじめ価値・利害の対立を予測することに注意を払った上で、いかにして進行中のプロセスの中で潜在的な摩擦のシグナルを察知し、そこからの洞察に基づいて有効と思われる媒介を柔軟かつ戦略的に講じることができるかを考えることが、エネルギー転換をうまく進める上での現実的な問題設定として妥当なのではないだろうか。

以上述べたような問題意識に基づき、本章ではそのような媒介を専門的に担う人材を「メディエーター」として位置づけ、その役割と必要とされる資質について考察する。また、筆者を含む共同研究者らが実際に媒介を実践した風力発電ゾーニングの事例を通じて、メディエーターが果たしうる役割を検証する。

2 複雑なプロセスにおいてメディエーターが果たす役割

マルチステークホルダー参加型でのボトムアップのプロセスは、従来の官僚制のもとでのトップダウンな計画遂行に比べてはるかに複雑で、流動的で、時間がかかる。それゆえに、直接のステークホルダーとは異なる形でプロセスに関わり、ステークホルダーの意思決定をより良いものとするための媒介が意味をもつこととなる。では、そのような媒介を専門的に担う人材「メディエーター」が果たすべき役割とは何なのだろうか。

◎メディエーターの役割

直感的には、いわゆる「コンサルタント」という職業が思い浮かぶかもしれない。『デジタル大辞泉』によると、「コンサルタントは企業経営などについて相談を受け、診断・助言・指導を行うことを職業としている専門家」とあり、サービスを提供する対象はあくまでも企業が想定される。そして、〈コンサルタント―クライアント〉という関係は、契約に基づく1対1の関係であり、基本的には私的利益の追求と実現が一貫して両者の共通利害となる。しかし、エネルギー転換のマルチステークホルダー参加プロセスにおいては、単純に再生可能エネルギー事業者の利益を実現すればいいというわけではなく、地域の住民や行政、首長、議会、市民団体、自然保護団体など、複数のステークホルダーの多様で複雑な利害を総体としてポジティブな方向で追求し、実現する必要がある。そのため、メディエーターにはコンサルタントの職域を超えた役割が求められる。

エネルギー転換のプロセスでは、地理的・空間的にこれまでエネルギー設備が存在しなかった場所に導入されるため、そもそも誰がステークホルダーなのかは必ずしも自明ではない。そのため、事業者や地権者、許認可権限をもつ行政機関といった直接のステークホルダーだけでなく、潜在的に影響を与える／受ける可能性のある主体とは誰なのかを問い、具体的に特定することがメディエーターの第一の役割となる。

例えば、近年トンボなどの水生昆虫が太陽光パネルを水面と間違えて産卵してしまい、水中で育つはずだった幼虫が成長できず、トンボの個体群が減ってしまう可能性があることが確認されている [Horváth et al. 2010]。これを踏まえれば、トンボを含む水生昆虫の生態系保全に関心をもつ人や団体は、その地域の太陽光発電事業のステークホルダーとなるだろう。

こうしたステークホルダーは、あらかじめ問題と影響が明確に認識されている場合は比較的容易に特定することができるが、問題自体が社会的に認知されていない場合や影響のメカニズムと度合いが科学的に解明されていない場合は、事前に特定することが難しく、まったく想定していなかった主体が事後になんらかのきっかけでポジティブ／ネガティブの両面からステークホルダーとして浮上することもある。そのような難しさを前提としつつも、メディエーターには潜在的なステークホルダーを可能な限り事前に、積極的に発掘することが求められる。

地域の潜在的なステークホルダーをある程度特定できたとして、次に、異なるステークホルダーがそれぞれ具体的にどういった利害関心をもっているのかをプロセスの中で可視化させ、ステークホルダー同士の相互理解を媒介することが、メディエーターの第二の役割となる。

すでに述べたように、エネルギー転換に伴うリスクは多様であり、未知のものすら存在するため、事前にすべてを特定することは不可能である。しかしながら、例えばトンボと太陽光発電の関係のように、分散型で再生可能エネルギーの導入が進む中で経験的に認知され、科学的に検証された知識が少しずつ体系化されつつある。そのため、メディエーターはそうした知識体系を参照しつつ、ステークホルダーの利害関心を把握することになる。

また、ステークホルダーの利害関心は常に文脈依存的であるため、地域の歴史的な背景も含めた政治的・経済的・文化的な前提条件を探り、合意形成のポイントにつなげることが第三の役割となる。例えば、3・11後に地域のステークホルダーが積極的に関わり、オーナーシップをもって太陽光発電事業を展開した神奈川県小田原市では、一七八〇年創業の鈴廣蒲鉾（かまぼこ）に代表されるように、長年地域に根ざして事業を営んできた中小企業たちが、地域の環境・資源の持続的管理に関心をもち、積極的に環境保全活動に取り組んできたという背景があった。そうした関心は漠然と中小企業だけに共有されているわけではなく、小田原出身の二宮尊徳が提唱した「報徳思想」[1]が幅広く市民一般の意識の根底にあり、地域のエネルギー会社となる「ほうとくエネルギー」の設立に際しては、至誠・勤労・分度・推譲の報徳思想を経営理念に盛り込み、社名に冠したことがステークホルダーの幅広い理解を得る上で大きな意味をもつこととなった［飯田・環境エネルギー政策研究所編 2014］。

小田原の事例では、計画作成と会社設立の実務を担ったコーディネーターたちが地域の文化的・経済的な文脈の反映に自覚的であったため、明確に取り組むことが可能であったものの、多くの場合は、こうした合意形成のポイントは必ずしも顕在的ではないため、メディエーターは、積極的に潜在的な利害関心をすくい上げるためのアプローチを立案・実行し、可視化し、地域のより良い意思決定のための相互理解につなげていくことが重要となる。

具体的なアプローチとしては、インタビューやアンケートなどの社会調査の方法を組み合わせて活用することが基本となる。また、セミナーやワークショップといったオープンな場での参加者との双方向コミュニケーションの中から、具体的な利害関心やステークホルダーが見いだされることもある。さらに、市民がテクノロジーを活用して社会課題や行政課題の解決に向けて具体的な解決策のプロトタイプを作成する「ハッカソン」(ハック＋マラソンの造語で、短期間に集中的に開発作業を行うイベント)のようなシビックテック[2]の手法も応用することができるだろう。

ステークホルダーの潜在的な利害関心をすくい上げるアプローチについては、第3節で事例に即してみていくが、その実践においてメディエーターはあくまでも価値中立を志向し、プロセスの透明性を高めることにコミットすべきであり、なんらかの結論を前提としてステークホルダーを誘導・説得するようなことは慎まなければならない。また、それゆえに、ステークホルダーのより良い意思決定のための媒介を行うメディエーターは、自身の利益相反を開示した上でプロセスに関わる必要がある。

◎メディエーターに求められる資質

次に、メディエーターにはどのような資質が求められるのだろうか。まず、社会調査の方法を理解し、地域や事例に応じて適切な手法を設計・実施できることが、最小限の専門性として求められる。メディエーターは、社会調査士および専門社会調査士の資格を取得していることが望ましいだろう。[3]

しかし、異なるステークホルダー同士のコミュニケーションの場を設定し、その相互影響の中から具体的な利害関心をすくい上げることが求められる局面もあることを考慮すれば、社会調査のスキルだけでは必ずしも十分とはいえない。例えば、事前の予備調査から、ある特定のステークホルダーが声高に反対を叫んでいる状況があったとして、反対の理由を他のステークホルダーがオープンな場で聞く機会をつくり、その上で反対という意見が他のステークホルダーに支持されるのかどうかを可視化することは、地域のより良い意思決定のための相互理解を促すこととなる。このようなコミュニケーションの場では、基本的な情報の流れが〈対象→調査者〉の一方ではなく、〈対象↔(調査者)↔対象〉といった多元双方向となるため、議論の流れに即応して効果的に整理するファシリテーション能力が求められる。そして、そもそもこのような場を戦略的に設計するには、事前にさまざまな展開可能性をシミュレーションし、その場が有効に機能するための条件仮説をもって臨む必要があるため、仮説構築能力もメディエーターの資質として求められる。

この点に関して、近年、知識生産と問題解決のあり方そのものが大きく変化していることを踏まえる必要がある。「VUCA(volatile, uncertain, complex and ambiguous)」に集約されるように、ますます不確実で急激な変化が頻繁に訪れる社会状況においては、あらかじめ設定したゴールに向けて決まった手順に則って計画を実行する従来のアプローチの有効性は低下している。これに対して、Buehring and Bishop [2020] は、単一のゴールに向かって単線的に描かれる道筋としての未来を想定するのではなく、複数のオルタナティブな未来に向かうシナリオを戦略的に描き、さまざまなステークホルダーの参加のもとで彼らが望ましいと感じる未来に向けたコンセプト形成、その具

表13-1　意思決定を支援するための予測・計画アプローチと洞察・デザインアプローチの比較

	伝統的アプローチ	新しいアプローチ
目的	既存システム内の働き	既存システムへの働き
アウトカム	漸進的な改善	転機をもたらす変革
時間軸	短期：1 ～ 3年	中期：5 ～ 10年
環境	相対的に静的で安定，予測可能	相対的に複雑で動的，潜在的に意外性
典型的な思考法	数学的，因果関係	有機的，創発
関連ディシプリン	システム工学	複雑系科学
想定	非連続性や混乱がない．未来はだいたいわかる	非連続性や混乱は起こりうる．未来は不確実性に満ちている
アプローチ	設計図どおりに計画を進める	柔軟，適応性をもって探索的かつ実験的である
ツール・方法	多くが定量的，外挿，モデリング	多くが質的，ストーリーテリング，可視化，プロトタイピング

出所：Buehring and Bishop［2020: 418］をもとに作成．

体化のためのプロトタイピングや実験をデザインすることで、より意味のある戦略的な意思決定を行うことが可能になると述べている。このような「戦略的洞察（Strategic foresight）」および「戦略的デザイン（Strategic design）」を組み合わせた新しいアプローチは、**表13-1**のように要約される。

メディエーターが不確実で複雑な状況に向き合い、洞察・デザインに基づくアプローチを実践する上では、先述の資質に加えて「聞く」という行為が重要となる。

こうしたアプローチを実践する機会となる自然再生や環境創造の現場において、多様なステークホルダーの多元的な価値を調整し、統合する技能が求められるようになってきたことを受け、環境社会学の分野では「聞く」という技法に関する議論が展開されている。例えば菊地直樹は、兵庫県但馬地方でのコウノトリの野生復帰プロジェクトにおける自らの実践に基づいて、環境社会学者の役割を、①文脈を構築する役割、②地域の学習システム構築への貢献、③暗黙知的な現場知の紡ぎだしの三水準で整理している［菊地 2008］。茅野恒秀は、菊地の議論を引き継ぎつつ、群馬県みなかみ町での生物多様性復元をテーマとした赤谷プロジェクトにおける自らの実践に基づいて、「聞く」ことの含意や手法としての優位性を検討している［茅野 2009］。具体的には、「聞く」という行為には、見過ごされかねなかった多様な価値を合意形成のテーブルに引き上げることができる機能があり、また、相手の言葉の背景にある意図を聞き取り、多様な主体の社会関係に基づく主体連関図をつくり上げることによって場の見取り図を描き、ステークホルダーと共有することでプロジェクト・マネジメントに活用することができると指摘している。

本章で展開してきたメディエーターの役割・資質は、これらの研究・実践に関する議論の延長線上にあると位置づけることができる。そのため、メディエーターが現場で潜在的な利害関心をすくい上げ、可視化する上では、「聞く」という技法は最も重要な基本動作として使いこなすことが不可欠となる。次節では、ここまでの議論を念頭において、筆者を含む共同研究者たちがメディエーターとしての役割をもって実践に関わった風力発電のゾーニング事業の事例をみていく。

3　風力発電ゾーニングにおけるメディエーター

風力発電は、高さ一〇〇メートルを超える大きな構造物であるため、導入には一定の環境影響を伴う。そのため、事前に影響を与える可能性がある要因を洗い出し、影響を回避・低減するための環境アセスメントを実施することになる。そして、市民や首長は、その手続きの中で意見を提出することができる。

しかし、実際には風力発電事業者は、風況が良く、系統連系の条件が良い立地を独自に選定し、おおまかな事業計画案を作成した段階から環境アセスメントの手続きを開始することになる。そのため、そもそも地域のどこに立地される可能性があり、どういった理由でそこに立地されるのかについて、市民は事前に知る機会もなく、意見を出す機会もない。

また、風力発電事業者は、すでにある程度のコストをかけて事前調査を行って作成した事業計画案をなんとか実現させてコストを回収し、収益を得ることが合理的な行動となる。一方、市民や地域のステークホルダーは、突然浮上する計画について、なぜ風力発電をその場所に設置する必要があるのか、また、それが地域にとってどういった意味をもつのか、「影響は軽微」と説明されても本当にそうなのか、事業者が主催する説明会だけで理解し、納得することは難しく、このようなギャップは必ずしも環境アセスメント制度の中では解消されない。そのため、場合によっては反対運動が展開され、紛争に至ることもある。

このような状況に対し、風力発電のゾーニング[4]を行うことで、あらかじめ立地の条件を整理し、紛争の潜在的なリスクを低減できる可能性がある。風力発電のゾーニングとは、**図13-1**に示されるように、地域の自然環境やインフラ等の情報や法的制約などから複数のマップレイヤーを作成し、それらを重ね合わせ、導入が可能／条件付きで可能／不可能なエリアを整理するものであ

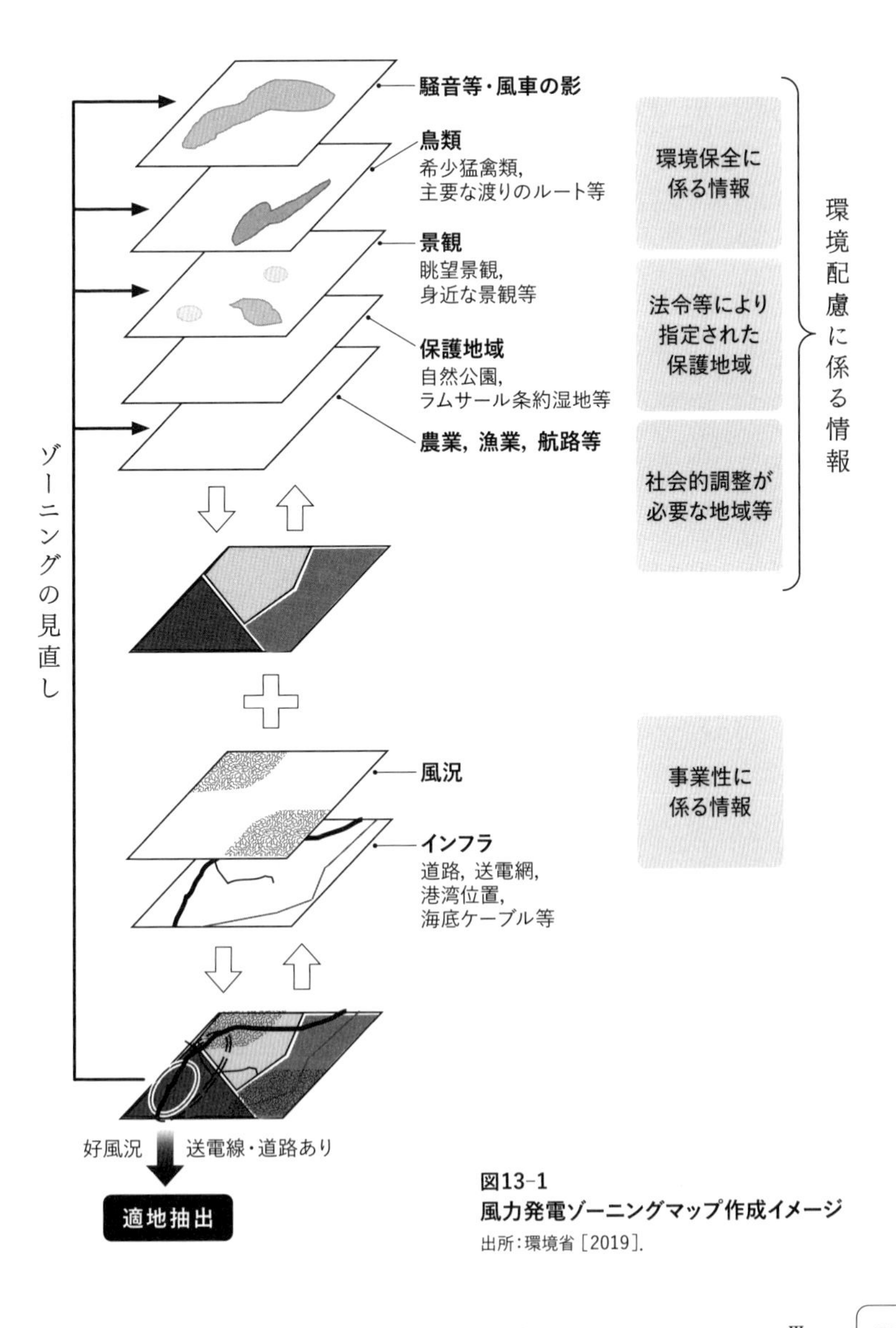

図13-1
風力発電ゾーニングマップ作成イメージ
出所：環境省［2019］.

る。

国内では二〇〇〇年頃から、騒音や野鳥への影響を危惧して風力発電をめぐる紛争が顕在化した［畦地ほか 2014］。これを受け、環境省とＮＥＤＯ（国立研究開発法人新エネルギー・産業技術総合開発機構）は各種調査を行い、専門家による科学的な知見のもとで影響の検証を進めると同時に、紛争の発生そのものを回避するにはゾーニングが有効であるとの観点から、環境省は二〇一六〜一七年に「風力発電等に係るゾーニング導入可能性検討モデル事業」を実施している。この事業には、全国から一〇件の自治体が採択され[5]、ゾーニングマップを作成し、その経験に基づいて「風力発電に係る地方公共団体によるゾーニングマニュアル」が作成されている［環境省 2019］。

二〇一八年度からは、このマニュアルに基づいてゾーニングを実施する「風力発電に係るゾーニング実証事業」が公募され、岩手県久慈市（洋上）と秋田県にかほ市（陸上）が採択され、筆者を含む共同研究者ら（環境エネルギー政策研究所および科学コミュニケーション研究所）が、にかほ市の取り組みを支援することとなった。

◎にかほ市における風力発電ゾーニング

まず、にかほ市では二〇〇〇年代初頭から国内でも先駆的に風力発電が導入されてきた背景があるものの（二〇二〇年までに四二基、八万七二〇〇キロワット）、鳥海山を擁する景観や自然環境への影響を懸念する声や、合意形成がなされないまま事業性のみで開発が進められていくことに対する疑問の声があり、こうした潜在的な問題をあらかじめ回避し、地域と調和する風力発電のあり方

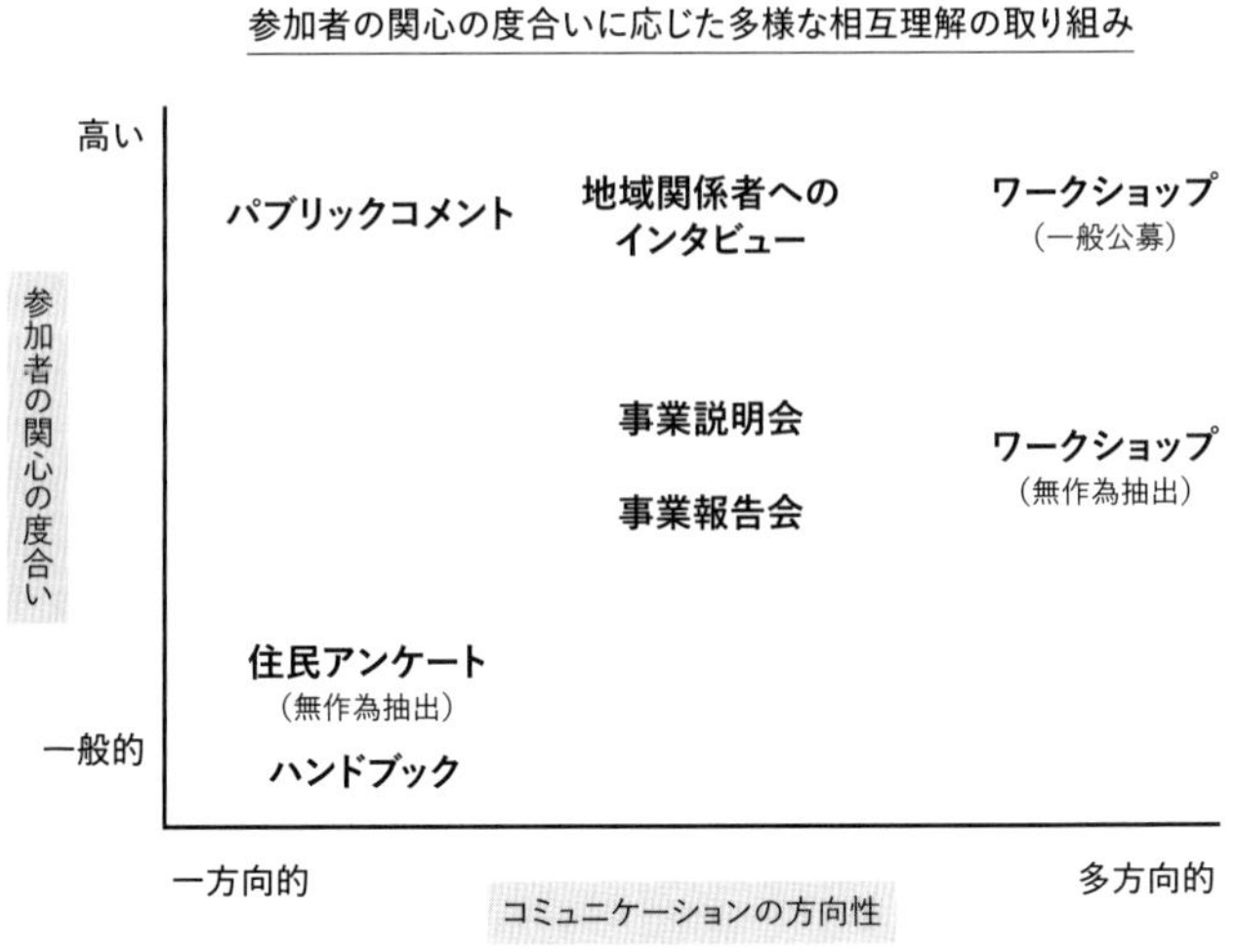

参加者の関心の度合いに応じた多様な相互理解の取り組み

高い
参加者の関心の度合い
一般的

パブリックコメント
地域関係者への
インタビュー
ワークショップ
（一般公募）
事業説明会
事業報告会
ワークショップ
（無作為抽出）
住民アンケート
（無作為抽出）
ハンドブック

一方向的
コミュニケーションの方向性
多方向的

図13-2　参加者の関心の度合いと
コミュニケーションの方向性からみた取り組みの全体像

出所：にかほ市［2021］.

を示すため、市行政が主導してゾーニングを実施することとなった。

にかほ市における風力発電ゾーニングでは、基本的なマッププレイヤーの作成に加えて、地域住民との相互理解の取り組みを重視したことが特徴となっている。具体的には、参加者の関心の度合いとコミュニケーションの方向性を**図13-2**のように整理した上で、複数の調査手法を組み合わせて実施した。

筆者らによる媒介のポイントは大きく三つある。第一に、すでに市内で風力発電の導入実績があり、自然環境や地域への影響を懸念する声もあがっていたことから、主要なステークホルダーとして風力発電事業者、自然観察指導員、風力発電の導入に反対するグループ、観光関係者へのインタビューを実施した。風力発電に対するそれぞれの考え方に加え、市内での導入において配慮すべき具体的なポイントなどを聞き取り、マップの作成プロセスに反映させている。

第二に、ゾーニングの取り組みについて市民に説明し、一定の関心をもつ市民が直接意見を出すことができるように、ゾーニング事業説明会とワークショップを複数回開催した。説明会は、風力発電を導入する意義や技術的な特徴、課題などについて専門家が情報提供を行うとともに、市民からの疑問に答える双方向コミュニケーションの場として設計・実施した。また、説明会と同日開催でワークショップを企画し、より強い関心をもつ市民が他の市民との対話を通じて理解を深める場として設計・実施した。これらのプロセスを通じて、どこまでが科学的に検証された影響で、どこからが未検証のリスクなのか、また、風力発電のあり方について地域内でもさまざまな考え方があることが共有され、専門家と参加した市民が一定の共通認識を築く機会となった。

第三に、市民の風力発電に対する意識を可視化するため、筆者が担当する形で無作為抽出の住民アンケートを実施した。ここでは市民の不安と期待、市内で重要な場所、思い入れのある場所に関する設問の結果をみておこう。[6]

風力発電の影響(リスク)に関する質問の結果(図13-3)からは、「事故が発生した場合の近隣への影響」「事業期間終了後の風車の不適切な処分」に対する不安が大きいことがわかる(ただし、この二つの設問は、ネガティブな出来事が発生したことを前提に尋ねているため、他の項目よりも強く不安が示される傾向がある点に留意する必要がある)。そして、この二つに次いで「騒音による影響」「景観への影響」に対する不安も大きいことが明らかになったため、マップ作成プロセスにおいても、この二点は重点的に

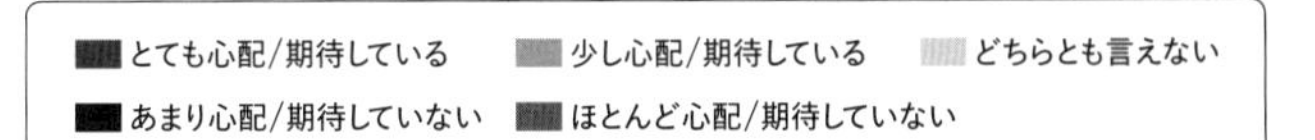

設問：風力発電の導入に際して発生が予想される影響（リスク）について，どのように考えますか．
それぞれについて，当てはまるものに○をつけてください．

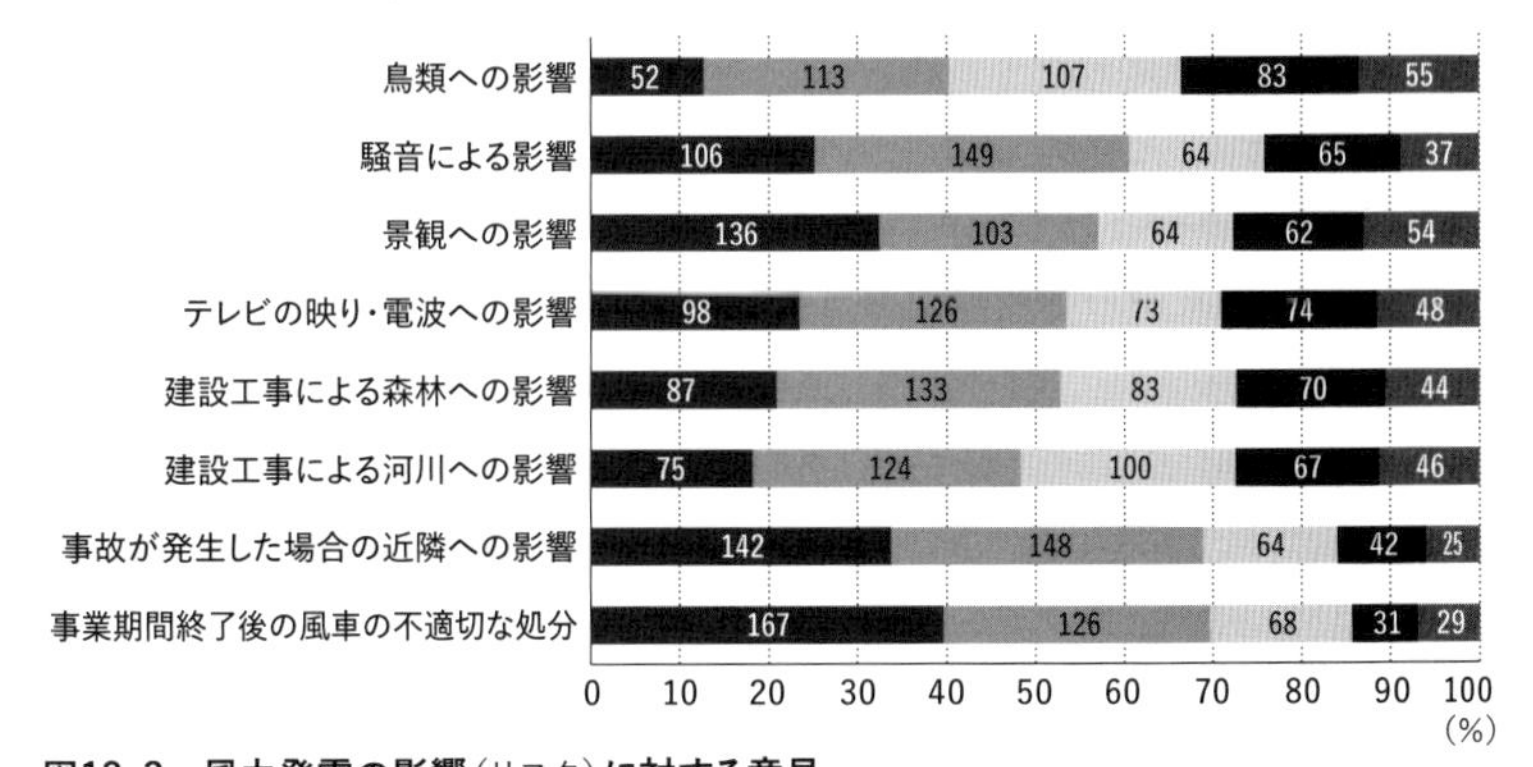

図13-3　風力発電の影響（リスク）に対する意見
出所：にかほ市［2021］.

設問：風力発電の導入により発生する可能性があるメリットについて，どのように考えますか．
それぞれについて，当てはまるものに○をつけてください．

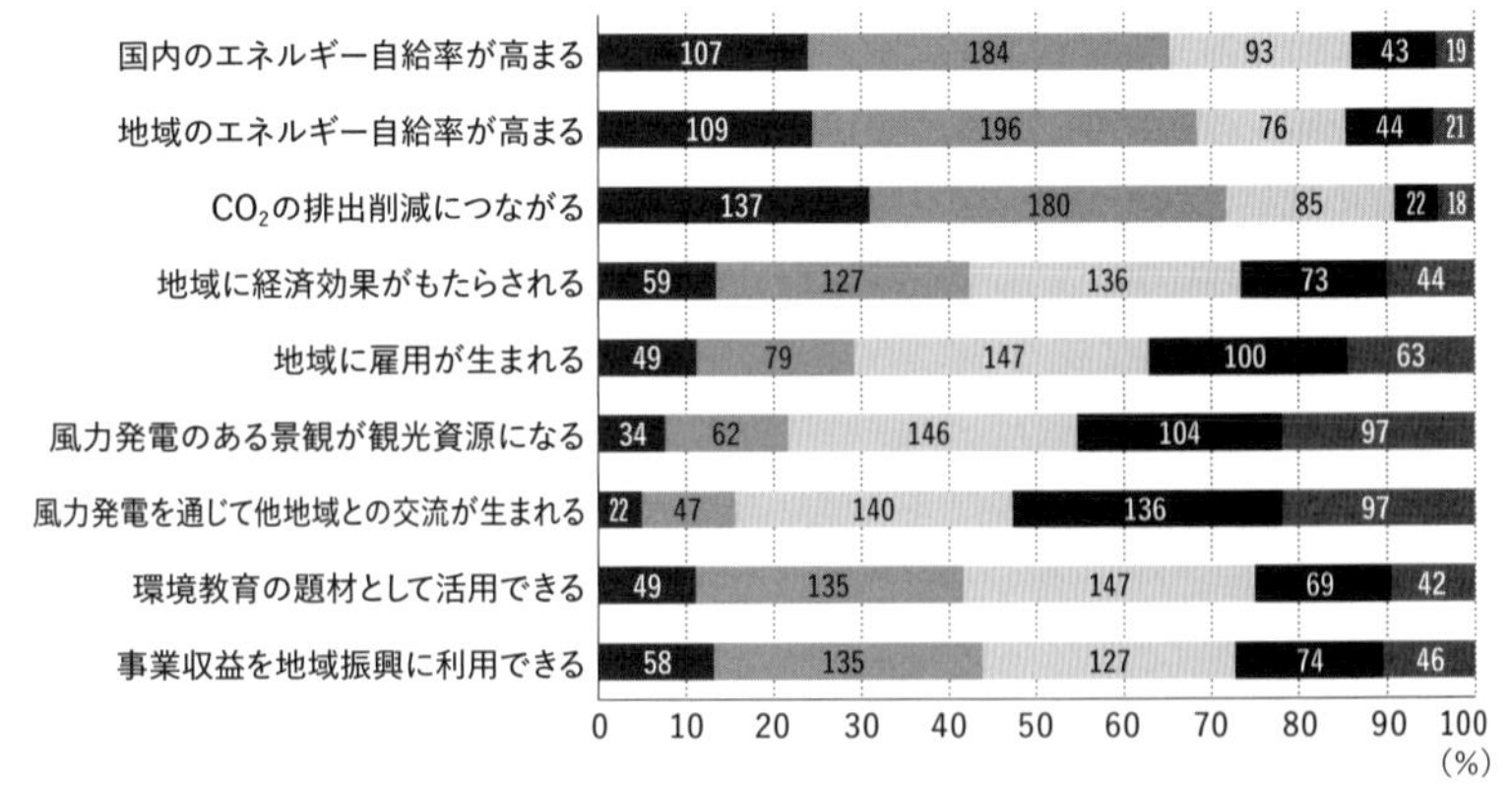

図13-4　風力発電のメリットに対する意見
出所：にかほ市［2021］.

調査が行われることとなった。

風力発電のメリットに関する質問への回答（図13-4）からは、エネルギー自給やCO_2排出削減に役立つという期待が大きくあり、教育や地域振興に対する期待が副次的にある一方、経済的効果にはあまり期待していないという結果が得られた。

「風力発電を通じて他地域との交流が生まれる」の設問は、にかほ市内に立地する生活クラブ風車「夢風」（本書第8章参照）の実績を念頭に尋ねたものであるが、最も期待が小さいという結果が示された。夢風の事例は、立地地域のステークホルダーとの良好な関係のもとでポジティブな価値を生み出してきた〔丸山 2014; 西城戸 2015〕という点で、国内でもベストプラクティスの一つとして見ることができるものの、必ずしも市民に認知されているわけではないことが、この結果から明らかになった。ワークショップでも、筆者が夢風の事例について解説したところ、こうした優良事例があることを知らなかったのでもっと情報発信してほしい、という意見が参加者から寄せられていた。この点に関しては、ゾーニングマップの作成には直接反映させないものの、市民が優良事例について知る機会をどのようにつくるか、市行政が今後取り組むべき課題の一つとして取り上げられることとなった。

ゾーニングにおいて作成されるマップは、基本的に定量的データから作成されるため、特定の場所に対する住民の思い入れのような定性的データが取り入れられることは少ない。しかし、前節で述べたように、メディエーターが潜在的な価値や利害を積極的にすくい上げ、可視化することで、事前に対立や紛争を回避することが可能となることから、アンケートでは住民が個人的に大事にしている場所もしくは地域社会にとって大事な場所をマップに記入し、その理由もあわせて記入する設問を入れた。

回答で示された場所をマップに集計した結果、最頻出の四カ所は「鳥海山（四五件）」「九十九島（四二件）」「元滝伏流水（二二件）」「仁賀保高原（一九件）」であった。[7] その他にも図13-5に示されるように、住民が大事に思う多数の場所が可視化され、とくに「墓地公園」と「廃校」については、ゾーニングマップ作成のために収集していた情報（例えば、公共施設や住宅など）でカバーされていないことがわかったため、あらためて住民意見としてゾーニングマップ作成に反映されることとなった。これにより、墓地公園に関しての「大事なお墓がある」「避難場所であるとともに家族の墓がある」といった意見や、廃校に関しての「思い出がつまっていると思うから」といった意見のような、見過ごされてしまう可能性があった住民の価値や利害が風力発電ゾーニングの中で配慮されることとなった。

以上のように、にかほ市における風力発電ゾーニングの取り組みでは、メディエーターが地域の文脈にあわせて複数のアプローチを戦略的に組み合わせ、潜在的なステークホルダーを探索するとともに、丁寧に価値・利害をすくい上げ、可視化し、対立や紛争を回避するための予防的ガバナンス構築に向けた最初の一歩を支援することができた。

筆者を含む共同研究者らは当事者であるため、一連の取り組みの意義を客観的に評価することは難しい。しかし、風力発電に対して批判的な意見をもつ住民から、「住民の意見を聞く機会をつくり、行政や専門家が誠実に取り組んでいる点は評価できる」との意見がインタビューやワー

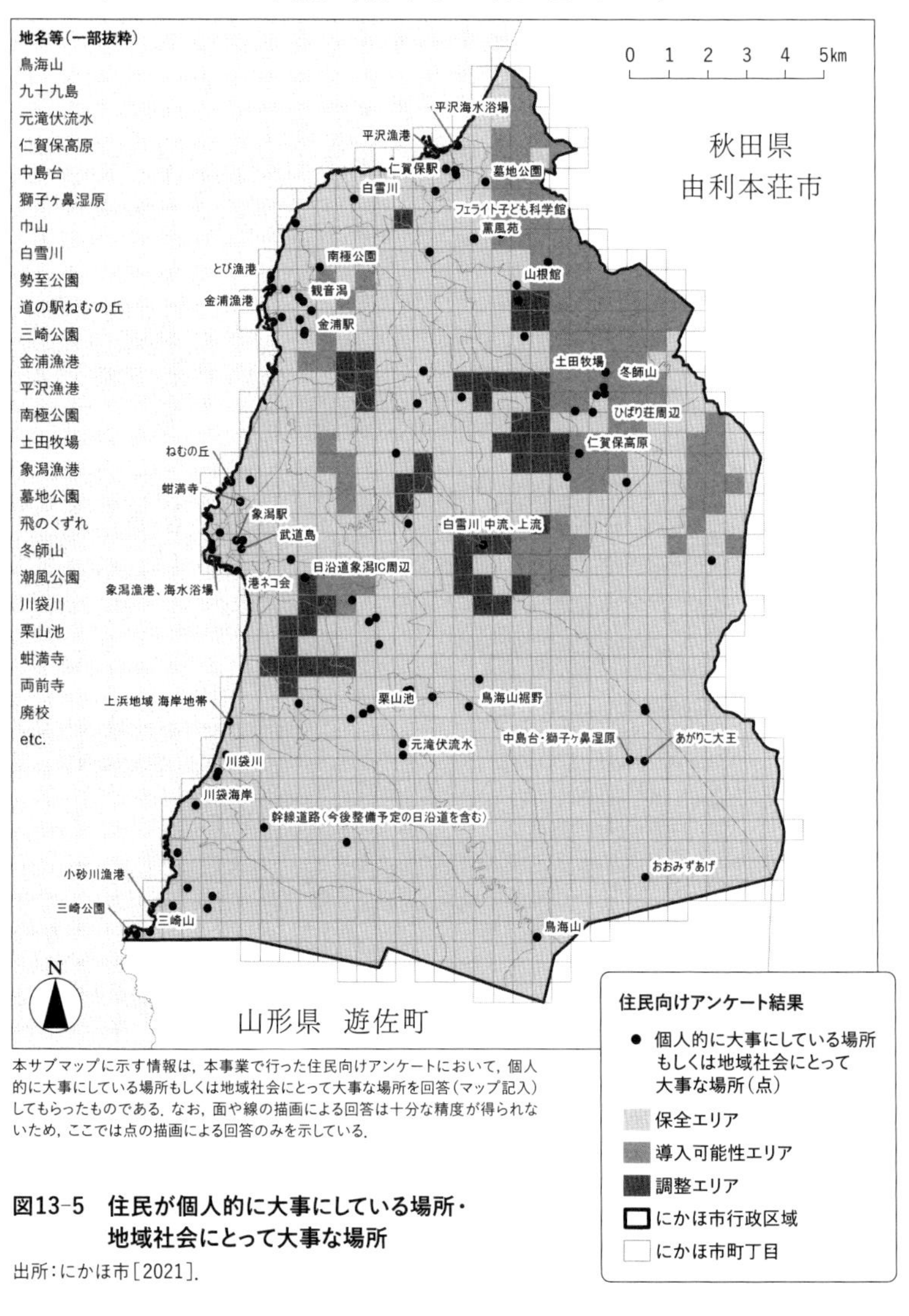

本サブマップに示す情報は，本事業で行った住民向けアンケートにおいて，個人的に大事にしている場所もしくは地域社会にとって大事な場所を回答（マップ記入）してもらったものである．なお，面や線の描画による回答は十分な精度が得られないため，ここでは点の描画による回答のみを示している．

図13-5 住民が個人的に大事にしている場所・地域社会にとって大事な場所

出所：にかほ市[2021]．

クショップの場でたびたび述べられていたことから[8]、わずかながらステークホルダーの意思決定をより良いものとするための媒介ができたのではないだろうか。

4 メディエーターを社会的に活用するために

本章では、エネルギー転換においてメディエーターの果たす役割、実践に必要とされる資質を検討し、にかほ市での風力発電ゾーニングの取り組みを実践事例としてみてきた。メディエーターが、地域の文脈を読み解き、エネルギー転換の潜在的なステークホルダーを掘り起こしながら、社会調査やコミュニケーションの手法を組み合わせて戦略的に媒介することで、見過ごされてしまいかねない潜在的な価値・利害を可視化し、予防的なガバナンスにつなげていくことは可能であり、中長期的にエネルギー転換をうまく進める上でも意義があることが確認できた。一方で、実践的には以下の二つの課題を考える必要がある。

第一に、メディエーターによる媒介を導入するにあたっては、メディエーターの財政的な中立性をどのように確保するのか、さまざまな観点から熟慮した上で決定する必要がある。直接的には、メディエーターが提供する媒介サービスへの報酬がどこから充当されるのかが最大の焦点であり、一般的には行政による公的資金からまかなわれることが望ましい。しかし、自治体によっては予算の確保が難しい場合もあるため、地域の事情次第では再生可能エネルギー事業者が自己資金で同等のサービスをメディエーターに依頼し、実施しようとする場合も考えられる。この場合、メディエーターは明らかに再生可能エネルギー事業者に利害をもつことになるため、本来あるべき中立性を確保することができない。そのため、例えば事務局は行政が担いつつ、地域の他の民間資金（研究機関、財団、非営利団体、産業団体など）や幅広く個人から募る寄付と組み合わせて再生可能エネルギー事業者からの供出が三〇％以下になるように設定することで、完全中立ではないが一定のアカウンタビリティ（説明責任）をもって取り組むことができるようになるだろう。

第二に、メディエーターによる媒介のもと、再生可能エネルギーの導入促進／抑制のバランスに関する地域の意思決定をどのように制度化し、効力をもたせるかを考える必要がある。風力発電ゾーニングの事例では、マップを作成することで風力発電事業者があらかじめ開発を避けるエリア、とくに配慮すべき点に対応した上で開発が可能なエリア、積極的に開発を促進するエリアなどが可視化されるものの、なんらかの法的拘束力がなければ実質的に風力発電事業者の行動原理は従来のまま変わらない。制度化の方法としては、ゾーニングマップに則った開発を自治体の条例で位置づけ、これに逸脱して行われた開発に対して罰則を設けるといった強い拘束力をもたせる方法だけでなく、その地域での望ましい開発のあり方に関するガイドラインを策定し、地域の持続性に貢献するような事業モデルを採用するプロジェクトが手続き面で優遇措置を受けられるといったインセンティブ誘導型の方法も考えられる。このように制度化の方法や効力の度合いもあらかじめ決まったメニューが存在するわけではなく、この点に関してもメディエーターは媒介のプロセスの中で地域の人々の考え方を引き出し[9]、選択肢を提示できることが望ましい。

メディエーターを社会的に活用するため、これら二つの課題をクリアしたとして、エネルギー転換をめぐる政策・市場の動向は日々急速に変化するため、メディエーター自身が変化に追いつき、戦略的に新たな媒介アプローチを構想し、実践することは創造的な側面もある一方、きわめて知的負荷が高い。そのような知的負荷を、エネルギー転換をうまく進めるための糧とするには、メディエーターの役割を担う個人が孤独に取り組みを進めるのではなく、同様の知識・経験を共有するチームやネットワークとして動いていくことが、今後の鍵となるだろう。

註

(1) 報徳思想は、自ら徳行を実践し、経済力に応じた消費支出限度を守り勤倹節約し、倹約して生まれた余剰を社会公共のために提供する生活態度によって、困窮を救うことができるという教え。至誠・勤労・分度・推譲の四つの柱で構成される。

(2) シビックテックには統一的な定義はなく、論者によって異なるが、代表的な取り組みとして、公共セクターによるオープンデータを活用した可視化がある(例として、Code for Kanazawa によるゴミ分別支援アプリ「5374.jp」、Code for Sapporo による「さっぽろ保育園マップ」など)。

(3) 社会調査士は、質的・量的社会調査に関する調査・分析能力を有するとともに、既存の調査についての問題点を的確に指摘し、その改善策等を提言できる能力があると認められる者に対して、一般社団法人社会調査協会が与える資格。専門社会調査士は、「高度な調査能力を身につけたプロの社会調査士」として、「調査の問題点や妥当性等の指摘はもちろんのこと、多様な調査手法を用いた調査企画能力、実際の調査を運営管理する能力、高度な分析手法による報告書執筆などの実践能力を有している者」とされる。

(4) 風力発電ゾーニングの詳細については、環境省[2019]を参照。

(5) 二〇一六～一七年度には、宮城県、北海道八雲町、徳島県鳴門市、長崎県西海市が採択され、二〇一七～一八年度には、青森県、北海道石狩市、北海道寿都町、静岡県浜松市、福岡県北九州市、長崎県新上五島町が採択されている。

(6) アンケートの結果全体は、ゾーニング報告書[にかほ市 2021]を参照。

(7) ゾーニングマップの作成は、並行して作成されていた市の景観条例・計画と整合するように進められていたため、最頻出の四カ所は景観条例・計画の中でも位置づけられている。

(8) にかほ市行政で風力発電ゾーニング事業を担当した職員の献身的な取り組みによって、住民とのコミュニケーションが円滑に進んだことは付記しておきたい。

(9) にかほ市の事例では、住民アンケートで「ゾーニングマップの位置づけについて、どのような効力をもたせることが適切だと考えますか」という質問項目に対して、三七九件の回答があり、「ゾーニングマップに反して事業が進められた場合、事業者は罰則を受ける」が六三%、「ゾーニングマップに準じて事業が進められた場合、事業者は優遇措置を受ける」が一四%、「事業者はゾーニングマップを参考にすることができる(罰則および優遇措置なし)」が二三%という結果が示されている[にかほ市 2021]。

第14章

世代間公正と世代内公正の相克

ドイツ「石炭委員会」の模索

青木聡子

1 はじめに——気候変動問題と世代間公正

二〇一九年、気候変動をめぐる社会運動は新たな展開をみせた。「未来のための金曜日（Fridays For Future）」をスローガンに、いわゆる「気候ストライキ」と呼ばれる抗議集会や抗議デモが、若い世代を主な担い手として世界各地で展開された。[1] ヨーロッパでは「飛び恥（フライトシェイム）」を合言葉に、CO_2排出量の多い飛行機ではなく鉄道を移動手段として利用するよう促す運動が展開され、連動して長距離鉄道利用にかかる付加価値税率が引き下げられる（一九％→七％）など、人々の環境配慮行動にも影響を与え、一定の成果を上げている。

これまでも、気候変動をめぐる抗議行動がなかったわけではない。とくにヨーロッパにおいては、気候変動アクティビストと呼ばれる人々が、気候変動キャンプやツリーハウスによる森の立てこもりなど、さまざまなアクションを展開し、脱石炭・褐炭(かったん)を訴えてきた。[2] ただし、これまでの抗議行動は、一部を除けば二〇一九年の気候ストライキほど大々的かつ継続的にメディアで取り上げられることは少なく、社会的なインパクトも相対的に小さかったと言わざるをえない。こうした従来の抗議行動と異なり、気候ストライキが世間の注目を集めたのは、その担い手がこれまでにない若年層であったという新規性に加えて、彼／彼女らの主張が、世代間の不公正を糾弾するものだったことによるだろう。Wahlström et al. eds.［2019］によれば、気候ストライキに参加した人々の動機として、四〇歳以上の世代では、気候変動によって海面上昇などの被害を受ける(自分たち以外の)人々への共感が多かったのに対して、一四歳から一九歳では、自分たちが近い将来、気候変動によって被ることになる不利益や被害に対する問題意識が多く挙げられている。すなわち、自らの未来が〝大人たち〟の手によってリスク／危険に満ちたものになってしまうことに対する強烈な「Ｎｏ！」の意思表示が気候変動ストライキなのであり、そこでは、自分たちを現在世代ではなく次の世代として位置づけた上で、現在世代と自分たち世代(次世代)との間のリスク負担の不公正を解消または最小化せよと訴えていたのである。

そもそも世代間公正とは、世代内公正に加えて議論されるようになってきた概念であり、一般に、各世代がもたらす悪影響をその世代内で解消し、次の世代に不当な負担を残さないことを求めるものである［寺本 2018: 58］。決定に関与しえない将来世代に負の影響が及ぶことは避けるべきであり、世代間公正という正義は揺るがしようのないものに思われる。

だが、世代間公正というフレームやその正当性の疑いようのなさによって、隠されるものや見落とされるものはないだろうか。世代間公正の達成を志向することが、ここではないどこかにいる自分ではない誰かを不幸にする恐れはないだろうか。気候変動に即していえば、気候変動対策として脱石炭・褐炭を進めることは、一方では世代間公正を志向する行為でありながら、他方で産炭地域の人々を窮状に至らしめ世代内不公正を生成する行為でもありうるのではないだろうか。将来世代の気候変動リスクを解消または最小化しようとすることによって、現在世代の一部の人々に生活を脅かす別様のリスクを押しつけることになりかねないのではないだろうか。

世代間公正を志向することが、ここではないどこかにいる同世代の誰かを不幸にするかもしれない。本章ではこの、世代間公正を達成しようとすると世代内公正が損なわれかねないという問題について、脱石炭・褐炭を進めるドイツを事例に検討する。

他の先進国と同様に、ドイツでも、気候変動リスクに対応するために脱石炭・褐炭が進められてきた。その際に着目すべきは、ドイツでは「〈成長・構造転換・雇用〉委員会(Kommission „Wachstum, Strukturwandel und Beschäftigung“)」、通称「石炭委員会」が連邦政府によって設置され、気候変動対策と同時に産炭地域の雇用対策および財政支援が検討された点である。同委員会は、二〇一八年六月からの約半年の間に一五回にも上る会合に加えて、産炭地に複数回出向き現地調査も行い、産炭地域の産業構造改革に関する最終報告書を取りまとめた。「世代間公正(倫理)」を前面に打ち出す一方で立地地域の産業・経済支援にはまったく言及がなかった、脱原発の際の「倫理委員会(安全なエネルギー供給に関する倫理委員会〔Ethik-Kommission Sichere Energieversorgung〕)」と比べても、石炭委員会の取り組みは特徴的であり、世代内公正、すなわち産炭地域の事情に相当の配慮をしたものといえる。だが、それでもなお、同委員会の最終報告書は産炭地域にとって十分に納得のいくものではなかった。産炭地域代表の委員一名が反対を投じ、報告書は委員の全会一致とはならなかったのである。そこで本章では、世代間公正と世代内公正の相克を解きほぐそうと試みた石炭委員会の取り組みと、その限界について、産炭地域の視点も交えて検討したい。

2 世代間公正と世代内公正をめぐる「やっかいな問題」

世代間公正を達成しようとすると世代内公正が損なわれかねないという問題は、すでに複数の先行研究によって言及され検討されている。例えば丸山[2015]は、再生可能エネルギーの導入に伴うトレードオフの存在を指摘する。

再生可能エネルギーの導入は、気候変動問題に対応し持続可能な発展をもたらすという点だけでなく、ナショナルレベルで展開されてきた「合理的な機能分化」がはらむ脆弱性へのレジリエンスになりうるという点でも、社会にとって大きなメリットがある。これまで、日本においてもそれ以外の国やエリアにおいても、ある特定の地域には資源の供給地としての役割を、また別の地域には消費地としての役割を集中的に担わせてきた。こうして地域ごとに役割分担させることが、ナショナルレベルでは効率的かつ合理的なやり方であったし、各地域も与えられた役割に適応することで発展してきた。だが、こうした「合理的な機能分化」は、それ自体が地域に脆弱性をもたらした。とくに資源の供給地は、その盛衰を外部からの需要に依存することになった。再生可能エネルギーの導入は、こうした効率的だが不均衡な役割分担を組み替え直す契機となりうる点でも、望ましいものである。

だがその一方で、再生可能エネルギーは立地地域の生活環境や生態系にネガティブな影響をもたらしうる。例えば、風力発電の立地地域で周辺住民が健康被害を訴えるケースや、メガソーラーの立地地域で周辺住民が災害リスクの増大を危惧し異議申し立てを行うケースも少なくない。これらの訴えや異議申し立ては、気候変動に伴う将来世代のリスク軽減や地域間不均衡の解消のための対策によって、現在世代の一部の人々が健康や生活環境でリスクを負わされかねないことを示している。化石燃料や原子力によるエネルギーに代わって再生可能エネルギーを導入することは、次世代への環境負荷を軽減させるという点で世代間公正の達成に寄与するし、地域間の不均衡な役割分担を解消しうるという点で世代内公正の達成にも寄与する。だが、それは同時に、別様の世代内不公正を生じさせかねないのである。世代間公正と世代内公正の同時達成を志向すると、また別の世代内不公正が生じかねないという、やっかいな事態である。

このように、一見すると自明であるかのような世代間公正や世代内公正の「正しさ」は実は自明ではないし、その実現にもさまざまな困難がつきまとう。では、それらの困難はいかに克服されうるのだろうか。以下では、世代間公正と世代内公正をめぐるジレンマに取り組んだ、ドイツの「石炭委員会」を事例として取り上げ、脱石炭・褐炭によって生じうる産炭地域の窮状に対していかなる配慮がなされたのかをみていく。加えて、その配慮を引き出し利用しようとする産炭地域側の主体的な動きも視野に入れながら、世代内公正を損なわないエネルギー転換の可能性と課題について検討する。

3 「石炭委員会」の模索

◎「石炭委員会」の概要

「石炭委員会〈成長・構造転換・雇用〉委員会)」は、二〇一八年六月六日に発足した。二〇一八年三月の第四次メルケル政権の発足時に発表された、CDU・CSUとSPDとの連立協定[3]に石炭委員会を設置するという方針が盛り込まれており、それを受けての発足であった。同委員会は、「政治、経済、環境団体、労働組合、関連地域からのさまざまなアクターを巻き込む」とした連立協定の文言どおり、社会の諸領域を代表する形で構成された。具体的には、四名の共同代表[4]と二四名の委員[5]に加えて、発言権のみを有し議決権を有さないオブザーバーとして連邦議会議員三名(いずれも与党議員)がメンバーとなった。委員会のもとには「エネルギー経済と気候目標」と「地域における経済成長と雇用」の二つのワーキンググループが設置され、①エネルギー市場とのバランスをいかにとりながら気候変動対策の目標を設定し達成に向けた取り組みを進めるか、②脱石炭・褐炭後の産炭地域の経済問題・雇用問題をいかに解決するかの二点が、委員会が取り組むべき重点課題として設定された。

冒頭でも述べたように、石炭委員会は約半年の間に、一五回にも上る会合と産炭地域への複数回の訪問調査を行い、最終報告書を取りまとめて連邦政府に提出した（二〇一九年一月三〇日）。そこでは、遅くとも二〇三八年までに石炭・褐炭火力発電を全廃すること（二〇三五年への前倒しもありうる）が提言され、そのための具体的なロードマップが示されたほか、産炭地域へは二〇年間で総額四〇〇億ユーロ（約四兆八〇〇〇億円）、そのうちラウジッツ地区（後述）には一六〇億ユーロ（約二兆一一五八億円）の財政支援を行うよう提言された。最終報告書を受けた連邦政府は、各州政府および業界団体に意見聴取をしたのちに、二〇三八年までの脱石炭・褐炭を定めた「石炭発電の削減と終了および関連法規の改正に関する法律（Gesetz zur Reduzierung und zur Beendigung von Kohleverstromung und zur Änderung weiterer Gesetze: Kohleausstiegsgesetz）」、通称「脱石炭法」案を閣議決定し（二〇二〇年一月三一日）、同法案は二〇二〇年七月三日に連邦議会および連邦参議院を通過し、八月一四日に発効した[6]。さらに、脱石炭・褐炭で影響を受ける産炭地域については、「産炭地域構造強化法（Strukturstärkungsgesetz Kohleregionen）」と「産炭地域投資法（Investitionsgesetz Kohleregionen: InvKG）」が制定され、財政面や地域開発の支援が行われることとなった[7]。

◎最終報告書にみる世代内公正への配慮

一二〇ページ以上にわたる最終報告書本文の中で、脱石炭・褐炭のロードマップ以上のページ数が割かれているのが、産炭地域対策、すなわち世代内公正への配慮についての提言である。その際に、次の四地区の産炭地域が脱石炭・褐炭の影響を大きく受ける地域とされ、よって財政支援の対象とされた。ラウジッツ地区、中部ドイツ地区、ヘルムシュテット地区、ライン地区の四地区であり、これらの中でもとりわけ、石炭ではなく褐炭を主な産業としてきたラウジッツ、中部ドイツ、ラインの三地区において脱褐炭の影響が深刻に現れるとしている。[8] さらにその中でも旧東ドイツ側のラウジッツ地区と中部ドイツ地区においては、新たな産業を展開させる内発的な力が弱いことや人口減少が進むであろうことが指摘されており、それゆえに経済的な支援の必要性が指摘されている。そしてラウジッツ地区に関しては、次のように述べられ、最も重点的な支援対象とされた。

ラウジッツ地区は(中略)他の産炭地域と異なり、褐炭産業が特別に歴史的意義を有している。例えば、〔同地区内の〕ゲルリッツでは、二〇一五年には九億四六〇〇万ユーロ、総付加価値の一六・二%がエネルギー部門〔褐炭採掘および火力発電など〕で生み出されていた。(建設業を除く)製造業では、エネルギー部門が付加価値の半分(四八・六%)を生み出し、鉱業とエネルギー産業によって、製造業は〔ゲルリッツにおける〕総付加価値の六八%を占めている。(中略)LEAG社[9]に直接雇用されている八〇〇〇人あまりの鉱業・エネルギー産業従事者に加え、(中略)鉱業と五〇〇社あまりの企業がエネルギー産業に直接的あるいは間接的に依存し、そのもとに約一万六〇〇〇人の従業員がいる。さらに重要なのは、この地域の他の産業の雇用主たちも大きな困難に直面していることである。[10]

こうして、これまで褐炭産業に依存してきた地域にはそれに代わる新たな産業が必要であり、とりわけラウジッツは、劇的な産業転換を実現させヨーロッパにおけるモデル地域となるべきというのが、最終報告書の提言であった。具体的には、ラウジッツでは次の産業部門への展開を促進するよう提言された。①エネルギー、②モビリティ、③バイオエコノミー、④最先端医療とツーリズム、⑤人工知能、などである。加えて、これらの産業の展開に欠かせない研究者や技術者を呼び込むためには、脆弱なデジタルインフラや交通インフラの改善が喫緊の課題と指摘されている。そしてそのために、次節で言及するように、インフラ開発の許認可手続きを加速することが必要との指摘すらなされている。

エネルギーやモビリティやバイオエコノミーといった産業の展開可能性が他の三地区でも指摘されているのに対し、再生医療や人工知能といった先端技術の開発拠点、さらにはそれらを用いた産業の展開が期待されているのはラウジッツのみである。「モデル地域」というワードが繰り返し使われているのも、ラウジッツに関する記述箇所のみである。これは、先に述べたように、ラウジッツが他地区に比べて脱褐炭の打撃を最も受けると見込まれること、そしてそれゆえに劇的な産業転換を行う必要があることを受けての、石炭委員会の見解であった。では、こうした石炭委員会の最終報告書やそこでの世代内公正への配慮を、ラウジッツの人々はどのように受け止め評価したのだろうか。

4　産炭地ラウジッツの反応

◎ラウジッツの概要

ラウジッツ（独 Lausitz）は、ドイツのブランデンブルク州とザクセン州、そしてポーランドにまたがる地域である（図14−1）。約一三〇万人が居住しており、そのうちドイツ側には約一〇〇万人（二〇二〇年末）が暮らしている[Staemmler Hrsg. 2021]。スラブ系の少数民族であるソルブ人とヴェント人の居住地域であったことでも知られる。とくにソルブ人は五〜六世紀頃からラウジッツに居住しており、二〇世紀までは都市部を除けば人口の大部分を占めていたが、一九世紀後半から行われたドイツへの言語的同化（ソルブ語からドイツ語へ）によって少数化していったという[Bayerl und Maier Hrsg. 2002]。

図14−1　ラウジッツの地理的な位置

出所：筆者作成.

産業面についてみれば、一九世紀前半までラウジッツは、人口の四分の三以上が農業に従事し、経済的にも産業的にも後進的地域であった。一九世紀前半には、褐炭が発見されたものの、当時は輸送インフラが不十分であったことから、採掘しても販売までのコストがかかる上、需要もまだ不安定であったため、この時期の褐炭採掘はラウジッツでの主要産業とはならなかった[Förster 1990]。こうした状況に変化をもたらしたのが、一八七一年のドイツ帝国建国とそれに続く建国熱であった。ラウジッツには鉄道インフラの充実がもたらされ、採掘後の褐炭の輸送コストが格段に低くなるなど、鉱業発展の基盤が形成された。一九世紀末にはラウジッツに都市部から資本家が集まり、それ以降、褐炭採掘・精錬はラウジッツの主要産業となっていく。とくに、一九二〇年代に採掘方法が立坑式からより効率的な露天掘りに変わったことによって、ラウジッツでの褐炭採掘はさらに拡大した。だがそれは同時に、地域住民に移転を強いるものであり、自然環境や景観の荒廃をもたらすものでもあった。一九二〇年代以降、ラウジッツでは一三〇を超える自治体が部分的にまたは全面的に露天掘りに侵食され、二万五〇〇〇人にも上る住民が転出を余儀なくされた[Bayerl und Maier Hrsg. 2002]。ソルブのことわざでは、「神がラウジッツを創り、悪魔がその下に褐炭を置いた」といわれている[11](**写真14―1・14―2**)。

このような広義のラウジッツのうち、石炭委員会が対象としたのはドイツ側のエリアである。それは、前述したようにブランデンブルク州とザクセン州にまたがるエリアであり、東西ドイツ時代には旧東ドイツに位置したエリアである。そしてそれゆえに、二〇一〇年代の脱褐炭という構造転換の前にも、東西ドイツ統一、すなわち東ドイツの消滅によって、深刻な大打撃を経験した地域であった。東ドイツ時代には、褐炭産業のほかにガラス産業、鉄鋼産業、繊維産業が活況を呈していたが、東ドイツの消滅に伴いそれらの産業は大部分が衰退した。多くの発電所や露天掘りが閉鎖され、褐炭関係の労働者の九〇%以上が解雇された[Gürtler u.a. 2020]。一九九〇年からの数年間で約九万人が職を失い、失業率は二五%に上った。一九九五年から二〇一五年の間に住民の五人に一人が、とりわけ若い世代がラウジッツを離れ、大都市や旧西ドイツ側へと転出していった[Staemmler u.a. 2020](**写真14-3**)。このため、この地域の人口構造はいびつになっており、ここ数年のうちに大量の退職者が出、二〇一二年を基準としてみたときに二〇三五年には三五%の

写真14-1・14-2
ラウジッツの褐炭露天掘りの様子(南ヴェルツォフ褐炭採掘場)
撮影:筆者

写真14-3　露天掘り跡の人工湖(パートヴィッツァー湖).
ラウジッツにあったSkado採掘場跡
撮影:筆者

労働力が減少することが予測されている[Seibert u.a. 2018]。こうして地域社会に大打撃を与え深刻な影響をもたらした一九九〇年代の構造転換は、ラウジッツの人々にとってトラウマともいえるものとなっている[Gürtler u.a. 2020]。そしてその傷も癒えぬまま、二〇一〇年代後半以降、ラウジッツの人々は、実に二度目の構造転換に直面しているのである。

◎ラウジッツ・ラウンドの取り組み

とはいえ、第一の構造転換はラウジッツの人々にトラウマのみを残したわけではなかった。第二の構造転換に直面した人々は、過去の経験を教訓に、より能動的に反応した。ラウジッツに位置する複数の自治体が、二〇一六年に連合組織「ラウジッツ・ラウンド(Lausitzrunde)」を発足させ、脱褐炭という地域の危機に集合的に向き合っている。シュプレンベルク市長とヴァイスヴァッサー市長が共同代表を務め、二一の自治体の首長がメンバーとなっているラウジッツ・ラウンドは、個々の自治体ではなくラウジッツ・ラウンドとしてまとまって連邦政府に要望書を提出したり、欧州委員会に出席したりしている。ラウジッツ・ラウンド共同代表の一人であるクリスティーネ・ヘルンティア(シュプレンベルク市長)は、一自治体の首長としてではなくラウジッツ・ラウンドを代表して石炭委員会の委員を務めている。さらに特筆すべきは、ラウジッツ・ラウンドから石炭委員会に要求書を提出している(二〇一八年七月)ことである。

要求書は、冒頭で「一九九〇年代のような構造的崩壊を回避するには、ラウジッツにおける褐炭からの撤退には確固たる産業政策と社会的措置とが必要である」と述べた上で、「従来の経済・

産業政策」とは異なる「特別の介入」および「例外的な手段と措置」として以下の提案をしている。①ラウジッツをヨーロッパのモデル地域とし、連邦政府とEUからの支援が得られるようにすること、②褐炭発電に代わる新たな産業を開拓するための資金援助とインフラ整備、③研究拠点としての発展のための支援、④職業訓練の充実のための支援、⑤インフラ整備や投資のための、認可手続きや環境アセスメントの簡略化、⑥自治体の衰退防止および再生のための財政支援、⑦産炭地域支援プロセスのモニタリングとコントロールを連邦政府、州、関連自治体の代表による運営委員会によって行うことなどである。[12] そしてこれらの項目は、前節で概観したように石炭委員会の最終報告書にほぼすべて盛り込まれている。

◎ラウジッツからみた石炭委員会「最終報告書」

こうして、ラウジッツ・ラウンドからの要求が盛り込まれた最終報告書に対して、ラウジッツ・ラウンド共同代表の一人であるクリスティーネ・ヘルンティアは、地元紙のインタビューに答えて次のように評価をしている。

> 報告書の産炭地域についての箇所は、関係者にとって大きな成功といえます。これは私個人の手柄ではありません。最終的には、私たちラウジッツ・ラウンドが二〇一六年のアンゲラ・メルケル首相(CDU)に宛てた書簡や先の石炭委員会への要求書で挙げた点は、すべて連邦政府への提言に盛り込まれました。(中略)ラウジッツがモデル地域になり、地元の権限

で〔構造〕転換が管理され、エネルギーやモビリティなどの産業分野がさらに発展するように、との要求が盛り込まれたのです。[13]

彼女が中心となって出した要求事項が盛り込まれており、ラウジッツの要望を汲んだ報告書となっていることへの好意的な評価である。組織としてのラウジッツ・ラウンドも、「報告書は関係者すべての譲歩の賜物」でありすべてが産炭地域の思惑どおりというわけではないことを示唆した上で、「報告書にはラウジッツ・ラウンドのメンバーの働きが反映されている」としてラウジッツ側の要望が盛り込まれた報告書となっていることにポジティブな評価をしている。[14] さらに、ヨーロッパのモデル地域となるための各種開発（エネルギー、モビリティ、バイオエコノミー、医療・ツーリズム、人工知能）について、優先順位を設けた上で即時に着手するよう声明も出すなど、[15] 最終報告書が示すプロジェクトに積極的な姿勢を示している。

だが、こうした受け止め方の一方で、最終報告書に至る過程での「譲歩」や「妥協」を否定的に評価した人々も少なくなかった。最も顕著に態度表明したのは、ラウジッツ内の自治体ヴェルツォウの村議会議員として石炭委員会の委員となっていたハンネロレ・ヴォトケである。彼女は二八名の委員の中で唯一、最終報告書に反対票を投じ、それゆえ同報告書は全会一致とはならなかった。彼女が報告書に異を唱えたのは、報告書が褐炭採掘企業LEAG社の計画する採掘場拡大を認める内容となっていたためである。LEAG社の採掘場拡大は、ヴェルツォウ村南部のプロシム地区の住民居住地域を飲み込むものであり、約三七〇名の強制移転を伴うことになる。[16] 一方では産炭地域の再生を謳いながら、他方でその破壊を許容するような報告書を、認めるわけにはいかなかったのである。

彼女以外にも、例えばラウジッツから選出されている左派党の連邦議員は、構造転換のための財政支援が旧東ドイツ側各州が要求した六〇〇億ユーロを大きく下回る四〇〇億ユーロにとどまったことに加えて、脱褐炭が決定しているにもかかわらずこの期に及んで採掘場が拡大されプロシム住民が脅威にさらされるのは、LEAG社への過剰な譲歩であり無責任であるとして強く批判している。Grüne Liga コトブスやBUNDブランデンブルク支部などラウジッツで活動する複数の環境団体や緑の党(ブランデンブルク州)も、プロシムでの露天掘り拡大とそれに連動したLEAG社イェンシュヴァルデ発電所の改修に歯止めをかけなかった最終報告書を強く批判した[17]。

こうした人々とは反対に、褐炭採掘の存続を求める声もラウジッツには根強い。褐炭採掘からの撤退に反対する市民団体「プロ・ラウジッツ」は、最終報告書の構造改革プログラムは具体性を欠くと批判するほか、環境運動団体の活動を気候ポピュリズムとして批判し、褐炭採掘の延命を訴えている[18]。住民の態度表明はより複雑であり、ラウジッツ住民の六九%が構造転換の方針自体にはおおむね賛成しているものの、同時に四九%が褐炭からの撤退には反対している[Bischoff und Heidig 2020]。排外主義を唱えて急成長した右派政党AfDは、二〇一九年九月のザクセン、ブランデンブルク両州の州議会議員選挙の際に、気候変動を否定し脱褐炭拒否をアピールし、ラウジッツの各選挙区で二五~四五%という高い得票率をマークした。東ドイツの消滅に伴う第一の構造転換が地域の劇的な衰退をもたらしたという記憶は、人々の間にいまだ根強く残り、それゆえ脱褐炭後の構造転換を楽観視する政治家や最終報告書に対して懐疑的な見方が強い［Staemmler u.a. 2020］。

このように、ラウジッツの域内でも最終報告書の受け止め方はさまざまである。それは、言葉を換えれば、ラウジッツの人々はおしなべて褐炭採掘の恩恵を受けてはきたものの、最終報告書は、その中で謳われている財政支援や地域開発プロジェクトの対象となりうる人々とそうでない人々、ＬＥＡＧ社による採掘場拡大で恩恵を受ける人々と被害を受ける人々、さらには報告書や州政府・自治体を信頼できる人々とできない人々といったように、住民の立場をより細分化し、これまでは不可視化されていた差異を顕在化させる役割を果たしたともいえる。

5　むすびにかえて

ここまで、ドイツにおける脱石炭・褐炭政策の中でも産炭地域への対応策をみてきた。脱石炭・褐炭が進めば、それまで石炭や褐炭を産出してきた地域は基幹産業を喪失し、大量の失業者が発生したり自治体の営業税収入が大幅に減少したりすることが予想される（写真14－4）。このことは、気候変動リスクを低減させるための、すなわち世代間不公正を是正するための政策によって、現在世代の中でも産炭地域の人々にその負担が偏ってもたらされるという世代内不公正の状態が生じることを意味する。このような状況に対して、ドイツでは、石炭委員会を設置し産炭地域に手厚く配慮することで、世代内不公正を最小限に抑えようとしてきた。石炭委員会は、産炭地域からの要望も取り入れながら、産炭地域への石炭・褐炭に代わる産業の誘致やそのためのインフラ整備などを盛り込んだ最終報告書を連邦政府に提出した。連邦政府は同報告書を受けて産炭地域の構造転換を政策化した。

写真14-4
ラウジッツにある褐炭火力発電所（シュヴァルツプンペ褐炭火力発電所）
撮影：筆者

こうした一連の動きは、原発閉鎖に伴い大きなダメージを受ける原発立地自治体が、基本的には自助努力での産業転換を余儀なくされているケースと比べるときわめて対照的である。脱石炭・褐炭での産炭地域への連邦政府の厚遇の背景には、原発と比べて石炭・褐炭の採掘・発電部門の労働組合の力が強いことに加えて、事業者に対する多額の補償金支払いおよび失業者対策と引き換えに、事業者からの訴追を免れようとする連邦政府の意向が存在することは確かである。[19] だが、それでもなお、産炭地域に対する公助を引き出した点で、石炭委員会の模索は一定程度評価できるし、事実、産炭地域からもおおむね好意的に受け入れられている。

しかしながら、ラウジッツでの評価でみたように、具体的な項目に関しては産炭地域内でも評価が分かれる。最終報告書が「譲歩」と「妥協」の産物であると評されるように、すべてのアクターにとって十分に満足のいくものとはなっていない。ラウジッツ内でもさらに格差が存在するし、それゆえ不公正な状態が生み出されようとしている。さらに、ドイツ国内の各産炭地域の間でも、再生支援の程度や採掘場閉鎖の期限をめぐって差が生じうる。例えばラウジッツが厚遇されているとみなす他の産炭地域の人々が、不公平感を募らせる可能性もある。

加えて注意すべきは、新たな産業誘致やインフラ整備を迅速に進めるために、許認可手続きや環境アセスメントが簡略化される可能性があることである。第4節で述べたように、ラウジッツ・ラウンドからの要求書での「インフラ整備や投資のための、認可手続きや環境アセスメントの簡略化」がそのまま最終報告書に盛り込まれ、「インフラ整備のための許認可手続きの加速化が必要」との提言がなされている。そもそも産炭地域の構造転換とは開発行為である。その際に許認可手続きや環境アセスメントが簡略化ないしは省略化されれば、自然環境や生活環境が新たに脅かされ、ネガティブな影響が世代を超えてもたらされる恐れもある。すなわち、世代内公正に配慮して産炭地域の振興策を加速させることが、今度はまた新たな世代間不公正を生み出しかねないのである。

これらの課題に対して、連邦政府や地元自治体がまったく無策なわけではなく、例えばラウジッツでは構造転換に際した市民参加のプロジェクトが立ち上がっている。先に述べたように、ラウジッツでは一九九〇年代以降、人口の流動性が高く、流出人口が圧倒的に上回りつつも新たに流入してきた人々もいた。そして、このプロジェクトの担い手となる世代には、その新たに移入してきた人々が多い。数世代にわたって住み続けてきたわけではない彼らがラウジッツの将来を構想するとき、世代を超えたタイムスパンで地域社会への想像力を働かせうるかが問われている。

世代内公正と世代間公正がジレンマ状態になったとき、それを解くことは容易ではない。ただ、そうした「やっかいな問題」を解決しようと試み、模索を続けることで、双方の不公正を低減させたり最小化することは可能である。ドイツの石炭委員会の模索は、課題を残しつつも、世代間公正と世代内公正のジレンマを解く手がかりを示しているだろう。脱石炭・褐炭に伴う産炭地域対策は現在進行中のプロジェクトである。石炭委員会最終報告書が提言した、産炭地域支援プロセスのモニタリングとコントロールがいかになされるか、すなわちいずれかの不公正が予見された際にそのつど軌道修正できるかが、ジレンマを解きほぐす鍵になるだろう。

註

(1) 二〇一八年八月、スウェーデンの高校生(当時)グレタ・トゥーンベリが新学期の初日から学校を休んで国会議事堂前で始めたストライキに端を発する。ストライキは一〇代の若者を中心に国境を越えて次第に拡大していき、二〇一九年三月の一斉行動では、さまざまな国と地域で一六〇万人以上を動員した。

(2) 気候変動キャンプは、イギリスやドイツなどで一九九〇年代から取り組まれてきた。アクティビストたちがコミューンを形成して、再生可能エネルギーなどの自家発電で電力をまかないながら生活し、脱石炭、脱原発を訴える活動である。ツリーハウス・アクションとしては、二〇一八年九月に、ノルトライン゠ヴェストファーレン州のハンバッハの森で大規模な抗議行動が展開された。ハンバッハの森は、RWE(ライン・ヴェストファーレン電力会社)による褐炭採掘の拡大に伴って伐採されることになっており、アクティビストたちが森林伐採、ひいては褐炭採掘に反対して、大がかりなツリーハウスを形成し森を占拠した。

（3）CDU・CSU・SPD連立協定（二〇一八年三月一四日）。"Ein neuer Aufbruch für Europa, Eine neue Dynamik für Deutschland, Ein neuer Zusammenhalt für unser Land" (https://www.bundesregierung.de/Content/DE/_Anlagen/2018/03/2018-03-14-koalitionsvertrag.pdf?__blob=publicationFile&v=6)［アクセス：二〇二一年六月二〇日］。

（4）Matthias Platzeck（元ブランデンブルク州首相／SPD）、Ronald Pofalla（ドイツ鉄道取締役／CDU）、Prof. Dr. Barbara Praetorius（経済学者／シンクタンク「アゴラ・エネルギーヴェンデ」元副所長）、Stanislaw Tillich（元ザクセン州首相／CDU）の四名。

（5）二四名の内訳は、社会科学者二名、自然科学者四名、環境運動団体から三名、産業界から五名、インフラ関連事業から三名、労働組合から二名、産炭地域から六名（二〇一八年八月に一名が入れ替わっているため、延べ二五名）。詳しくは、石炭委員会のウェブサイト（https://www.kommission-wsb.de）を参照のこと。

（6）同法の主な内容は次のとおりである。①遅くとも二〇三八年までに石炭・褐炭による火力発電をすべて廃止、②二〇二二年末までに石炭および褐炭による発電をそれぞれ一五ギガワットに削減、③二〇三〇年末までに石炭火力発電を八ギガワット、褐炭火力発電を九ギガワットに削減、④石炭・褐炭の代替としては再生可能エネルギーを用いる、⑤発電所や採掘の職を失う五八歳以上の従業員には調整手当を支給（年休受給年齢に達するまで最長五年間）、⑥石炭・褐炭発電による副次的な熱供給の代替としても再生可能エネルギーによる熱を利用するよう促進する、⑦褐炭採掘拡大のために計画されていたハンバッハの森の伐採は行わない。

（7）連邦経済エネルギー省（BMWi）ウェブサイト（https://www.bmwi.de/Redaktion/DE/Textsammlungen/Wirtschaft/strukturstaerkungsgesetz-kohleregionen.html）［アクセス：二〇二一年六月二三日］。

（8）これは、石炭採掘ではドイツ最後の炭鉱が二〇一八年一二月に閉山することがすでに決まっており終息がみえていたのに対し、褐炭採掘では採掘企業による新たなサイト拡大が計画されるなど依然として多大な収益が見込まれており、脱褐炭による損失が大きく見積もられていたためと考えられる。

(9) ラウジッツ・エネルギー運営有限会社(Lausitz Energie Verwaltungs GmbH)の略。傘下に、ラウジッツ・エネルギー鉱山株式会社(Lausitz Energie Bergbau AG)とラウジッツ発電株式会社(Lausitz Energie Kraftwerke AG)を有する。チェコのプラハに本拠地を置く株式会社 LEAG Holding a.s. が出資、運営を行っている。

(10) 連邦経済エネルギー省ウェブサイト "Abschlussbericht Kommission „Wachstum, Strukturwandel und Beschäftigung"," S. 74 (https://www.bmwi.de/Redaktion/DE/Downloads/A/abschlussbericht-kommission-wachstum-strukturwandel-und-beschaeftigung.pdf?__blob=publicationFile)[アクセス:二〇二一年六月二三日]。

(11) 原語では、"Gott hat die Lausitz geschaffen, aber der Teufel die Kohle darunter gelegt"。正確な起源は不明であるが、一九世紀前半頃からの流布とみられる[Bayerl und Maier Hrsg. 2002]。

(12) 地元紙 Lausitzer Rundschau (二〇一八年七月二九日付)の記事、"Hausaufgaben für die Strukturentwicklung" より。

(13) 地元紙 Lausitzer Rundschau (二〇一九年一月二七日付)の記事、"Warum die Spremberger Bürgermeisterin den Kompromiss der Kohle-Kommission gut heisst" より。

(14) 二〇一九年一月二八日付のラウジッツ・ラウンドの声明 (https://www.lausitzrunde.com/index.php/35-lausitzrunde-beteiligt-sich-aktiv-an-der-umsetzung-der-massnahmen-der-kommission-wachstum-strukturwandel-und-beschaeftigung)より。

(15) 同前。

(16) ブランデンブルク州の地元紙 Märkische Allgemeine の、ハンネロレ・ヴォトケへのインタビュー記事(二〇一九年一月二九日付)より。

(17) 地元紙 Lausitzer Rundschau (二〇一九年一月二七日付)の記事、"So reagieren Lausitzer auf den Bericht der Kohlekommission" より。

(18) プロ・ラウジッツのウェブサイト上での声明 (https://www.pro-lausitz.de/index.php/chronologie.html?page_n28=6)より。プロ・ラウジッツは二〇一一年発足の組織で五〇〇名程度の会員を有する。

(19) 二〇二一年二月一〇日に、連邦政府と褐炭発電事業者四社(RWE、LEAG、EnBW、Saale Energie)は二〇三八年までにドイツ国内での褐炭発電を終了させる協定を正式に署名した。これにより、各事業者は連邦政府から多額の補償金を受け取ることになった(例えば、LEAGは東部ラウジッツ発電所と褐炭採掘に対し一七億五〇〇〇万ユーロの補償)。加えて、失業に伴う移行手当の支払いや公的年金制度での不利益への補償も確約された。こうした補償を盛り込んだ協定に署名することと引き換えに、事業者は、国内の裁判所でも国際仲裁裁判所でも、褐炭発電所閉鎖に対して訴訟を起こせないことになっている。これは、原発の閉鎖をめぐって個々の電力会社と連邦政府との間でいまだに係争中である、脱原発時と同様の事態の再来を、連邦政府があらかじめ回避したとみることができる。

第15章

ドイツの小規模分散電源とデジタル化を活用したエネルギービジネス

西村健佑

1 はじめに——エネルギー転換とは

ドイツはエネルギー転換にいち早く取り組んできた国の一つであろう。その歴史は一九八〇年まで遡るが、本章では現在的な意味でのエネルギー転換とその課題について述べる。

二一世紀になって以降、デジタル技術が普及し始め、ドイツの再エネ環境は大きく変化しつつある。その変化は主に、「再エネ電力を熱や交通でも利用する」「大規模集中型から小規模分散型電源へ」の二つである。この二つの変化はエネルギー利用の構造を根幹から変えようとしており、ドイツはさまざまな課題に直面している。

本章では、ドイツが直面する課題を、①電力・熱・交通部門をまたぐエネルギーシステムを整備する、②太陽光や風力といった出力が変動する小規模分散の再エネ電源を電力システムに統合する、③エネルギー転換の恩恵を市民に届ける、の三つととらえる。ドイツが求めているのはこの転換を推進するイノベーションである。それは政策であったり、ビジネスモデルであったり、時には市民社会であったりする。

以下、本章ではまず、なぜエネルギー転換が必要かを説明し、二つの大きな変化が起こる流れを再エネ電力の特徴から整理する。その後、ドイツの流れを概観し、エネルギー転換によって起こるデジタルエネルギービジネスについて、代表的な例を引きながらドイツの構造的な変化とイノベーションをみていく。

2 カーボンニュートラルと低コストな再エネ電源

近年、SDGsなどの関連用語まで含めれば、気候変動や気候政策について耳にしない日はないだろう。中でも政策として重視され始めているのが、将来的に自国の温室効果ガス排出量を実質ゼロにする「カーボンニュートラル」であり、各国がカーボンニュートラル目標や達成時期を競うように公表している。日本政府も二〇五〇年のカーボンニュートラル到達という目標を掲げており、低炭素な電源ミックスや日本の再エネ電力のポテンシャルなどの議論が毎日のようにメディアを賑わせている。本章で紹介するドイツも状況は同じである。エネルギーセクターはドイツの温室効果ガス排出の八五%を占めており[1]、政府は二〇〇〇年から固定価格買取制度(FIT)

を導入して大規模に再エネ電源を推進してきた。

電力の脱炭素化はカーボンニュートラル実現に重要な要素であるが、他方で電力はエネルギー消費全体の一部にすぎないことも忘れてはならない。二〇一九年のドイツの最終エネルギー消費量二兆三九一〇億キロワットアワーのうち、全体の五〇・九%が熱、二七・五%が輸送エネルギーとして消費されており、電力は二一・七%と最も小さい[2]。そのため、電力をグリーンにするだけではカーボンニュートラルは達成できない。

ドイツ政府は気候保護法において、一次エネルギーにおける再エネ導入目標や各部門の省エネ目標を定めている。以前のドイツの温室効果ガス削減目標は、二〇五〇年までに九〇年比八〇〜九五%だったが、若者たちがこの目標では不十分だと憲法裁判所に訴えた。結果は若者の主張が認められ、気候保護法の内容は一部違憲と判断された。判決を受けて、政府は気候目標を二〇四〇年までに九〇年比八八%削減に強化し、さらに二〇三〇年までの産業、交通、建物など部門ごとの具体的な目標も策定した（図15-1・15-2）。脱炭素化は省エネと再エネの推進の両軸で進められる。

ドイツの再エネ化は電力部門が抜きん出ていることは事実である。電力の最終消費に占める再エネの比率は四五・四%であるのに対して、熱は一五・二%、交通は七・三%とかなり遅れており[3]、このままではドイツが掲げる「エネルギー転換」は実現できない。エネルギー転換とは再エネを中心としたクリーンなエネルギーシステムを構築するという意味だが、そのためにも熱と交通部門の徹底した省エネとともに、やはり再エネ比率を大幅に引き上げなければならない。

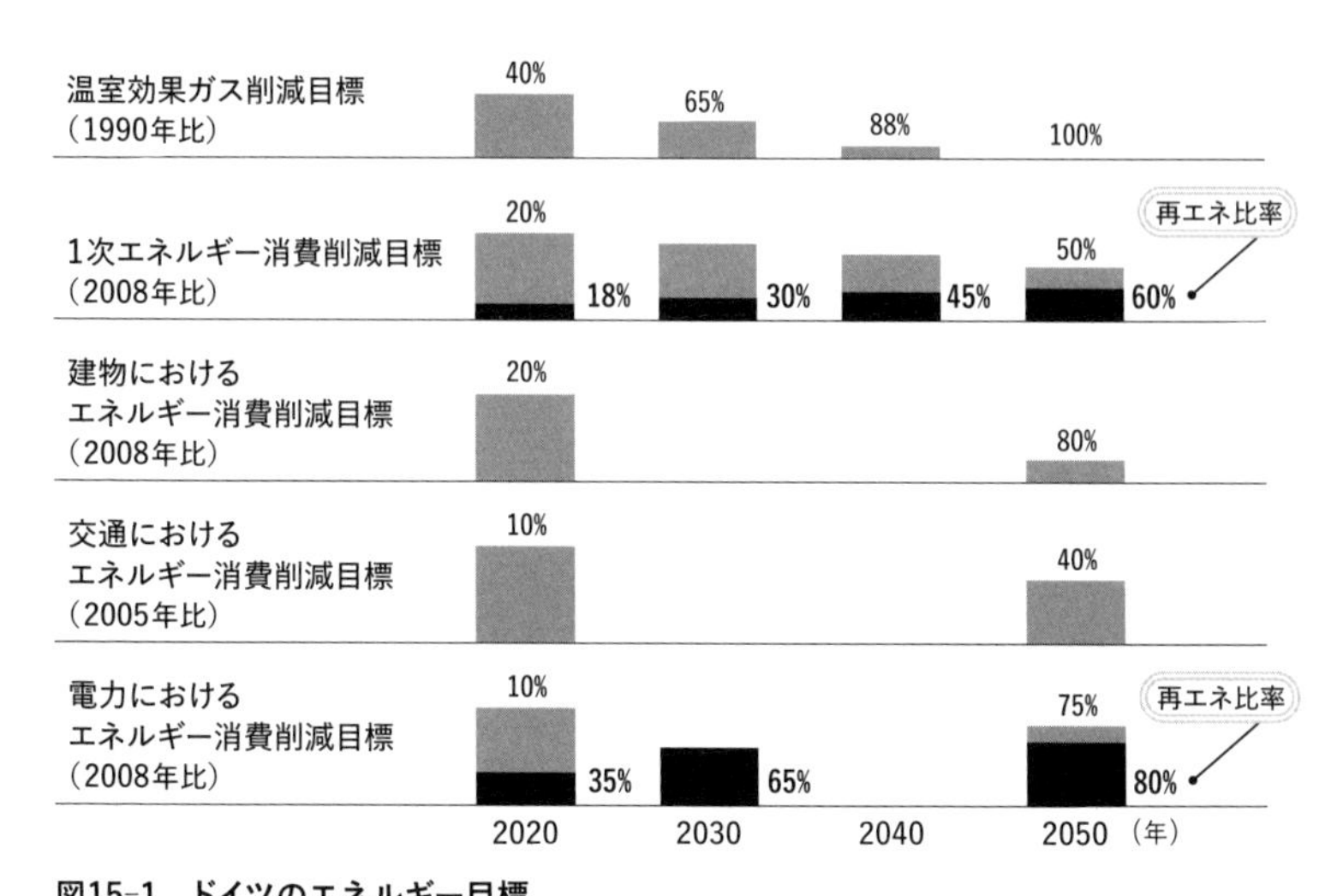

図15-1　ドイツのエネルギー目標

出所:気候保護法などから筆者作成.

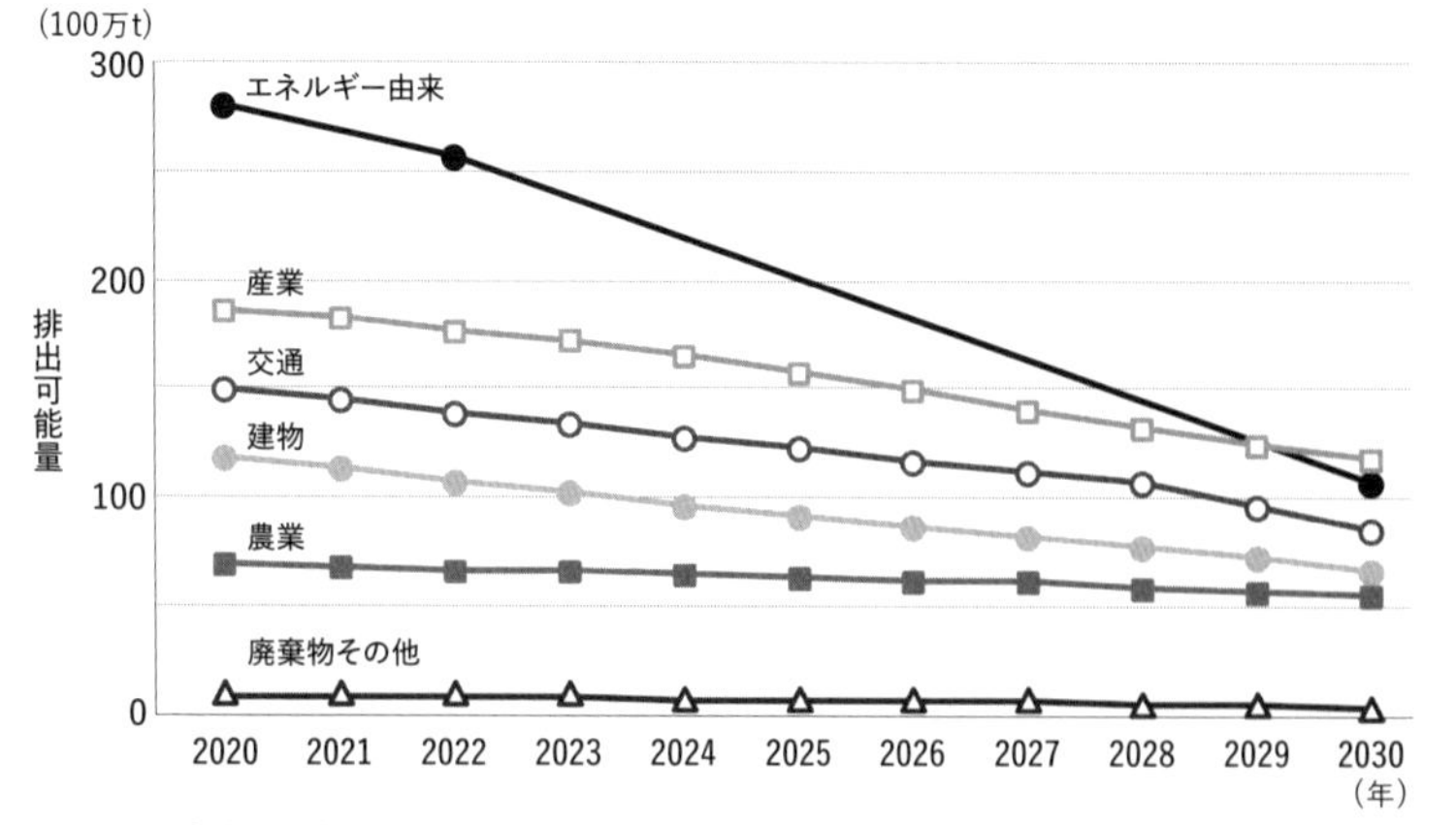

図15-2　気候保護法が定めるセクターごとのCO_2排出可能量

出所:気候保護法などから筆者作成.

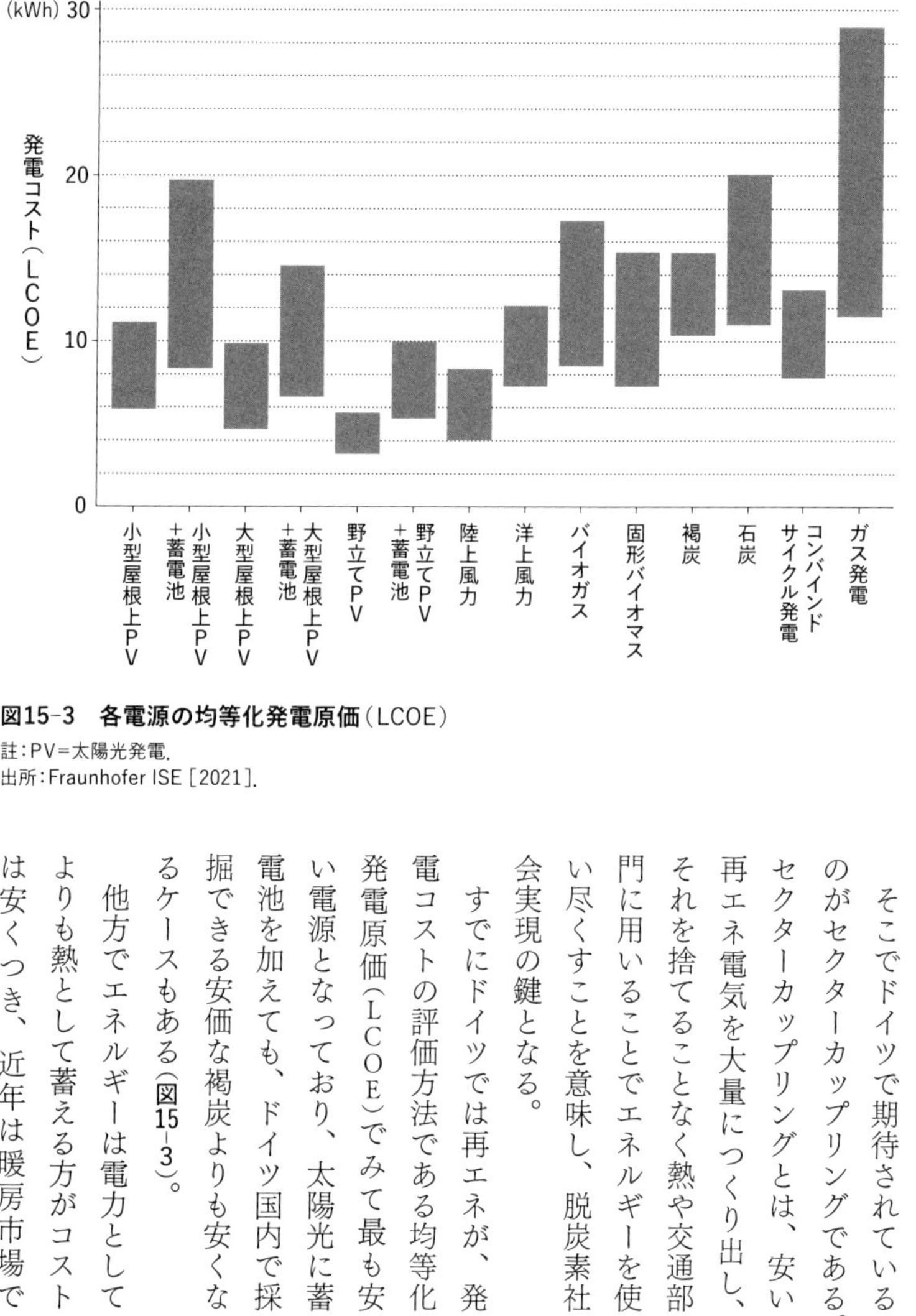

図15-3　各電源の均等化発電原価(LCOE)

註:PV=太陽光発電.
出所:Fraunhofer ISE [2021].

そこでドイツで期待されているのがセクターカップリングである。セクターカップリングとは、安い再エネ電気を大量につくり出し、それを捨てることなく熱や交通部門に用いることでエネルギーを使い尽くすことを意味し、脱炭素社会実現の鍵となる。

すでにドイツでは再エネが、発電コストの評価方法である均等化発電原価(LCOE)でみて最も安い電源となっており、ドイツ国内で採掘できる安価な褐炭よりも安くなる太陽光に蓄電池を加えても、ドイツ国内で採掘できる安価な褐炭よりも安くなるケースもある(図15-3)。

他方でエネルギーは電力としてよりも熱として蓄える方がコストは安くつき、近年は暖房市場でヒートポンプが伸びているほか、地中に熱を蓄える季節間蓄熱技術を用いる地域熱・冷熱プロジェクトも増えている。また電気自動車の登録台数も二〇二一年八月に一〇〇万台を超えた。一〇〇万台のうち五四%がバッテリーのみの電気自動車（BEV）で、四六%がプラグインハイブリッド（PHV）となっており、BEVがPHVを上回り、[4] セクターカップリングに必要な環境が整いつつある。このセクターカップリングをどう実現するかが本章冒頭に掲げた①の課題の答えとなる。

3 大規模集中型から小規模分散型へ

エネルギー、とりわけ電力は大規模集中型で発展してきた巨大なシステムである。発電設備は火力や原子力の大きいもので一〇〇万キロワットになり、国中に張り巡らされた送配電網を通じて、巨大な発電所でつくられた電力が需要家に届けられている。日本の最大ピーク需要は、過酷な猛暑日で一億六〇〇〇万キロワット（一六〇ギガワット）を超える程度と想定されており、ドイツは七八〇〇万キロワット（七八ギガワット）である。仮にすべての電源が一〇〇万キロワットで全電源が問題なくフル稼働すれば、日本では一六〇基、ドイツでは七八基で全電力需要をまかなえることになる。実際には点検での停止などもあり、発電容量はピーク需要よりも多く確保する必要がある。

他方、日本でもドイツでも急速に成長している再エネ電源は、最大のものでも洋上風力の一万二〇〇〇キロワット級であり、最も普及している屋根上太陽光は数キロワットにすぎない。巨大な需要を満たすためには、文字どおり桁違いの数の再エネ電源が必要であり、エネルギー転換が進むなかで、電力システムは大規模集中の頑健なシステムから小規模分散の複雑なシステムに置き換わることとなる。

連邦統計局によれば、二〇二〇年現在、ドイツ全体では一九一二万九〇〇〇基の電源が系統に接続されている。最も多いのは太陽光の一八一万基で、その多くが屋根上太陽光である。また陸上風力も三万基、バイオマス設備も一万二〇〇〇基が稼働している。[5] 発電容量でみると太陽光が五四ギガワット、洋上風力が七・七ギガワット、陸上風力が五四・八ギガワット、バイオマスが八・三ギガワット、揚水発電が三・九ギガワット、小水力が三・九ギガワットで合計一三〇ギガワットが再エネである。ドイツのすべての発電容量の合計が二一六・七ギガワットなので、実に六〇%が再エネ電源ということになる。すでに再エネ電源は最終電力消費量の四五・四%を占めており、系統を流れたネットの発電量では五〇・九%が再エネとなっている(図15-4)。再エネはドイツの主要電源の地位を占めているといえる。

そこで出てくる課題が、再エネの出力の変動をどう制御するかである。太陽光や風力は均等化発電原価(LCOE)が低いと評価されているものの、発電量が天候等によって左右される。

一般に電力は送配電系統を通じて需要家へ届けられるが、その系統は主に交流で運営されている。交流系統で停電を起こさないためには系統内の周波数を一定に保つ必要があり(ドイツを含むEUは五〇ヘルツに統一されている)、そのために電力の需要と供給の量を常に一致させなければなら

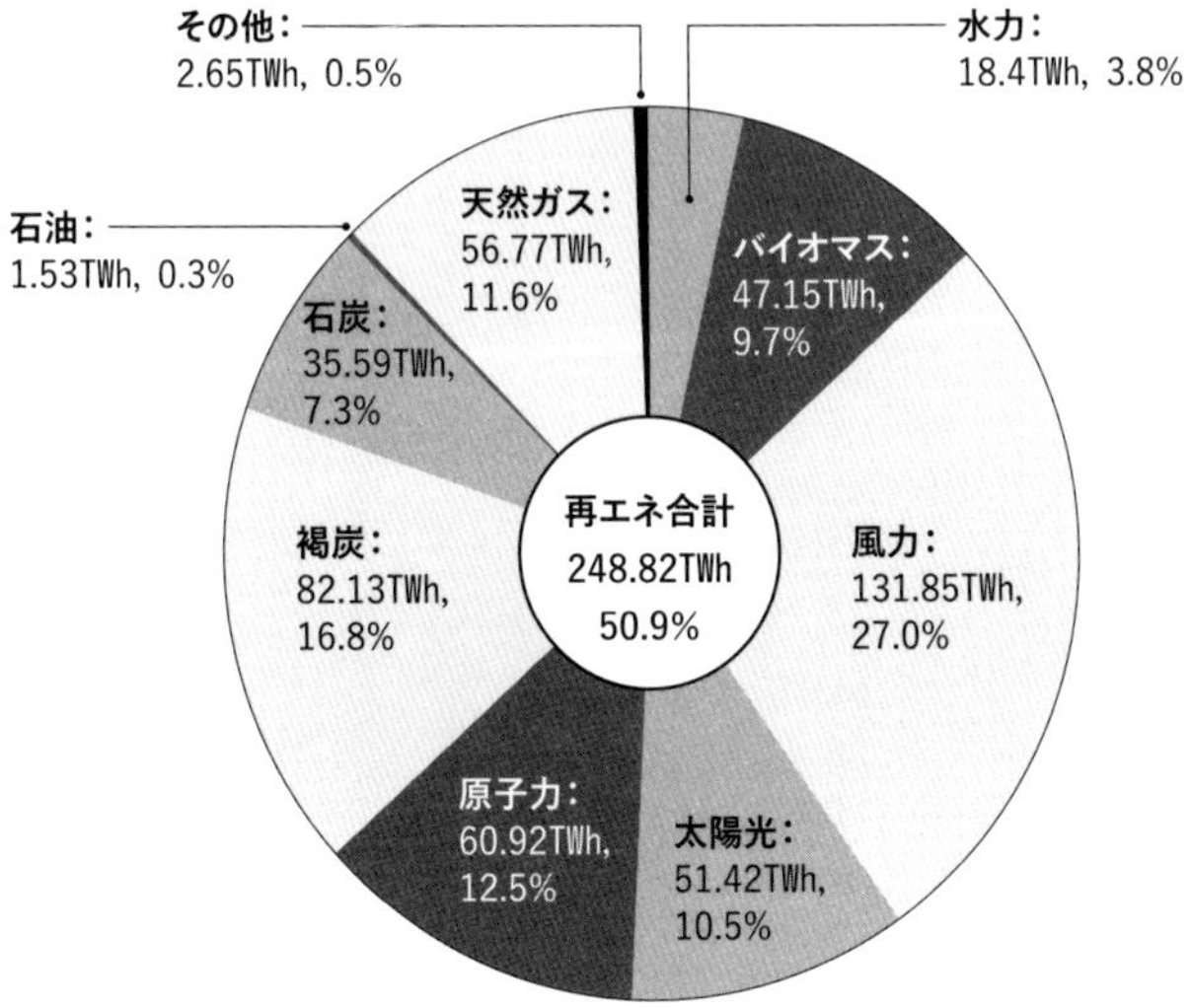

図15-4　2021年の各電源のネットの発電量とその割合（テラワット時）

出所：Fraunhofer ISE, "Energy-Charts," 2021
（https://energy-charts.info/charts/energy_pie/chart.htm?l=en&c=DE&year=2020&interval=year）
から筆者作成.

ない。これまでは、電力は蓄えることができない（より正確には蓄電技術はコストがかかりすぎる）ため、刻一刻と変化する需要量に合わせて、限られた発電事業者（多くは垂直統合の電力会社）が火力や揚水発電の発電量を変化させることで需給一致を図ってきた。このような短時間の需要変動に対応して発電量を調整することを「シワ取り」と呼び、瞬間的な周波数変動に対応できる電源を調整電源と呼ぶ。

ところが発電量が天候に左右される太陽光や風力が大部分を占めるシステムでは、発電側だけでは需給を一致させることは難しくなり、調整電源は需要と再エネでの発電量の変動の両方に対応できる性能が求められる。また再エネも調整力を担うことが求められており、これまでとは違う形で系統の周波数を保つ必要が出てきている。

再エネの普及が始める前、ドイツの発電所の数は約四〇〇とも一〇〇〇基ともいわれるが概して少なかった。しかし再エネ電源は二〇〇万基に届こうとしており、まだまだ増やさなければならない。加えてセクターカップリングを実現しようと思えば、エネルギーネットワークにつながる機器の数は億単位になるだろう。従来のせいぜい数千基の電源を前提とした電力システムではこの複雑なシステムは管理できないため、再エネ電源を統合するための新たな電力システムが求められる。これが本章冒頭の②の課題である。

4 エネルギー転換の歴史

続いて、本章冒頭に掲げた③の課題は、ドイツのエネルギー転換の歴史と関わりが深い。ドイツでエネルギー転換という単語が初めて使われたのは一九八〇年である［Krause u.a. 1980］。七〇年代の石油危機後、海外資源に依存するエネルギー供給構造の見直しの中で省エネが強く意識されていた時代であり、エネルギー転換は日本と同じく省エネ推進を意味していた。当時の電力供給は発電、送配電、電力小売を一社で担う垂直構造の地域独占になっていた。市民は電力会社や電力メニューを選ぶことはできず、たとえ再エネ電力メニューを望んでも電力会社がノーと言えば不可能であり、電源ミックスの変革まで踏み込むことは難しかった。

そんななか、一九八三年に北ドイツ、ペルヴォルム島にドイツ初で当時世界最大の三〇〇キロワットの野立て太陽光発電設備が設置された。石油危機後のエネルギー供給が見直されるなか、自立できるエネルギー源として期待された太陽光の実証の場として北ドイツの島が選ばれた［Bruns u.a. 2010］。設備は二〇〇四年にリパワリングされているが、八〇年代の太陽光発電パネルは二〇年近く稼働した。

一九八六年、現在のウクライナでチェルノブイリ原発事故が発生。南部を中心にドイツも大きな被害を受け、きのこ狩りやジビエ料理（野生鳥獣の肉料理）が今も制限されている。この事故をきっかけに自分たちの使う電気を自分たちで決めようという機運がますます高まり、南ドイツの人口二五〇〇人の村シェーナウでは、住民が太陽光発電を推進するように地元の電力会社に求めたがその対応は鈍かった。そこで自分たちの欲しい電源を優先的に系統に接続するため、市民が自ら配電系統を取得する運動が活発化する。一九九一年にシェーナウ電力が設立され、再エネ電力を使うために市民が自ら配電系統を運営する取り組みが始まった［田口 2012］。他方で一九八八年には現在の大手電力会社の一つ、RWE（ライン・ヴェストファーレン電力会社）が三四〇キロワットの太陽光発電設備を導入している［Fray 2012］。

一九九〇年には南ドイツのノインブルク・フォルム・ヴァルトで三六〇キロワットの太陽光と水電解装置による水素生産の実証が行われた［SWB n.d.］。これはドイツでは最初のパワートゥガス（Power to Gas）の大規模実証になる。同じ年にドイツ政府は太陽光推進プログラム「一〇〇〇の屋根プログラム」を開始し、市民の家庭の屋根の上二二五〇カ所に五キロワットの太陽光パネルが設置された［Wiese u.a. 1992］。

しかし、九〇年代に最も成長した再エネ電源は風力発電だった。一九九〇年に施行された初期の再エネ電力買取制度「電力供給法」の追い風も受け、一九九〇年にはドイツ初のウィンドパークが建設された。当時の風車は一基三〇キロワットから二五〇キロワットと小規模だったが、風力発電の総発電容量は二〇〇〇年までに四三五四メガワットまで成長した(6)。

このように、ドイツのエネルギー転換は小規模な電源を中心に、時に市民が先導した変革という性格が強く、市民を抜きにしたエネルギー転換は考えられない。後述するように二〇〇〇年以降はＦＩＴ制度によって、より市民を中心とした再エネ電源投資が強まっていく。

5　電力市場自由化、再エネ法と再エネ電源の成長

ドイツは二〇〇〇年に再エネ電源のためにＦＩＴ制度を導入した。ＦＩＴは再エネ電源が発電した電力を一定期間あらかじめ定められた価格で買い取る制度である。日本との違いは、同時に再エネ電力の全量買い取りと優先接続を定めた点にある。系統全体で電力が供給過剰状態になるのを防ぐために、再エネ電源の発電量を減らして系統内の電力量を調整する出力抑制を受けた再エネ電源には補償金が支払われる決まりであり、再エネ電源開発の採算性が明確になったことが再エネ電源投資を後押しするとともに、買取価格を低めに抑えることも可能にした。そのため投資回収はできるが利益は少ない条件になり、大手電力会社よりも市民の投資による再エネ電源開

発が多かった。結果、FITはドイツの再エネ電源の拡大に大きく貢献した。

二一世紀のもう一つの大きな変化が電力市場の自由化である。ドイツは一九九八年に電力市場の完全自由化を行った。これはEUの競争政策の一環であり、再エネ推進とは直接の関係はないが、再エネを専門に扱う電力小売が誕生したことは大きかった。これまでは電力小売価格に比べて非常に高額な太陽光に投資できる人しか電源を選択することができなかったが、自由化以降は誰でもそれなりの値段で好きな電力を選ぶことができるようになった。一九九八年のナトゥアシュトロームとリヒトブリック、翌年のグリーンピースエナジーなど、この当時に今の主要な再エネ電力小売が設立されていった。

また電力自由化により小売以外の電力ビジネスも大きく変わっていった。例えば、自由化以前は大規模集中型の火力電源が出力を調整することで周波数調整の中心的な役割を担っていたが、自由化後の二〇〇六年から二〇一〇年にかけて、送電系統運営者が共同で市場を通じてこの調整電源を調達する仕組みに変更された。その結果、数多くの小規模電源も調整電源市場に参加することができるようになり、小規模分散型電源をネットワークにつないで遠隔制御するといった革新的な技術を持った事業者が生まれるきっかけとなった。

6 デジタル技術による構造変化——独占の崩壊から市民の所有へ

小規模分散型電源の普及で電源の所有構造は大きく変化した。二〇一九年末時点で火力などの従来電源では九〇・二ギガワットのうち、五七・五％を大手発電事業者五社（RWE、EnBW、Uniper、Vattenfall、LEAG）が所有しているが［BNetzA 2021］、再エネは全体の五・八％しか所有していない[(7)]。再エネ電源は多くが市民の所有であり、屋根上太陽光を中心に個人が三〇・二％、バイオマスを中心に農家が一〇・二％、事業者が一三・二％と半数以上がそれまで電力ビジネスとは無縁だった主体である。また公有電力会社シュタットベルケ（Stadtwerke）も一一・四％を所有している。

シュタットベルケは自治体が所有する公有会社で、電力、ガス、通信、公共交通などのインフラ管理、運営を担う企業であり、主に所有する自治体の域内で地域に根ざした事業を行う。配電系統の運営も行っており、電力やガスは中低圧で垂直統合ビジネスを行っている。ドイツ国内には一〇〇〇社以上あり、市民にとって身近な存在である。自治体が所有しているため、ドイツでは広義の市民所有に含まれることも多い。

所有構造だけでなく、再エネ電源が直接連係しているインフラにも変化があった。大規模電源は高圧送電系統に接続され、基本的に電力は電圧の低い方向、需要家に向かって一方向に進むのみである。しかし再エネ電源は九五％が中低圧の配電系統に接続され、電気の流れは電圧の高い方と低い方の双方向に流れる［Moser 2017］。しかも配電系統の運営者が九〇三社もある［BDEW 2021］。ドイツでは電源だけでなく、系統も分散的に所有されるために調整が必要であり、それは時にオーケストラにたとえられる。しかし電力のオーケストラをまとめ上げるのは一人の優れた指揮者ではない。膨大な数のデータである。太陽光や風力の発電量の予測、リアルタイムの電力需要、電力卸市場のデータなど膨大な数の情報がデジタル化されて瞬時にＡＩによって分析される。

この分析結果を用いるのがアグリゲーターと呼ばれるまったく新しいプレーヤーである。アグリゲーションとは、集合する、集成するといった意味で、アグリゲーターは集めるものといった意味である。ドイツではアグリゲーターが電源や需要家を束ね、それらが提供する膨大なデータを用いて電力供給の最適化を行っている。彼らのデジタル技術は先に挙げた三つの課題を解決できる可能性を持っている。

◎パイオニア Next Kraftwerke と Sonnen とビュルガーベルケ

日本にも進出しているとくに有名な企業に、Next Kraftwerke（以下、N社）と Sonnen がいる。N社は典型的なデジタルアグリゲーターであり、Sonnen は家庭用の蓄電池を用いるアグリゲーション技術が特徴的な企業である。

N社はドイツ最大のアグリゲーターの一つである。設立は二〇〇九年。設立当初は、普段は使われない非常用電源や需要家側の設備などを遠隔制御して調整電源として活用するビジネスを行っていた。さらに、再エネ電源の支援がＦＩＴ制度から市場で取引してその後に支援を受け取る市場プレミアムに変更されて以降は、再エネ電源も積極的に取り込んできた。

このような一つのネットワークにつながった電源をまとめて「プール」と呼ぶ。二〇二一年前半には同社は一万一〇四九の設備をネットワーク化しており、そのプールの容量は九ギガワットになっている。[8] N社はプール内のさまざまな電源を遠隔制御してプール内の需給を一致させるバランシングを行う。この需給調整がうまくいかず、ズレが生じてインバランスを発生させると事業者は罰則を受ける。同時にそのズレを埋めるために調整電源が稼働する。風車や太陽光発電の一基一基は出力が変動するが、N社は多数の設備をネットワーク化することによる均し効果と細かな遠隔制御によってプール全体での適切な電力の供給を行うのである。

また、制御可能な電源については、調整電源としても利用し、能動的に安定供給に貢献している。もちろん調整電源としての活用やプール化によるバランシングは従来から大手電力会社の大規模電源でも行われていたが、N社のようなデジタル技術を競争力の核として、自らは電源を所有せずに小規模電源によってプールを構築し、大手電力会社と同じ機能を提供するケースは例がなかった。

そして最近では水電解装置や、電気自動車の充電設備もプールに取り込むようになっており、セクターカップリングと再エネ中心の安定供給という二つの課題に取り組んでいる企業である。

Sonnen は家庭用蓄電池メーカーとして出発したが、すぐに自社の販売した蓄電池をネットワーク化するデジタルビジネスを開始した。太陽光発電設備につながった家庭用蓄電池数万基をネットワーク化し、Sonnen コミュニティと彼らが呼ぶ蓄電池で構成されたプール内で融通し、さらには調整電源としても活用している。数キロワットの小さな電源を調整電源として活用するなど、一〇年前は技術的に困難だったことが実現しているのは、デジタル化による急激な市場環境の変化の成果といえるだろう。

太陽光と蓄電池を組み合わせた電力コストが電力小売価格を下回る「バッテリーパリティ」を迎えたドイツでは、太陽光と蓄電池を所有して自家消費する方が経済メリットがあり、普及が進んでいる。Sonnen はこうした環境を利用し、お天気次第の太陽光と蓄電池を組み合わせることで系統の安定供給を担っているのである。

さらに Sonnen は太陽光と蓄電池からホームエネルギーマネジメントシステム（HEMS）へとビジネスを広げている。セントラルヒーティングが中心のドイツでは近年、暖房機器としてヒートポンプが普及拡大しており、Sonnen はHEMSを通じて暖房機器を遠隔操作することで太陽光の電気を蓄電池や蓄熱装置に振り分ける、バッテリー式電気自動車（BEV）の充電に使うといった制御を可能にしている。家庭内でセクターカップリングを実現しているのである。Sonnen は①と③の課題への回答を示しているといえる。

N社や Sonnen はデジタルエネルギービジネスのパイオニア的スタートアップだが、それ以外にもさまざまな企業がデジタル技術を用いた新たなビジネスを開始している。その一つが地産地消モデルである。

すでに述べたように、ドイツには市民が出資した再エネ電源が数多く存在する。こうした市民出資の多くは個人が資金を出し合って設立した「エネルギー協同組合」を通じて行われ、地域にとって重要な収入源となっている。しかも、それは化石燃料という国外資源を通じて流出してきた経済価値を地域に残すものである。

エネルギー協同組合はこれまでFITや全国区のアグリゲーターを通じて卸市場に電力を販売

していた。つまり、彼らの再エネ電力は地産地消とは言えなかった。そこで、再エネ分散電源による真の地産地消モデルを目指して立ち上げられたのがビュルガーベルケだ。

ビュルガーベルケも協同組合として設立され、発電を行う協同組合のために小売販売やバランシングに必要なサービスを提供している。エネルギー協同組合が協力することでプールも大きくなり、バランシングは安定する。需要家はビュルガーベルケの顧客となることで、自分の住んでいる地域の協同組合の電源から直接電力を買うことができる。

ビュルガーベルケが事業を行っている地域にラインフンスリュック郡がある。同郡は地域内の再エネ電源の発電量が地域の電力需要の三倍近くあり、ビュルガーベルケを通じて地域住民はこれらの再エネ電力を直接使うことができるようになっている。ちなみに同郡は持続可能な再エネ自治地域の実現に向け、電力だけでなく、地域熱事業でも再エネを積極的に活用している。

市民出資の協同組合だけでなく、自治体出資のシュタットベルケも地産地消モデルに馴染みやすい主体だ。分散型の再エネ電源を推進することはシュタットベルケの目的と合致しており、デジタル技術の発展がこの流れを加速させることになった。

北ドイツのヴッパータール市の都市公社は、デジタル技術を使って需要家が地域の電源を選択できるプラットフォーム「Tal.Markt」を開発した。ブロックチェーン技術を使って電源と需要家の電力のやりとりを記録しており、Tal.Marktの顧客は、ウェブサイト上でリストから好きな発電事業者と電源を手軽に選ぶことができる。変更したいときも同様にウェブサイト上で違う事業者を選ぶだけで自動的に変更される。需要家が好きなタイミングで発電事業者を変更できる電力メニューは、ドイツでは今のところTal.Marktだけである。

協同組合もシュタットベルケも、市民や地域住民のためにエネルギー転換を推進している主体であり、エネルギー転換で重要な市民の参加を体現しているといえる。ドイツではこれを「エネルギーの民主化（Democratization）」と呼んでいる。

◎アグリゲーションの本質とデジタルネイティブ企業

アグリゲーションは膨大なデータをＡＩを用いて分析し、その結果を電力取引やバランシング、調整電源に生かすビジネスモデルである。さらには、特定の発電設備と需要家を結びつけることで、地産地消モデルも可能になっている。

このような仕組みを「バーチャル発電所（ＶＰＰ）」と呼ぶことも多いが、実際には需要家側の設備も積極的に活用するため、エネルギーマネジメントシステムと理解する方が正しい。ＶＰＰの基本的な構成は、電源、需要家、電源と需要家に取り付けられたモニタリング装置と遠隔制御機能、中央管理センター、電力取引を行うトレード部門などである。電力市場の取引情報、天気予報と再エネ電源の発電予測、リアルタイムの発電量や需要家の電力利用状況などがデータとして中央管理センターに集約され、ＡＩが分析し、トレーダーが電力をいつ、どこで、どれだけを取引、融通するかを決定し、自動的に電源や需要家設備に指示が出される。

このように多数の小規模な設備を制御することにより、大規模集中型のシステムよりも繊細な需給管理が可能になっている。送電会社もＶＰＰの技術優位性を認めており、ＶＰＰはドイツでは安定供給に欠かせない存在になっている。また、優れた企業がどんどんと新しい技術を開発しており、蓄電池や風力発電、水電解装置はすでに調整電源に組み込まれ、再エネの変動を再エネ関連技術が吸収することが実現しつつある。

ところで、数万、数十万のデータを瞬時に判断、処理するには、ＩＴ機器の質だけでなく、データ分析の質がものをいう。そのため、ＶＰＰにとって最も重要なものはデータとアルゴリズムの質である。優れたデジタル人材を集められるスタートアップがエネルギービジネスでは有利になる。

ドイツではこの一〇年、高いＩＴ技術と知識を持った人材が起業するケースが相次いでおり、多くの優れたエネルギースタートアップには博士号を持った人材が豊富にいる。加えて大学や研究機関の実証実験をベースに起業するケースもある。こうしたデジタル技術をベースに設立される企業は、これまでと異なる経路で新しいビジネスモデルを加速させていく。

紹介したＮ社は、博士課程に在籍していた二人が、分散型発電設備をネットワーク化して需給調整市場に提供するための会社として始まった。二〇一〇年に南ドイツの村で設立されたSonnenも屋根上太陽光の電力を自家消費するための家庭用蓄電池メーカーとして出発したが、二〇一六年からは販売した蓄電池をネットワーク化するビジネスモデルを開始した。いずれも優れた人材が、これまでの電力ビジネスとは異なる経路で急速に成長したケースである。

従来の電力会社では、デジタル化は新規事業として、コアビジネスである発電、送配電、小売とは別の事業部で取り上げられてきた。また企業マネジメントのデジタル化が遅れており、デジ

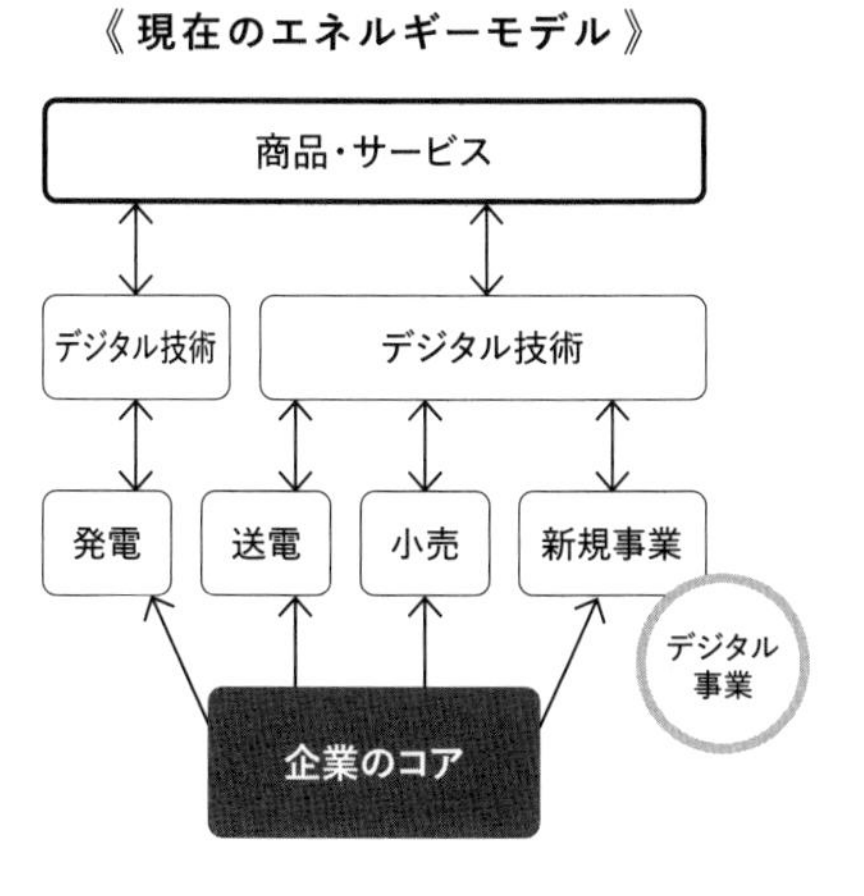

図15-5
従来のビジネスモデルと新しいビジネスモデル
出所：筆者作成.

タル商品やサービス開発が経営の核心部分と連係していない場合もある。例えば、発電設備や送配電設備の現場でデータをタブレットやパソコンで直接入力したり、呼び出したりできない企業もまだまだある。電力メーターのデータが自動的に収集され、請求、支払いが自動的に行われることも少ない。

一方、デジタル企業として立ち上がる企業は、企業のコアの真上にデジタル技術があり、それをベースとして各事業が成立する。事業間の連係はデジタルレイヤーで統合されており、データのやりとりはシームレス（複数のサービス間の〝継ぎ目〟を取り払って利用できる状態のこと）に行われる。企業の目的は、商品やサービスを通じてより良い顧客体験を提供することである。この違いにより、デジタル企業の方が事業を超えた意思決定が迅速になり、顧客とのデータのやりとりも素早く行うことができる（図15−5）。

7 デジタル化を根幹に据えた制度改正の重要性

デジタル化によって小規模分散型電源のメリットはますます大きくなっている。一方で、市場のルールの多くは従来の大規模集中型の仕組みに合わせてつくられたため、デジタル技術と分散電源の発展にあわせた市場制度の改革が重要となる。

例えばドイツは再エネの変動を「卸市場」で吸収できるようにするため、時間前市場の締切（ゲートクローズ）を五分前に、取引する単位も三〇分から一五分へと短くした。この変更により、バーチャル発電所（VPP）はリアルタイムの発電状況を見ながら電力を取引することができる。

また、調整電源市場も一メガワットから取引できるようになり、設備単位では一〇キロワットサイズでも参加できるように変更された。調整電源の調達も前日になり、風力の発電予測精度の向上と相まって風力発電まで「調整力」を提供できるようになっている。

このように電力市場制度をデジタル化にあわせて柔軟に変更することで、次々と新しい電力商品やサービスが生まれている。

今後はセクターカップリングを核とする企業が台頭してくるだろう。安い再エネ電力を使って化石燃料からの代替が遅れている熱や交通分野を脱炭素化する取り組みは、再エネにとって大きなメリットがある。例えば、エネルギーを電気として蓄えるのはまだコストが高いが、熱として蓄えるなら安く済む。蓄熱は技術的にも容易であり、地域熱と地中熱を組み合わせる場合はメンテナンスもほぼ不要である。

もちろん再エネ電源の変動に対応するために電力を蓄える必要もあり、そこでは電気自動車を蓄電設備として用いる、水素を作って長期間蓄えるといったことは重要である。しかし、エネルギー転換は再エネ電力と水素（さらに水素を用いて作るアンモニア）のような単純な話ではないことはわかるだろう。

8 新時代のビジネスモデルを体現する——プロジェクト「SINTEG」

エネルギー転換はその複雑さゆえ、法的な課題も多い。しかし、ドイツの家庭にとって、太陽光発電と蓄電池を導入して自家消費したり電気自動車を充電したり、風力が大量に発電していて卸市場の電力価格が安いときにヒートポンプで熱をつくることは当たり前になるだろう。家庭だけでなく地域や街区レベルでの自家消費は地産地消につながってゆく。

ドイツ政府は二〇一六年から二〇二〇年まで、このような、よりローカルな安定供給の仕組みを構築するために必要な技術、市場、法律を検証するプロジェクト「SINTEG」を実施した。ドイツを五つの地域に分け、それぞれがデジタル技術、再エネ、分散設備を検証する大規模なものだった。SINTEGが描く再エネ分散電源の地産地消による安定供給のビジョンは、より多くのデータをより高性能なアルゴリズムで予測し、その予測に基づいてリアルタイムの処理能力を高めていく方法である。

例えば、配電系統により多くの再エネ電源を接続しようとすると、配電網への投資が欠かせない。そこで、風車を建設する予定地を選択すれば配電系統を流れる電力の変化を予測し、配電系統のどこを増強するか、または公共充電ポストや蓄電池を設置すればコストが最適化されるかを瞬時に提示するサービスが開発されている。

再エネ電力が余っている時間に家電を使うようなホームエネルギーマネジメントシステム（HEMS）や、再エネ電力が余っているときに使えば得をする電力料金体系のような新しい商品やサービスも登場してきている。

これらの新しい商品やサービスは、これまでは地元以外に本社を持つ大手電力会社や化石燃料を産出している国や地域へと流出していた経済価値を、地域にとどめることにもつながる。地域付加価値創造チェーンの検証では、シュタットベルケの電力を選択するだけで、電気代一ユーロ中の地元に残るお金が大手電力会社と比較して倍以上になる事例が確認されている。

SINTEGは本章で示した三つの課題に法的観点から回答するためのプロジェクトだ。すなわち、①再エネの変動はデジタル技術を用いて制御する、そのためにリアルタイム取引やローカルの調整電源市場を整備する、②膨大なデータを処理できる能力のあるデジタル企業が市場を駆使してシステムをコーディネートする、③その複雑なシステムに数キロワットのマイクロ設備の所有者から参加できるようにすることの法的な可能性をＳＩＮＴＥＧは示している。

ドイツは安い再エネ電源を用いて電力、熱、交通の三セクターの脱炭素化を目指している。そのために必要な太陽光と風力はなんと四〇〇ギガワット、ピーク需要七八ギガワットの四倍以上である。クリーンで安い電力を大量につくり、デジタル技術を用いて電力、熱、交通からそのつど最適な場所で利用する。しかもそのシステムを担うのは、小規模な設備を持っている市民である。これがドイツが目指す未来のエネルギーシステムのビジョンだ。

註

（1）連邦環境庁ウェブサイト（二〇二一年）“Energiebedingte Emissionen”（https://www.umweltbundesamt.de/daten/energie/energiebedingte-emissionen/）［アクセス：二〇二一年八月九日］。

（2）ＡＥＥ（Agentur für Erneuerbare Energien）ウェブサイト（二〇二一年）“Grafik-Dossier: Endenergieverbrauch nach Strom, Wärme und Verkehr”（https://www.unendlich-viel-energie.de/mediathek/grafiken/endenergieverbrauch-strom-waerme-verkehr/）［アクセス：二〇二一年八月九日］。

（3）連邦環境庁ウェブサイト（二〇二一年）“Erneuerbare Energien in Zahlen”（https://www.umweltbundesamt.de/themen/klima-energie/erneuerbare-energien/erneuerbare-energien-in-zahlen#uberblick）［アクセス：二〇二一年八月九日］。

（4）連邦経済エネルギー省プレスリリース（二〇二一年）“Erstmals rollen eine Million Elektrofahrzeuge auf deutschen Straßen”（https://www.bmwi.de/Redaktion/DE/Pressemitteilungen/2021/08/20210802-erstmals-rollen-eine-million-elektrofahrzeuge-auf-deutschen-strassen.html）［アクセス：二〇二一年八月九日］。

（5）連邦統計局ウェブサイト（https://www.destatis.de/DE/Home/_inhalt.html）［アクセス：二〇二一年八月九日］。

（6）Fraunohfer IWES ウェブサイト（二〇二一年）“Entwicklung der installierten Windleistung (on- und offshore), Fraunhofer”（http://www.windmonitor.de/windmonitor_de/bilder_javascript.html?db_communicate=

%27Windenergieeinspeisung.daten%27&p_lang=ger&img_id=428)[アクセス：二〇二一年八月九日]。
（7） AEE（Agentur für Erneuerbare Energien）ウェブサイト（二〇二一年）“Eigentümerstruktur der Erneuerbaren Energien”（https://www.unendlich-viel-energie.de/mediathek/grafiken/eigentuemerstruktur-erneuerbare-energien/）[アクセス：二〇二一年八月九日]。
（8） Next Kraftwerke ウェブサイト（https://www.next-kraftwerke.de）[アクセス：二〇二一年八月九日]。

第16章

無作為抽出型の気候市民会議

「民主主義のイノベーション」を通じた課題解決の試み

●三上直之

1 気候市民会議というアプローチ

エネルギー転換は実に「やっかいな問題」である。化石燃料や原子力への依存から脱却し、再生可能エネルギーへと切り換えることの必要性に異論はないとしても、再生可能な資源を用いたエネルギーであれば何でも構わない、というわけではない。どのような再生可能エネルギーを、どのように用いることが、より公正で持続可能なエネルギー転換につながるのか。エネルギー転換という課題は、技術的な要素に還元できない不確実性や価値判断をはらんだ問いが複雑に絡み合う、手ごわい問題の塊である。

エネルギー転換や脱炭素化という課題がもつ、そうした性格を正面から受け止めて、議論を広く一般の人々に開くため、二〇一九年から欧州各地で「気候市民会議」という集会が行われるようになっている[三上 2020a, 2020b, 2022]。無作為抽出で選ばれた数十人から百数十人の市民が数週間から数カ月間かけて話し合い、結果を国や自治体の気候政策やエネルギー政策に生かす。

フランスでは二〇一八年秋、燃料税引き上げへの反発を発端として、政府に抗議する「黄色いベスト運動」が全国に広がった。これを契機として、気候変動対策について徹底した市民参加で議論する必要性が叫ばれ、最終的にそれをマクロン大統領が受け入れる形で、二〇一九年一〇月から二〇年六月にかけて、政府の主催で気候市民会議が行われた。英国では、二〇五〇年までに国内での温室効果ガス排出を実質ゼロにするという目標が二〇一九年六月に法制化されたのを受けて、そのための方策を市民参加で議論しようと、二〇二〇年に議会が気候市民会議を開催した。その後、スコットランドやドイツでも同様の会議が行われたほか、欧州各地の自治体レベルでは、二〇一九年以来、さらに多数の気候市民会議が開かれている。日本でも、欧州の事例を参考にして、二〇二〇年に筆者らの研究グループが札幌市や北海道環境財団、RCE北海道道央圏協議会と協働してローカル版の気候市民会議を試行した[気候市民会議さっぽろ2020実行委員会 2021]。二〇二一年には神奈川県川崎市でも、市民約七〇人を集めて同様の会議が実施されている。

こうした動きの背景には、二〇一五年にパリ協定が採択され、二一世紀半ばには温室効果ガスの排出を世界全体で実質ゼロにするという目標が世界的に共有されてきた流れがある。欧州ではとくに、二〇一八年以降、気候変動対策やエネルギー転換の問題が、広範な社会的議論を通じた合意形成を必要とする課題として、顕在化してきた。

写真16−1
ロンドン中心部に集まった気候ストライキの若者たち（2019年9月）
撮影：筆者

スウェーデンのグレタ・トゥーンベリさんが二〇一八年夏に一人で始めた学校ストライキは、その後数カ月間で、徹底した気候変動対策を求める若者たちの運動として欧州各地に広がっていった。「未来のための金曜日（Fridays For Future）」と名付けられた運動は、二〇一九年に入ると世界各地に拡大し、同年九月に行われた国際的な「気候ストライキ」への参加者は、全世界で四〇〇万人に上ったとされる（**写真16−1**）。他方、フランスでの燃料税引き上げに対する反発が、激しい抗議行動のきっかけとなったことは、気候変動対策をはじめとする環境政策が市民生活への負担となるという懸念の根強さを示している。

気候変動の将来予測は、一定の不確実性は伴いつつも、一世代にも満たない限られた期間で脱炭素社会への転換を実現するという劇的な社会の変化を要請している。人々のライフスタイルや仕事に広範な影響を及ぼす可能性が高いこの転換を、社会的な合意を得つつ、いかに公正な形で進めるのか。欧州では世界に先駆けて、この点をめぐって、あらためて広範な社会的議論を組織する必要性が広く認識され、その一つの方法として気候市民会議が試みられてきたのである。

2　気候市民会議の構成

ここでは、英国議会が二〇二〇年に全国規模で実施した気候市民会議を取り上げて、その成り立ちやプロセスを詳しくみてみたい。

この会議は、議会下院で気候変動対策に関連するテーマを扱う六つの特別委員会が、先述した「二〇五〇年排出実質ゼロ」目標の法制化を受けて主催した。「英国は、二〇五〇年までに温室効果ガスの排出を実質ゼロにするという目標をどのように達成すべきか」が、その議題であった。

この種の市民会議では、会議結果を受け取って用いる立場にある主催者が、自らに都合の良い結果を得ようとして会議に干渉するような事態を防ぐ観点から、運営の独立性が重視される。英国の気候市民会議では、市民参加のプロセスの企画運営や関連する分野で実績のある三つの非営利組織が共同で、議会から運営事務局の業務を受託した。また、気候変動問題の専門家四人が実行委員を務め、テーマ設定や、参加者への情報提供の内容を含む会議設計を主導した。

参加者は、英国全体の縮図となるよう、くじ引きによって選出された。その方法として、まず、英国郵便会社が提供している住所録データベースを使って、全国から三万世帯が無作為抽出され、二〇一九年一一月、これら三万の宛て先に会議の招待状が送付された。受け取った世帯に住む一六歳以上の人は誰でも応募できる。

招待状の封筒には、「英国全土からの無作為抽出によって、気候市民会議への招待者に選ばれました」、「参加者には六〇〇ポンド（当時のレートで約八万四〇〇〇円）が支払われます」と明記され、英国議会のロゴがあしらわれた。社会の縮図をつくって議論することを目指すのだから、気候変動やエネルギーの問題に関心が高い人たちだけでなく、幅広い層の参加を得たい。英国議会が主催する会議の参加者候補に選ばれたことと、参加者には謝礼が支給されることが一目でわかる封書は、応募の誘因を与えるための大事なしかけである。結局、送付先の三万世帯の五・八％にあたる一七四八人から応募があった。

次の段階として、これらの応募者を対象として、年代と性別、エスニシティ、学歴、居住地域、都市部／農村部居住者、気候変動に対する懸念の度合いという七つの属性が、国全体の比率にできるだけ近づくように抽選が行われ、最終的に一〇八人が参加者となった。以上のような二段階でのくじ引きは、気候市民会議に限らず無作為抽出型の市民会議で広く用いられる方法である。

このような市民会議では、問題への関心や予備知識の面でごく平均的な集団である参加者が、問題への理解を深めつつ自発的に意見形成し、熟議の末に結論を導くことができるよう、プログラムが入念に設計される。英国の気候市民会議でも、実行委員らが、さまざまな分野の専門家や利害関係者の意見も踏まえて、表16–1に掲げたテーマをあらかじめ設定し、議論はこれらを順番に取り上げる形で進められた。テーマごとに、①参考人のレクチャーを通じて基礎的な情報を学習し、②七〜八人のグループに分かれて討議した後で、③最後に個人で投票を行った。

日程は当初、二〇二〇年一月から三月にかけて、四回の週末ごとに二泊三日の合宿を繰り返す予定であった。二月末から三月初めにかけて行われた三回目までは、計画どおり進行した。その

表16-1　英国の気候市民会議のテーマと最終報告書の骨子

テーマ	最終報告書での提言のポイント
1. 対策の基本原則	「すべての人への情報提供と教育」(74票),「英国内における公正さ(fairness)」(65票),「政府のリーダーシップ」(63票),「自然の保護と再生」(59票)など,25項目
2. 陸上交通	**将来にわたって,移動やライフスタイルへの制約がなるべく少なく済むよう,電気自動車への転換や公共交通機関の改善に力を入れる**
3. 空の交通	今後も人々が航空利用を続けられるような解決策を望む.2050年までの航空旅客数の伸びを,現状の65%増の予測に対して,20-50%増に抑える.利用頻度や距離に比例して負担が重くなる税の導入
4. 家庭での熱とエネルギーの利用	**各地域・各家庭に合った対策を.競争を促進することで選択肢を増やすべき.信頼のおける,わかりやすい情報提供が必要.あらゆる所得層,居住形態に対応できる解決策を**
5. 食と農業,土地利用	地元での食料生産を通じて,地域へのベネフィットや,生産者にとっての公正な価格,環境負荷の低減を実現.食肉と乳製品の消費を20-40%削減.土地利用の多様性を確保.排出実質ゼロへの移行が可能になるよう,生産者を支援.動物福祉への配慮.遺伝子組み換え食品や培養肉への強い警戒
6. 買い物	**企業がより少ないエネルギーと原料で製品をつくることを強く支持.消費者は,新しいモノの購入を減らし,積極的に修理するとともに,共用(シェア)すべき.理解した上での選択と,個人の行動変容を促すための,よりよい情報提供を**
7. 電力の供給	英国においては,洋上風力(参加者の95%が支持),太陽光(同81%),陸上風力(同78%)の3つが,効果が実証され,クリーンで,低価格な電源である.これらに比べると,バイオエネルギーや原子力,CCS(二酸化炭素回収貯留)付きの化石燃料に対する支持は非常に弱い
8. 温室効果ガスの除去	**温室効果ガスの大気中からの除去の方法としては,森林(参加者の99%が支持),泥炭地や湿地の再生と管理(同85%),建設への木材利用(同82%),土壌への二酸化炭素の貯留の促進(62%)の4つを支持.CCS付きのバイオネルギーや,大気中からの二酸化炭素の直接回収への支持は弱い**
9. 新型コロナウイルス感染症と排出実質ゼロへの道筋(2020年5月中旬の最終回に追加)	政府の経済回復策は,排出実質ゼロの達成を手助けするように計画されるべき(参加者の79%が支持),ロックダウンの解除に伴って,政府や雇用者などは,排出実質ゼロとの両立可能性がより高い方向へと人々のライフスタイルを変化させるよう促すべき(同93%)

出所:Climate Assembly UK [2020]をもとに筆者作成.

直後、英国でも新型コロナウイルスの感染が急速に拡大したため、三月下旬に予定されていた四回目(最終回)は延期され、オンラインに切り替えて同年四～五月に三回に分けて行われた。

表16-1を一瞥して明らかなのは、2番から6番のような移動や住宅、食、買い物など、生活に密着したテーマが議題の中心を占めていることである。会議では、これらのテーマに全体の約半分の時間が費やされ、この部分については分科会形式でテーマを分担して議論を進めた。英国の温室効果ガスの発生源(二〇一九年)は、エネルギー供給や産業などの部門と並んで、運輸部門(二七%)や家庭部門(一五%)がまとまった割合を占めている。気候市民会議が一般の生活者による議論の場である以上、日常生活におけるエネルギー需要に関連したテーマが議論の中心となる設計は、理にかなったものといえるだろう。

3 電力供給をめぐる議論

本書の主題により密接した電力供給の問題は、会議の後半、オンライン移行後の日程のうち、一回分(土日の二日間)を使って、全員が参加する形で議論された。

電力供給に関して参加者が与えられた論点は、「六つの主要な発電方式のそれぞれが、今後、英国が排出実質ゼロに向けた取り組みを進める際に用いられるべきか、否か」という単刀直入なものであった。六つの発電方式とは、陸上風力、洋上風力、太陽光、バイオエネルギー、原子力、二酸化炭素回収貯留(CCS)付き火力である。二〇一九年時点の英国の電源構成は、火力四六%、原子力一七%、風力と太陽光二四%、水力やその他の再生可能エネルギーは合わせて一三%であった。

議論はまず、土曜日の午前中に三人の参考人から、再生可能エネルギー全般、バイオエネルギー、原子力とCCS付き火力について一〇分ずつのレクチャーを聞き、午後は参加者がグループに分かれて、三人の専門家と交代で約一時間ずつ、質疑応答を行った。ここまでが先述した①学習のパートである。翌日曜日、②参加者だけで小グループ討議をし、最後に③投票を行った。

参加者が聞いたレクチャーの録画は、逐語的な書き起こしと資料スライドのファイルも合わせて、会議のウェブサイトにすべて公開されている。[1] 参加者への情報提供は、その後の討議や投票結果を左右する重要な要素である。取り上げるべき話題や参考人の人選は、バランスのとれたものになるよう運営者が事前に十分検討を重ねて決定するが、その上でなお、後で内容を検証しうるように透明性が確保されているわけである。電力供給に関する三つのレクチャーは、いずれかの方式を強く推奨したり否定したりするものではなく、各発電方式の概要と、そのメリットやデメリットを簡潔に解説した内容であった。

この気候市民会議のような本格的な市民会議では、ある論点に関して対立する意見も含めた多様な見方をバランスよく提供する「情報提供の専門家」と、特定の組織や立場からの見解を導入する「意見表明の専門家」とでも呼ぶべき、二種類の専門家が情報提供を行う。もっとも、この区別が曖昧な会議も珍しくない。鋭い対立があるはずの論点について、特定の立場に立つ「意見表明の専門家」からの一方的な情報提供のみで済ませてしまう乱暴なデザインの会議も、残念ながら散見される。英国の気候市民会議はこの点の扱いが丁寧で、各専門家が「情報提供者」と「意見発表者」のいずれの役割を担うのかが、初めからプログラムに明示されていた。

電力供給についての三人の専門家は、「情報提供者」の位置づけであった。これ以前に議論された移動や住宅、食、買い物などのテーマでは、「情報提供者」に加えて、複数の「意見発表者」が互いに対立する観点から意見を述べる構成になっていたことと比べると、ややあっさりした扱いである。とはいえ、オンラインでの実施に切り替わったことを考慮すると、分量的にはこの程度が現実的であったと思われるし、何より今回の会議の力点は、あくまでも生活に密着したエネルギー需要や消費の側面にあったことも反映しているだろう。

討議後の投票結果は、洋上風力が圧倒的に強い支持(参加者の九五%)を集め、太陽光(同八一%)、陸上風力(同七八%)がそれに続いた(図16−1)。バイオエネルギーに対する支持(同四〇%)は弱く、「どちらともいえない・わからない」とする人が三六%を占めた。原子力とCCS付き火力については、不支持がそれぞれ四六%、五六%に上り、支持を大幅に上回った。

参加者同士のグループ討議の部分は、録画や議事録が公開されていない。ただ、参加者がどのような理由で、これら支持や不支持の判断をしたのかについて、最終報告書では、グループ討議の発言や投票時の自由記述意見を引用しつつ詳しく報告している[Climate Assembly UK 2020: 429–478]。

それによると、強い支持を集めた風力発電に関しては、「すでに実績がある」こと、「クリーン」であり「原子力のように廃棄物を出さない」「安価である」ことなどが、多くの参加者から利点として挙げられた。とくに洋上風力に関しては、「視界にも入らず」「邪魔にならない」ように設置できること、「数を増やすことが容易で」「きわめて大規模に拡大できる」ことが強調されたという。陸上・洋上風力に共通して、新たな雇用を生む効果を取り上げる意見もあった。太陽光に関しては「簡単な方法であり、土地の有効利用にもなる」とか、設置場所や用途などの面で「柔軟性がある」こと、家庭に導入すれば「電気代を節約できる」ことも賛成意見として出された。

支持が弱かったバイオエネルギーに対しては、「生物多様性への影響」に対する懸念や、食料生産のための農地の不足が懸念されることなどから、「土地利用の方法として賢明なあり方とは考

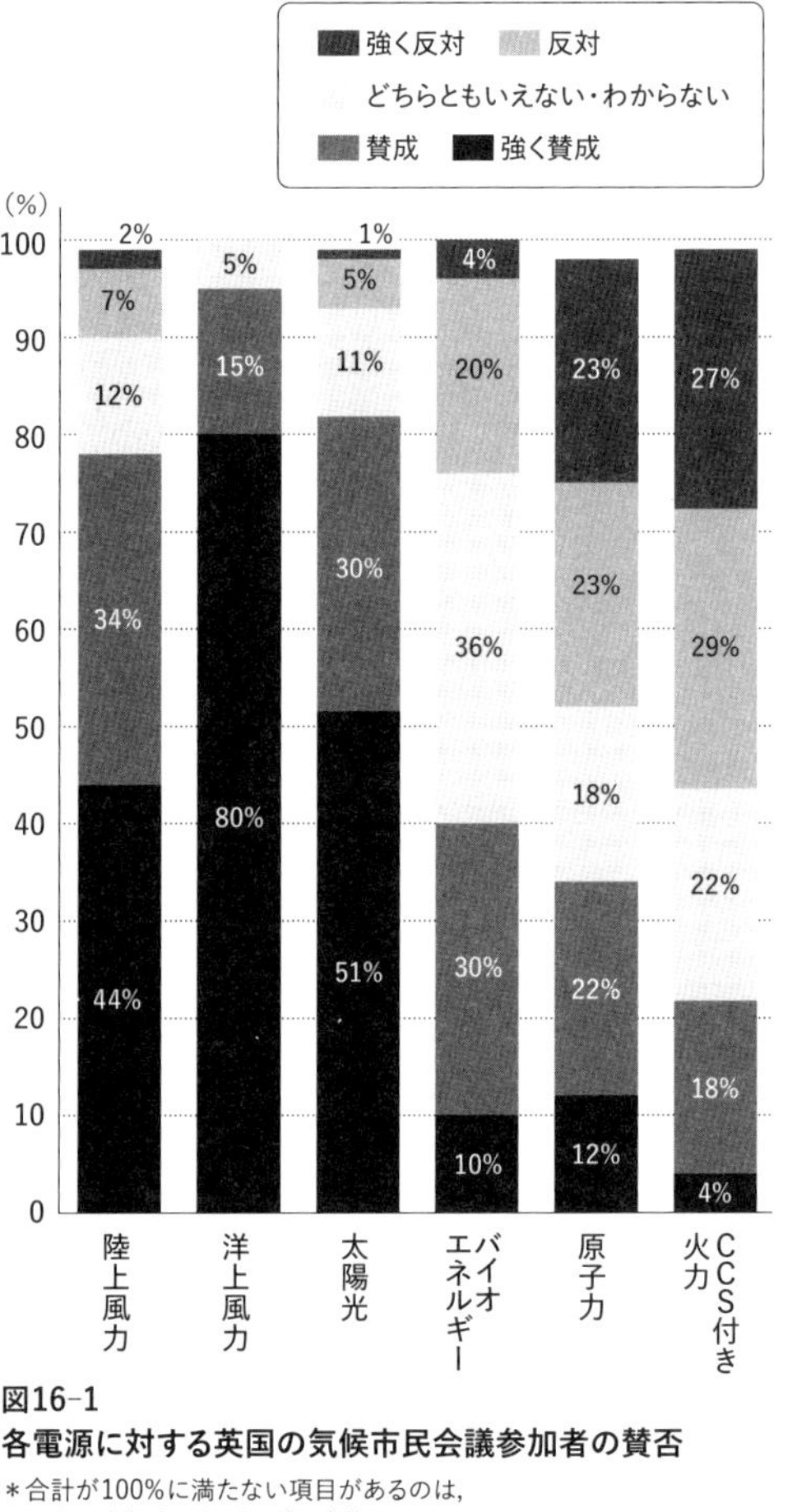

図16-1
各電源に対する英国の気候市民会議参加者の賛否

＊合計が100%に満たない項目があるのは，一部の参加者が投票の際，棄権したためである．
出所：Climate Assembly UK［2020: 363］．

えられない」といった意見が寄せられた。大規模に展開するのには向かず、コスト面でも不利なのではないかという疑問も投げかけられた。

原子力については、「クリーンでない」こと、チェルノブイリや福島に見られるように事故の危険性があること、計画から稼働までにかかる時間が長すぎること、放射性廃棄物の処分や廃炉の問題への見通しが立たないことなどが指摘された。

同様に不支持の意見が多数を占めたCCS付き火力に対しては、「問題を回避しているだけ」で「真の変化とはいえない」、「当座やり過ごせればよいという短期主義を感じる」など、化石燃料の利用を継続すること自体への反発がみられた。「技術として使える状態になっていない」、「費用がかかりすぎる」といった意見も表明された。

以上は、投票結果から推測するに、参加者の多くが抱いた代表的な意見だったと考えられる。他方で報告書は、風力や太陽光の短所、バイオエネルギーや原子力、CCS付き火力の長所についても、さまざまな角度から議論され、意見が出されたことを伝えている。

陸上風力に関しては、鳥類をはじめとする生物や、景観への影響、立地地域での軋轢のリスクなど、また洋上風力についても、設備投資や保守費用の大きさに対する懸念に加えて、海洋生物や渡り鳥への影響、その他、海底掘削に伴う環境への影響などが取り上げられた。原子力をめぐっては、「安定的」な「ベースロード」電源を「大規模」に提供しうる点や、「実証済み」の「既存技術」であることなどのメリットが挙げられた。安全性も、「何重にもチェックされている」、「専門知識が蓄積されてきており、放射性廃棄物のリスクは管理可能である」ことなどから、大きな心配はいらないという意見があった。CCS付き火力の利点としては、既存の化石燃料の市場や技術、社会基盤を活用できる可能性などが挙げられたという。

こうしてみると、参考人からのインプットは量的には限られていたものの、議論の上では十分役割を果たしていたといえそうである。先に見た投票結果は、参加者が必要な情報を得て、異なる意見にも触れ、熟慮を重ねた上で導いた結論だとみてよいだろう。

4 会議結果の用いられ方

気候市民会議の結果は、他のテーマについても同様に集計、分析され、約五五〇ページの最終報告書が二〇二〇年九月に公表された。報告書はその冒頭で、会議全体の結果から、英国の気候変動対策を貫く基本的な方針として、「すべての人に対する教育と情報提供」「公正さ」「自由と選択」「相乗便益(コベネフィット)」「自然環境の保護と再生」「政府のリーダーシップ」「社会全体を挙げての協調的な取り組み」の七つが重要であると提言した。

この報告書は、二〇二〇年秋以降、英国議会において気候変動やエネルギー関連の審議で取り上げられるなど、公式な形で活用されている。会議を主催した六つの特別委員会の一つである、ビジネス・エネルギー・産業戦略委員会では、二〇二一年四月から七月にかけて、気候市民会議の最終報告書の知見をどのように生かしていくかについて集中的に検討する調査を行った。すぐに直接的な形での立法への反映がみられるわけではないが、この気候市民会議が、今後の英国のエネルギー政策や気候変動対策の方向性を定める上で、重要な参照意見を提供したことは間違いない。

ほぼ同時期にフランスで行われた気候市民会議の提言は、より直接的な形で政策決定に生かされている［環境政策対話研究所 2021］。フランスの会議は、グループに分かれた一五〇人の参加者が分科会に分かれて、「消費」「生産と仕事」「移動」「住宅」「食」の五つのテーマを重点的に議論した。二〇一九年の時点でも電力の約七割を原子力でまかなうフランスにとって、電源構成の問題はそれ自体きわめて大きな論点であり、今回の会議では独立したテーマとしては取り上げられていない。

フランスの会議は二〇二〇年六月、一四九項目に及ぶ提言［Convention Citoyenne pour le Climat 2020］を大統領に提出した。これを受けて政府は、提言の内容を盛り込んだ、「気候変動対策とレジリエンス強化法案」を作成し、二〇二一年三月に議会に提出した。議会での審議を経て、同年夏に成立した新法には、消費物品・サービスへの二酸化炭素スコア表示、二〇三〇年までに四〇〇平米以上の小売店での量り売りを義務化、二〇三〇年までに一キロメートル走行あたり九五グラム以上の二酸化炭素を排出する自動車の販売を終了、二時間半未満の鉄道による代替が可能な国内フライトの禁止、断熱性能の低い建物の賃貸の段階的禁止などの条項が盛り込まれた。

ただ、フランスの市民会議の参加者の間では、経済社会システムの抜本的な転換につながる提言は骨抜きにされたという批判が根強いことも付言せねばならない。二〇二一年二月にオンラインで行われたフォローアップの会合では、各参加者が、政府による提言への対応を〇点から一〇点で評価したが、総合評価の平均は一〇点満点中、三・三点であった。他方で、「あなたにとって、市民会議という手法は、フランスの民主的な社会をより良くするものであるか」についての評価は、平均が七・七点であったと報告されている。市民会議という方法の意義は認めるが、今回の政府の対応は十分ではなかったというのが、フランスの会議の参加者の多くに共通する評価であった。

5 民主主義のイノベーションという、もう一つの転換

無作為抽出型の市民会議というやり方そのものは、一九七〇年代から欧米を中心として世界各地で用いられてきている。社会の縮図を作って議論するという特徴からミニ・パブリックスとも総称され、「市民陪審」や「プラーヌンクスツェレ（計画細胞会議）」「コンセンサス会議」「討論型世論調査」などの手法が広く知られている［篠原編 2012］。会議手法の詳細は多様だが、社会的論争のある課題について、直接の利害関係者や専門家ではない、一般の人々がバランスの取れた情報をもとに熟議を行い、結論を政策決定などの参考として用いる点は共通である。

なぜ、こうした市民会議が気候変動対策やエネルギーの問題をめぐって盛んに開かれるようになっているのであろうか。第一に、エネルギー転換や気候変動の問題が、よりいっそう、切迫してきていることが挙げられる。とくに二〇一八年以降、急速な対策を求める若者をはじめとする市民の動きが活発化したことや、気候変動に関する政府間パネル（IPCC）の特別報告書により、

世界全体の気温上昇を摂氏一・五度に抑える重要性が認識され、二〇五〇年を目処とした脱炭素社会への転換という目標が国際的に共有されるようになったことは、この問題を幅広い社会的議論の俎上に載せる契機となった。

第二に、より一般的な背景として、久しく指摘されてきたことではあるが、気候変動をはじめとする地球環境問題やエネルギー政策などの課題に対して、代表制民主主義を中心とした既存の社会的意思決定の仕組みは十分に応答しえないでいる。代表制民主主義は、国民国家という共同体を基本的な単位として、数年に一度の選挙を通じた代表の選出を軸として成り立っている。国境や世代を越えるグローバル・リスクへの対応は、選挙区や支持母体となる団体といった現世代の利害に集中せざるをえない政治家のみに任せておくのでは、どうしても後回しになりがちである。気候変動やエネルギーの問題にミニ・パブリックスが用いられているのは、コスモポリタン・デモクラシーの実現が見通せないなかで、国や地域での意思決定に揺さぶりをかけ、経済・社会システムの変革を導こうとする動きの現れといえる［尾内 2019］。

第三に、こうした変革の受け皿として、ミニ・パブリックスをはじめとする新たな制度やプロセスを社会に実装する担い手が生まれ、ノウハウも蓄積されてきている。英国の気候市民会議の事例では、三つの非営利組織が共同で運営事務局を受託し、その中にはくじ引きによる参加者の抽出とリクルートに特化した団体も含まれていた。フランスの会議でも、市民会議の運営に豊富な経験のあるコンサルタントなどがファシリテーションチームを組織して、議論の進行・支援を担当していた。二〇一八年には、無作為抽出型の市民会議に関わる実践家や研究者、行政担当者、ジャーナリストなどが集う「デモクラシーR&D」という国際的なネットワークが、米国やオーストラリアの実践家や研究者らの呼びかけで結成された。二〇二一年夏現在で、欧米やオーストラリアだけでなく、日本も含めたアジアや、中南米、アフリカから、約一〇〇の団体や個人が参加している。

参加や熟議の機会を増やし、政策決定や社会的な諸課題の解決における市民の役割を拡大するため、ミニ・パブリックスのような新たな制度やプロセスを取り入れる試みは、「民主主義のイノベーション」と呼ばれる［Elstub and Escobar eds. 2019］。ミニ・パブリックスのほか、自治体などの予算編成に住民が直接参加する「参加型予算」や、国や地域の重要課題について市民の発案や国民投票・住民投票を通じて意思決定する「レファレンダムと市民イニシアティブ」、政府・自治体や市民、NPO、企業などの多様な主体がともに政策形成や課題解決に取り組む「協働的ガバナンス」が代表的なアプローチだとされる。気候市民会議の広がりは、脱炭素社会への移行やエネルギー転換という変革を実現する上で、民主主義のイノベーションというもう一つの変革が鍵を握っていることを端的に示している。

日本でも、福島第一原子力発電所事故の翌二〇一二年に、当時の民主党政権がエネルギー・環境戦略の立て直しを図るための「国民的議論」の一環として、討論型世論調査を用いたことがあった［柳瀬 2015］。審議会などでの専門家や関係者による議論を踏まえて、政府は二〇三〇年の発電量に占める原発依存度が「ゼロ」「一五%」「二〇〜二五%」という三つの選択肢を公表し、議論を求めた。意見聴取会や、パブリックコメントと並行して、新機軸として実施された討論型世論調査では、全国から無作為抽出で選ばれた約三〇〇人の参加者が東京に集まり、三つの選択肢について、専門家からの情報提供も受けつつ二日間、議論した。最終的に、二〇三〇年時点での「原発ゼロ」を求める意見が参加者の四七%に上り、それ以降の実現を求める意見も含めると、過半数の参加者が将来的な「原発ゼロ」を支持する結果となった。

この討論型世論調査の結果が、二〇三〇年代までに原発稼働ゼロを目指すという当時の政権によるエネルギー戦略の策定につながった。討論型世論調査の結果は、デモやパブリックコメントを通じて直接的に表現される脱原発を求める声の背景に、より多くの国民に共有された原発への不安が存在することを直視させたのであった[Mikami 2015]。この討論型世論調査の四カ月後に行われた総選挙で自公政権への政権交代が起こり、原発稼働ゼロを目指すエネルギー戦略は白紙に戻され、討論型世論調査の結果も事実上反故とされる展開となったが、二〇一二年の「国民的議論」は日本のエネルギー転換における民主主義のイノベーションの可能性を示すものであった。その後、この国において、エネルギー転換や気候変動対策の問題を取り上げて、本格的な国民的議論を行う場は設けられていない。原発への依存から脱却しつつ、いかにして脱炭素社会への転換を図っていくのかという課題が切迫の度を増すなかで、こうしたアプローチは日本においてもあらためて追求される必要があるといえよう。

註

(1) Climate Assembly UK ウェブサイト(https://www.climateassembly.uk)。最終報告書[Climate Assembly UK 2020]もこのウェブサイトからダウンロードできる。

終章

エネルギー転換をうまく進めるために

大きな物語を飼い慣らす

丸山康司・西城戸 誠

1 はじめに——エネルギー転換の問題点と試行錯誤

本書の各章では、エネルギー転換が必要であるという前提に立ちつつも、エネルギー転換によって別の問題が引き起こされるという「やっかいな問題」を、誰がどのように解決するのか、それを日本の事例や、再生可能エネルギーの先進国であるドイツなどの実践を通して、何が問題で何が望ましいのかを考えてきた。序章でも指摘したように、エネルギー転換は単なる技術転換ではなく、技術の導入による社会への影響もあるため、社会的受容性を考えていく必要がある。そして「国益のため」といった安易な全体主義的な発想ではなく、SDGs（持続可能な開発目標）の原則である「誰ひとり取り残さない」実践について、成功例だけではなく失敗例も含めて現場から考えてきた。本書を終えるにあたり、あらためてエネルギー転換に伴う問題点とその解決に向けた試行錯誤の具体的な内容を整理していきたい。

2 地域トラブルと社会的受容性をめぐって

第Ⅰ部「地域トラブルと社会的受容性」では、エネルギー転換の根幹をなす再生可能エネルギーの導入によって生じる地域社会のトラブルとその対応、対策に関する議論がなされている。第1章では、日本の再生可能エネルギーの普及のために二〇一二年に施行された固定価格買取制度(FIT)によって、飛躍的に拡大した太陽光発電の開発に伴う地域のトラブルと、調和・規制条例に象徴される自治体の対応策について議論している。大規模な太陽光発電(メガソーラー)の開発問題については、第4章でも長野県諏訪市の霧ヶ峰高原の事例が紹介されるが、第1章では太陽光発電の地域トラブルが増加傾向にあること、その原因は制度面、社会面、事業面のそれぞれの要素が複雑に絡み合っていることが示される。また、地域トラブルの増加によって、地域社会における再生可能エネルギーの社会的受容性、政治的受容性の双方が下がっていることが指摘されている。つまり、太陽光発電は多くの自治体が導入可能な脱炭素のツールであり、本来は適切な推進方針を策定すべきものであるが、自らの自治体内で地域トラブルが発生していなくても、同一都道府県内の自治体での深刻なトラブルの発生が多いほど、周辺の自治体が予防的な意味合いを込めて太陽光発電に対する強い規制を導入する傾向が示されたのである。

再生可能エネルギー導入に伴う地域トラブルは、太陽光発電に限らない。第2章では風力発電の立地地域住民の認識を分析している。そして、地域住民の風力発電所に対する賛否は、事業者や建設過程に対する信頼や公正性の担保の有無といった社会的要因からも影響を受けており、風車音などの物理的インパクトからのみ受けているわけではないことが示される。また、陸上風車と異なり近隣住民がいない洋上風力発電は、漁業への影響といった懸念があるものの、英国では事業者が地域活性化や若者の雇用創出に寄与し、住民から肯定的な評価を受けている。このように風力発電の実際の導入問題は、一般的には直接的な環境影響に注意が向きがちであるが、事業者との関わり方や地域への配慮の仕方といった手続き的正義や分配的正義にも目を向けることで問題解決の糸口が見つかる可能性があると指摘する。

第3章では、化石燃料からの代替可能性や、貯蔵が可能で自律的に出力を調整できる（気象条件に左右される太陽光や風力発電の時間的・季節的な出力変動の補完が可能になる）というバイオエネルギーの利点とともに、輸送費を負担しさえすれば、生産地と消費地が離れていても燃料を輸入してのエネルギー利用が可能であるという問題点を指摘している。とくに日本ではバイオマスのFIT価格が高く設定されたこともあり、大規模なバイオマス発電のための輸入燃料の生産地で深刻な環境破壊が起きている。また、日本国内の木材を利用した中小規模のバイオマス発電を原因とした森林資源の劣化や枯渇は起きていないものの、森林資源の質と量の担保には慎重を期すべきだと指摘する。そしてバイオマスの資源循環に基づく経済を「バイオエコノミー」と呼ぶが、バイオエネルギー政策で得られた教訓をバイオエコノミー政策に生かしていくことが、バイオエネルギーの社会的受容性を高めていくと主張している。

以上のように、太陽光、風力、洋上風力、バイオマス発電の課題が指摘されたが、それぞれの章では具体的な政策も示されている。例えば、第1章では総合的なゾーニング(禁止区域・推進区域などを総合的に評価する取り組み)、個別の事業ごとに地域トラブルを解決する専門機関の設置、地域主導型・環境共生型の太陽光発電事業を増やすことが提言されている。第2章では地域にメリットをもたらす事業のあり方を開発プロセスに組み込むことが提唱される。第3章では欧州の失敗から学んだ上で、全体として必要なバイオマスの量を明らかにすること、ローカルなバイオマス資源利用のビジネスモデルを日本でもつくること(第11章の事例)、持続可能なバイオマス量を峻別するための第三者認証等のスキーム構築などが指摘される。

続く第4章では大規模太陽光発電開発の事例から、第5章では風力発電開発を念頭に、再生可能エネルギー事業の倫理的な方向性を示している。第4章は、環境史という歴史的アプローチによって、長野県諏訪市の霧ヶ峰高原におけるメガソーラー事業の開発過程について土地問題としての性格を浮き彫りにしている。それは、その土地が本来持っている共的・公共的な性格のありかと、保全管理・活用のありかを指し示すことにつながり、その場所で再生可能エネルギー事業を展開する倫理的根拠の有無を示すことになる。

第5章は、風力発電の健康リスクを想定した上で、そのリスクの受容可能性について、リスクの社会哲学と倫理の観点から論じている。リスク評価が必ずしも厳密で客観的なものではないため、「誰から見たリスクなのか」を考える必要がある。つまり、リスクの大きさについての認知は文脈によって異なり、個人差もあるので、その点を考慮しなければ正義にかなった(公正な、あるいは各人の権利を尊重した)リスク評価をすることはできない。そして、再生可能エネルギー施設のリスク受容のために必要なことは、その施設の存在が立地地域のコミュニティで受容されていることと、利益の分配に関わる「分配的正義」、導入の際の意思決定における「手続き的正義」、地域住民と(地域外の部外者である)事業者との「信頼」が担保されているかという点だと主張する。この点は、世界風力エネルギー協会が指摘する、地域社会に資する再生可能エネルギー事業(=コミュニティ・パワー)の要件と合致している。第5章はリスクの社会哲学と倫理の観点から、コミュニティ・パワーの要件を裏付けたといえるだろう。

3 地域からのエネルギー転換に向けた実践と「試行錯誤」

第II部「地域からのエネルギー転換」では、第I部で示されたエネルギー転換やコミュニティ・パワーの事業開発に関して、ローカルな現場での試行錯誤が描かれている。

第6章では、エネルギー転換を先導するドイツにおいて市民主導・地域主導で進められてきた「地域からのエネルギー転換」の現状と課題を論じている。この「地域からのエネルギー転換」の主要な担い手は、エネルギー協同組合である。[1] ドイツでは立地地域が再生可能エネルギー施設を受け入れないと事業化が困難であるような土地利用規制が存在しているため、市民参加を意味するエネルギー協同組合と開発事業者との連携事例がみられる一方で、外部の事業者に任せず、地域の側が自ら事業化を目指すエネルギー協同組合が数多く誕生することになった。しかしながら、再生可能エネルギーの市場化が進むなか、エネルギー協同組合は既存の経済的価値を守るか、将来に向けてあえてリスクをとって社会的価値の高い事業にチャレンジするのかという難しい判断に迫られている。また協同組合が民主的な組織であるゆえに合意形成の困難もあり、課題も出てきている。さらに、再生可能エネルギー法(EEG)の改正によって、地域主導型事業の優遇や、立地自治体への支払い制度がつくられ、地域の取り組みを重視する政策を維持しているものの、別の課題も生じている。例えば、前者は地域における土地所有と意思決定というコミュニティ・パワーの要件を形式的に満たせば、地域の一部の利害関係者のみが受益者になってしまうという問題がある。後者は事業に一定の地域貢献を強制するものであったため、「参加」とは名ばかりで、迷惑料を支払うことを事業者に促す印象を与えてしまっている。

このようにドイツの経験から見いだせることは、再生可能エネルギー事業における「利益」とその対象となる「地域」の定義が曖昧であり、地域に資する利益を誰がもたらすべきなのかという点をあらためて考える必要があるということであろう。その実践的な回答として、第7章・第8章の事例を確認していきたい。

第7章では、英国スコットランドにおける「コミュニティの利益」を重視するコミュニティ・パワー成立の背景を議論している。スコットランドの内政は自治政府によって担われているが、ドイツ同様にコミュニティ主導の再生可能エネルギーの導入に積極的な姿勢を見せている。しかも、スコットランドでは、コミュニティ・パワーの設立や運営を支援する複数の選択肢(金融支援、情報支援など）が存在している。また、住民有志である地域の「代表」たちがその地域の「コミュニティの利益」としてふさわしい内容を活動の実践や話し合いの中で決め、そのプロセスにおいて生まれる社会的紐帯が、コミュニティ・パワーが地域にもたらす成果であることを指摘する。

第8章では、生活クラブ生協という生活協同組合を事例とし、「よそ者」の事業主体がどのように立地地域の住民と「信頼」を築き、手続き的正義や分配的正義を担保したコミュニティ・パワーを構築し、地域社会に派生的な利益をもたらしているのかを明らかにする。「よそ者」の事業体であっても、立地点の住民や自治体と交流を重ねながら、新たな価値をともにつくり出していくという実践が、多様な主体を巻き込み、ひいてはエネルギー転換につながっていく。そして、技術や開発行為に対する評価を高めるためには、事業開発に複数の価値を持たせるよう、多様な主体間の関係性、多様な社会的ネットワーク（第7章では社会的紐帯と呼ぶ）をつくることが重要である。さらに技術自体が社会的ネットワークと整合的で、さまざまな人がその技術に価値を見いだせるよう、技術を社会的ネットワークに埋め込むことがソーシャル・イノベーションをもたらすことを日本の事例から示している。

先述のように、ドイツではエネルギー転換において地域の取り組みを重視する政策を維持しようと試行錯誤が続けられているが（第6章）、続く第9章では貧困地区であるドイツのポツダム市の老朽化した団地の再生プロジェクトを事例に、建築分野（建物の省エネ改修やバリアフリー化）、エネルギー分野（地区の消費エネルギーの再エネ割合の増大）、交通分野（駐車場の削減や公共交通の充実）、都市計画分野（子どもたちの遊び場の確保としての公園の整備や街区の緑化）の四分野を総合的な視点から考えて、ハードとソフトを組み合わせた都市計画が行われたことを紹介している。当初はこの団地再生プロジェクトに懐疑的だった住民たちも、行政や事業者と対話を重ねることで理解が深まり、さらに街の改修が進むと住民はこの地域に住むことに誇りを持つようになった。エネルギー転換に限ったことではないが、ある問題の解決によって別の問題が引き起こされるという「やっかいな問題」に対しては、一対一対応の解決策では対応できない。複数の社会問題を総合的な視点から考え、対話を重ねながら試行錯誤して少しずつ解決することの重要性をポツダム市のプロジェクトは示している。

第10章と第11章では、日本における地域からのエネルギー転換に向けた実践を議論している。第10章では、寒冷地域という特性を使った冷熱エネルギーの利用による雪冷房技術の地域的な展開について、北海道美唄市を事例に議論する。豪雪地帯にとって深刻な問題である排雪を活用した雪冷房の地域社会での利用や、サーバーやネットワーク機器が集積するデータセンターの冷却に雪冷房を用いた事例が紹介されている。この事例から示唆される点は、再生可能エネルギーを移動させて利用するとロスが生じるため、基本的には資源が発生した場所で利活用することがベストであり、他方で排雪処理も「自区内処理」が望まれる。したがって、冷熱エネルギーの地産地消は、エネルギーの効率的利用という点と、自らの資源を自ら使い、処理するという意味での公正性の確保という意味がある。これは地域振興とは別の観点として留意しなければならない重要な論点であろう。

第11章では、第3章で指摘された大規模なバイオマス発電による森林伐採の問題点を前提として、大規模な資本や公的投入を必要とせず、地域における自律的取り組みが容易な薪利用の意義と課題について指摘している。薪生産は薪割機などの小規模投資で開始可能であり、利用面での燃焼機器普及も自治体による住民への少額補助などで十分であるためである。しかしながら、日本における薪利用の実態は、木質バイオマス資源に恵まれた農村部においてすら利用の消失が著しい。それが日本社会全体の木質バイオマスへの「なじみ」の薄さへとつながり、結果としてFITに基づく経済的利益のみをインセンティブ(誘因、動機づけ)とした大規模バイオマス発電に著しく偏る結果になっていると指摘する。もちろん、農村と都市を結ぶ商品としての薪流通創出による薪利用の再興、森林ボランティア的な自律的薪自給の取り組みなどの試みがなされているが、それも福島第一原発事故による放射性物質拡散の影響によって停滞を余儀なくされている。震災後の地域の人々の自律的な暮らしの回復も阻害し続けている原子力エネルギーではなく、「目に視(み)え、手触り感のある」エネルギーへ向けた社会転換の必要性を説いている。

4 公正で持続可能なエネルギー転換に向けた課題と対策

第Ⅲ部「公正で持続可能なエネルギー転換のために」では、エネルギー転換に向けた課題と対策の具体例がまとめられている。第12章と第13章は現在の日本における課題と対策を論じている。

第12章では、二〇一四年、二〇一七年、二〇二〇年に実施した日本全国の基礎自治体を対象とした調査票調査から、エネルギー転換を進める上での自治体の役割について分析、考察を行っている。まず、自治体が「主体」として再生可能エネルギーの事業者になることは近年は停滞気味であることが示される。次に、自治体が「地元」として再生可能エネルギー事業から受ける恩恵については、一定の割合で地元出資の再生可能エネルギー事業が存在するものの、地元への利益還元が不十分であることを指摘する。また、第1章でも指摘されたように、自治体が「地元」として被る迷惑として、再生可能エネルギー事業による住民トラブルが三分の一の自治体で確認され、トラブル対応を念頭に、適正な立地のための手続きの整備を目的として条例が制定されている。

このような現状に対する提言として、自治体があらためて「主体」として率先して再生可能エネルギーの導入に取り組むと同時に、地域の主体による取り組みへの支援を強化することの必要性を指摘している。また、条例の制定やゾーニングによって立地を適正化することによって、トラブルの予防や地域貢献を誘導し、再生可能エネルギーの社会的受容性を高めるような方向に進むことも期待されている。これらは第1章の提言と重なる。さらに、第12章では「土地利用の社会化」を提言している。日本では土地所有者の意向次第で開発や利用放棄が進んでしまう状況があるが、地域社会の幅広い利害関係者を巻き込み、より社会的に意思決定していく方向性に転換することが、再生可能エネルギーの拡大や地域資源の有効利用を通じた地域社会の持続のために重要であると指摘する。これらは、第7章~第9章における結論と同じであろう。

第13章では、地域への再生可能エネルギーの導入、ひいてはエネルギー転換におけるメディエーターが果たす役割と、その実践に必要とされる資質を検討している。エネルギー転換のプロセスには、多様な主体間の社会的摩擦が必然的に生じる。この社会的摩擦は、ある局面では見過ごされてしまいかねない潜在的な価値や利害を顕在化させ、エネルギー転換の実践に意義やそのための連帯をもたらすこともあるが、逆に深刻な利害対立へと至り、紛争の原因ともなりうる。メディエーターの役割とは、社会調査やコミュニケーションの手法を組み合わせて地域の文脈を読み解き、潜在的なステークホルダー（利害関係者）を掘り起こして戦略的に媒介することである。この戦略的な媒介が、利害対立や紛争を予防するためのガバナンスに寄与するということが、筆者による日本国内の実践例とともに指摘されている。

第1章でも紹介されたドイツの「自然保護とエネルギー転換の専門センター」も含めて、再生可能エネルギーの導入におけるメディエーターの役割は重要になってくる。ただし、メディエーターの財政的中立性や、メディエーターの媒介によって導かれた導入促進／抑制のバランスに関する地域の意思決定をどのように制度化し、効力をもたせるかという点も課題になっている。

先の第6章と第9章でドイツにおける地域からのエネルギー転換の実践と課題について議論したが、エネルギー転換に伴う負の影響も存在する。ドイツには数多くの産炭地があり、気候変動リスクに対応するための脱石炭・褐炭（かったん）政策に反対する抗議活動が多く存在した。第14章では、ドイツ連邦政府によって設置された「〈成長・構造転換・雇用〉委員会」（通称、石炭委員会）が実施した、産炭地域の雇用対策、財政支援について取り上げながら、世代間公正と世代内公正の相克を議論している。つまり、気候変動対策としての脱石炭・褐炭が進行すると、大量の失業者の発生、自治体の税収入の大幅な減少など、産炭地域に負担が偏り世代内不公正が生じる。この世代内不公正を最小限に抑えるべく、産炭地域の振興策（インフラ整備の許認可手続きの加速化）を進めると、自然環境や生活環境への脅威といった新たな世代間不公正を生み出す可能性がある。したがって、「やっかいな問題」の解決は、不公正が予見された際にそのつど軌道修正できるかにかかっているのである。

一方、第15章では、エネルギー転換を進めてきたドイツにおけるエネルギー利用の構造的な変化と、それを生み出したイノベーションの要因について議論している。エネルギー転換のためには、まず電力・熱・交通部門をまたぐエネルギーシステムを整備するためのセクターカップリング（安い再生可能エネルギーによる電力を大量に生産し、それを熱や交通部門に用いること）が鍵となる。また、ドイツではFIT制度と電力市場の自由化によって小規模分散型電源の普及が加速したが、再生可能エネルギーの出力の変動制御の問題が生じた。つまり、太陽光や風力といった出力が変動する小規模分散の再エネ電源を電力システムに統合することが必要とされたが、再生可能エネルギーの発電量の予測、リアルタイムの電力需給、電力卸市場のデータがデジタル技術（AI）の発達によって分析できるようになったことで、エネルギーシステムの課題がクリアされつつある。つまり、クリーンで安い電力を大量につくり、デジタル技術を用いて電力・熱・交通のそのつど最適な場所で利用し、そのシステムを担うのが小規模な設備を持っている市民である。これが、ドイツが目指す未来のエネルギーシステムのビジョンであり、エネルギー転換の到達点であろう。

最後の第16章は、「やっかいな問題」であるエネルギー転換に関わる社会的合意をいかに公正な形で進めるかという点について議論している。気候変動の将来予測は、一定の不確実性は伴いつつ、非常に短期間で脱炭素社会への転換を実現するという劇的な社会の変化を要請している。ドイツの産炭地域における反発（第14章）があったように、人々の生活に広範な影響を及ぼす可能性が高いエネルギー転換を、社会的な合意を得つつ、いかに公正な形で進めるのかが大きな課題となる。そこで、社会の縮図をつくって議論するという特徴があることから「ミニ・パブリックス」と総称される手法の一つである無作為抽出型の市民会議が試みられており、国内外の事例を紹介している。

参加や熟議の機会を増やし、政策決定や社会的な諸課題の解決における市民の役割を拡大するため、ミニ・パブリックスのような新たな制度やプロセスを取り入れる試みを、ここでは「民主主義のイノベーション」と呼んでいる。日本でも当時の民主党政権が二〇一二年にエネルギー・環境戦略の立て直しを図るための「国民的議論」として討論型世論調査を実施したが、それは日本のエネルギー転換における民主主義のイノベーションの可能性を示すものであった。ドイツでは、エネルギー転換で重要な市民参加を体現していることを「エネルギーの民主化」と呼んでおり（第15章）、第6章〜第9章における地域からのエネルギー転換でも市民の参加と対話が重視されていた。このようにエネルギー転換の前提としての「市民参加」の重要性を確認しておく必要があるだろう。

5 「やっかいな問題」を解決するために

ここまで本書の内容を整理してきた。以下では、エネルギー転換に伴う「やっかいな問題」の解決策について考察していきたい。

出発点として欠かせないのは固有性の尊重である。FITの認定を受けた日本国内の発電所に限っても、再生可能エネルギー事業は三五〇万件を超えている（二〇二一年六月現在）。そのすべてをひとくくりに考えるのはあまりにも雑駁（ざっぱく）な現状認識である。本書で紹介したさまざまな事例以外にも無数の取り組みがあり、それぞれに固有の事情や社会的文脈がある。関わっている人々も異なれば、立地地域の自然環境や社会状況も多様である。そういう意味において、どれ一つとっても同じものではない。こうした差異は、「気候変動」や「エネルギー転換」といった社会全体を貫く「大きな物語」の中では些末なこととみなせるかもしれない。けれども、そうした具体的な空間の中に人々の関わりがあり、さまざまな感情があるということを忘れてはいけないだろう。私たち一人ひとりが生きているのはそういう社会的空間なのである。

もっとも、固有性を尊重することは容易ではない。遠回りで非効率であるように見えるかもしれない。「エネルギー転換」という魔法の言葉で人々の合意が得られるはずであり、むしろそれが望ましいという考え方もあるだろう。もちろん気候変動対策は喫緊の課題である。だが、個別性に配慮しない考え方に同調圧力を感じる人々もいるだろう。その結果として生じる抵抗感や違和感が「やっかいな問題」の原因となる可能性には注意が必要ではないだろうか。その一方で、個別性に配慮することは「やっかいな問題」を解きほぐす糸口になるかもしれない。エネルギー転換に伴うトレードオフが社会全体の利益だけでは正当化されないとしても、ステークホルダーにとっての利益や立地地域全体の利益とのバランスのなかで許容されることはありえる。あるいは積極的に望ましいものとされることもあるかもしれない。もちろん、こうした発想は不純であるという批判を受けるかもしれない。実際のところ、個々の事業を見ると、事業者の私的利益のために地域の公共材である自然環境が毀損するという構造を読み取れる場合もあるだろう。

そこで必要なのは多様な社会的文脈やステークホルダーの利害関心と接合するための試行錯誤であり、その結果として生み出される再文脈化である。その過程では社会的学習や利害関心の全体像の共有といった社会過程が必要となることもあるが、こうしたコミュニケーションも含めた再文脈化が「やっかいな問題」を解決する二番目の方策である。再エネ導入をめぐる対立的な選択肢しか見えない段階で、そのどちらかを選び取ることは原理的に困難である。無理に選ぼうとすることによって社会的摩擦や紛争の原因となってしまうこともある。持続可能な社会を実現する手段である「エネルギー転換」が社会的分断の原因となってしまうのであれば、本末転倒である。そこで必要なのは二項対立的な状況をいったん回避することであり、その上で、よりましな、あるいはより望ましい選択肢をつくり出すことである。これは「エネルギー転換」という大きな物語を飼い慣らすプロセスでもある。再エネ事業には正負両方の多様な間接的効果の可能性がある。二項対立的な議論では、例えばエネルギー転換の直接的な効果と環境負荷という間接的効果が対置されている。このことは一面の事実ではあるが、間接的効果には正の効果もある。実際のところ、本書で紹介した事例以外に地域課題の解決に資するような取り組みが多数生み出されている。その中にはトレードオフが顕著だと考えられる自然環境の保全にも積極的に貢献しうるような事例もある。こうした選択肢の可能性も含めた上で、最後は事業者も含めたステークホルダーの合意によって可否が決定されるのが社会的公正に配慮したエネルギー転換のあり方ではないだろうか。

三点目は、広い意味でのストックの蓄積であり、そもそも「やっかいな問題」を何のために解決するのかということに関わる。ストックは経済学でよく用いられる概念で、何か価値を生み出す活動の元手となるものである。最も単純な例でいえば、経済活動の元手となる資本がストックであり、そこから生じる経済活動がフローとなる。本書の中でもコミュニティの便益に関する議論が多数取り上げられているが、より重要なのは、フローとしての経済的利益そのものというよりは、それを産み出す元手が地域に存在し続けることだろう。例えば、本書で注目していたのは地域内外の経済循環であり、より多くが地域にとどまる取り組みに注目してきた。ただし、これは再エネの事業が生み出す経済的利益の循環に注目しただけである。そこで金銭や設備のような財だけではなく、社会全体の豊かさを生み出す源泉に注目し、これが蓄積されることを「やっかいな問題」の解決策として位置づけたい。具体的には、土地のような自然物や生態系のように自然からのサービスの源泉も含まれる。あるいは社会関係資本といって、人々の結びつきや信頼関係のようなものも含まれるだろう。道路などの物質的基盤としての社会基盤である公共財を含めれば、かつて「社会的共通資本」[宇沢 2000]として提唱された自然環境、社会的インフラストラクチャー、制度資本と多くの部分が重なってくる。これらが社会を支える基盤であり、次世代にも継承すべきものなのである。例えば再エネ事業に伴う山林開発への違和感は、フローを得るためにストックを毀損することへの抵抗感として説明可能であろう。逆にいうと、開発を伴うとしても、それを上回るストックが地域に残るかどうかということが判断の基準となる。

以上、固有性、再文脈化、ストックという視点から「やっかいな問題」の解決策について検討してきた。実際の現場には個別具体的な数多くの課題があり、それらが相互に絡まり合っている複雑さがあるが、少なくとも三つの要因に配慮することによって迂回路のような解決方法が見つかる可能性は拓けるであろう。現実世界の話であるから、一つの要因における課題を解きながら別の課題への影響も眺めるような試行錯誤になるだろう。もちろん、個々の課題の回答となる選択肢はさまざまである。ある課題は技術で解決できるだろうし、社会やビジネスの仕組みが答えとなることもあるだろう。あるいは人々の認識が変わることで解決することもあるかもしれない。こうした試行錯誤と成功を積み重ねることが持続可能な社会への歩みとなるのである。

註

（1）第15章では、自治体が所有する公有電力会社シュタットベルケ（電力、ガス、通信、公共交通などのインフラ管理、運営を担う企業）が域内で地域に根ざした事業を行うことが指摘されている。エネルギー協同組合もシュタットベルケも、市民や地域住民のためにエネルギー転換を推進している主体であり、「地域からのエネルギー転換」の担い手である。

編者あとがき

世界中で脱炭素社会に向けた動きが進むなかで、再生可能エネルギーの普及・拡大は不可欠である。だが、再生可能エネルギーの導入に伴って別の問題が引き起こされる「やっかいな問題」を誰がどのように解決するのか、何が問題で何が望ましいのかということを、本書では日本の事例や、再生可能エネルギーの先進国であるドイツなどの実践から考えてきた。最後に本書の成り立ちについて述べておきたい。

本書に通底するテーマは「再生可能エネルギーと社会的受容性」であり、編者二名は近年このテーマをベースに調査研究を続けてきた。丸山は環境社会学や環境倫理学、科学技術社会論をベースに獣害問題や自然保護に関する研究を行ってきた。西城戸は環境社会学、社会運動研究をベースに主に北海道における反／脱原発運動、市民風車の調査研究を行ってきた。二人の接点は、丸山が運営をしていた市民風車「わんず」がある青森県鰺ケ沢町(あじがさわまち)において開かれた環境社会学会セミナーであった(二〇〇五年)。その後、二人で日本全国の市民風車の出資者調査を行うようになり、その研究成果の一部は、二人の単著(『再生可能エネルギーの社会化——社会的受容性から問いなおす』丸山著、有斐閣、二〇一四年、『抗いの条件——社会運動の文化的アプローチ』西城戸著、人文書院、二〇〇八年）などで発表している。

その後、出資者調査を続けながら、編者らは日本国内や海外における地域社会に資する再生可能エネルギー事業（コミュニティ・パワー）の調査研究を共同で行うようになった。本書の執筆者の多くは、国内外のコミュニティ・パワーへのフィールド調査や、再生可能エネルギーと社会的受容性に関わる研究会に参加した者である。研究成果に『再生可能エネルギーのリスクとガバナンス——社会を持続していくための実践』（丸山・西城戸・本巣編、ミネルヴァ書房、二〇一五年）があるが、本書はその続編でもある。

編者らの専門は環境社会学であるが、この研究会にはさまざまな学問領域の研究者、実践家が関わり、議論を重ねるなかで、再生可能エネルギーをめぐる「持続性学（サステイナビリティ・スタディーズ）」を志向するようになった。ここでいう持続性学とは、「最初から倫理や規範を持ち出すのではなく、実証データの積み重ねから現場に即した規範や倫理を見いだし、それを実践の場に実装することを志向し、人文・社会科学、自然科学との総合的な知識生産の基盤をつくる営み」であると考えている。従来の社会科学は、研究対象に対して一歩引いた立場から「客観的な態度」を標榜する（社会学は多かった）か、暗黙とした価値を無自覚に前提とした「実学」であることが多い。その一方で、大上段から「〜するべきだ」という主張や、「現実的に考えて〜」という前置きの後に結果的に現状を肯定する議論も散見される。本書ではこのような議論から距離をとり、現場での萌芽的な実践や試行錯誤、失敗事例など、細かい多様なトピックスをすくい上げた上で、公正で持続可能なエネルギー転換のために必要な条件を考えてきた。

「やっかいな問題」の解決には、強いリーダーシップによる変革も必要かもしれないが、同時に試行錯誤を繰り返し、複雑な問題を無理に単純化せずに解きほぐす工夫や仕組みを生み出す自立した主体も重要である。さらに、異なる立場の人の声を聞く力や多様な論点を組み替える柔軟性が必要なのだろう。エネルギー転換は急ぐけれども息の長い取り組みでもある。危機感に駆られて目をつぶって前に進むだけではなく、方向性を再検討する勇気が必要なときもあるだろう。そこで大切なのは困難を楽しむ「ゆるさ」なのかもしれない。気のせいなのかもしれないが、海外の再生可能エネルギー事業の現場を訪ねると、若者や女性が活躍していることに気がつく。編者らは中年の男性ではあるが、多様な主体が関わる輪の中に埋没しながら共に愉しみ新たな価値をつくり出していきたい。今後も「やっかいな問題」であるエネルギー転換の多様な現場に関わり、調査研究だけではなく実践的な関わりを継続していきたいと考えている。

＊謝辞

本書は、日本学術振興会科学研究費補助金 17H00828「エネルギー技術の多元性と多義性を踏まえたガバナンス方法の研究」（基盤研究A、研究代表者：丸山康司）の助成を受けている。また本書における各章の研究は、科学研究費補助金 17K04123「地域資源管理と遠隔地域間連携：『資源化のダイナミズム』をめぐる社会学的実証研究」（基盤研究C、研究代表者：茅野恒秀）、18H00933「再生可能エネルギー事業開発にかかわるアクティビズムと合意形成に関する比較研究」（基盤研究B、研究代表者：西城戸誠）、21H00780「『市民社会アプローチ』によるエネルギー転換に関する実証的研究」（基盤研究B、研究代表者：西城戸誠）、18KK0318「脱炭素社会への転換と民主主義の革新・深化との統合的実現に関する国際比較研究」（国際共同研究強化A、研究代表者：三上直之）、20H04387「公正な脱炭素化に資する気候市民会議のデザイン」（基盤研究B、研究代表者：三上直之）、21K17932「洋上風力発電事業における地域への便益の還元に関する研究」（若手研究、研究代表者：本巣芽美）による成果の一部である。ここに記して感謝申し上げたい。

最後に、多岐にわたる論点を含んだ本書の構成を一緒に考えていただき、一冊の作品に仕上げていただいた新泉社の安喜健人さん、髙橋葵さんに感謝申し上げます。

二〇二二年一月

丸山康司
西城戸　誠

どうすればエネルギー転換はうまくいくのか

2022年3月31日　初版第1刷発行©

編　者＝丸山康司，西城戸 誠

発行所＝株式会社 新 泉 社

〒113-0034　東京都文京区湯島1−2−5　聖堂前ビル
TEL 03(5296)9620　FAX 03(5296)9621

印刷・製本　萩原印刷
ISBN978-4-7877-2120-4　C1036　Printed in Japan

編者・執筆者紹介

◎編者

丸山康司（まるやまやすし）＊序章，第1章，終章
東京大学大学院総合文化研究科博士課程修了．博士（学術）．
名古屋大学大学院環境学研究科教授．専門は環境社会学，科学技術社会論．
主要業績：『環境の社会学』（関礼子・中澤秀雄と共編著，有斐閣，2009年），『再生可能エネルギーの社会化――社会的受容性から問いなおす』（有斐閣，2014年），『再生可能エネルギーのリスクとガバナンス――社会を持続していくための実践』（西城戸誠・本巣芽美と共編著，ミネルヴァ書房，2015年），「『地球に優しい』を問う――自然エネルギーと自然『保護』の隘路」（鬼頭秀一・福永真弓編『環境倫理学』東京大学出版会，2009年），「再生可能エネルギーの導入に伴う『被害』と『利益』の社会的制御――東京都八丈島の地熱発電事業計画における取り組みを中心に」（宮内泰介編『どうすれば環境保全はうまくいくのか――現場から考える「順応的ガバナンス」の進め方』新泉社，2017年）．

西城戸 誠（にしきどまこと）＊第8章，終章
北海道大学文学研究科博士後期課程修了．博士（行動科学）．
早稲田大学文学学術院教授．専門は環境社会学，地域社会学．
主要業績：『フィールドから考える地域環境――持続可能な地域社会をめざして』第2版（小島聡・辻英史と共編著，ミネルヴァ書房，2021年），『避難と支援――埼玉県における広域避難者支援のローカルガバナンス』（原田峻と共著，新泉社，2019年），『震災と地域再生――石巻市北上町に生きる人びと』（宮内泰介・黒田暁と共編著，法政大学出版局，2016年），『サミット・プロテスト――グローバル化時代の社会運動』（野宮大志郎と共編著，新泉社，2016年），『再生可能エネルギーのリスクとガバナンス――社会を持続していくための実践』（丸山康司・本巣芽美と共編著，ミネルヴァ書房，2015年）．

◎**執筆者**

山下紀明（やましたのりあき）＊第1章
特定非営利活動法人環境エネルギー政策研究所主任研究員.
専門は地域エネルギー政策.
主要業績：「地域で太陽光発電を進めるために地域トラブル事例から学ぶ」（『科学』88(10), 2018年），「ハンブルクにおける発電・小売事業と配電事業の再公有化の推進要因」（『経済論叢』190(4), 2017年）.

本巣芽美（もとすめみ）＊第2章
名古屋経済大学経済学部准教授．専門は環境社会学，社会的受容，風力発電.
主要業績：『風力発電の社会的受容』（ナカニシヤ出版，2016年），「風力発電所による近隣住民への影響に関する社会調査」（丸山康司と共著，『風力エネルギー学会論文集』44(4), 2020年）.

相川高信（あいかわたかのぶ）＊第3章
公益財団法人自然エネルギー財団上級研究員.
専門は再生可能エネルギー政策，森林政策.
主要業績：『木質バイオマス事業　林業地域が成功する条件とは何か』（全国林業改良普及協会，2014年），「エネルギーの脱炭素化に果たすバイオエネルギーの役割と課題」（『日本LCA学会誌』18(1), 2022年）.

茅野恒秀（ちのつねひで）＊第4章
信州大学人文学部准教授．専門は環境社会学，社会計画論.
主要業績：『環境政策と環境運動の社会学――自然保護問題における解決過程および政策課題設定メカニズムの中範囲理論』（ハーベスト社，2014年），『環境問題の社会学――環境制御システムの理論と応用』（湯浅陽一と共編著，東信堂，2020年）.

蔵田伸雄（くらたのぶお）＊第5章
北海道大学大学院文学研究院教授．専門は応用倫理学，規範倫理学，分析実存主義.
主要業績：「応用哲学としての環境倫理学――環境プラグマティズムを中心に」（戸田山和久・出口康夫編『応用哲学を学ぶ人のために』世界思想社，2011年），「木は法廷に立てるか――生物を尊重するとはどういうことか」（池田透編『生物という文化――人と生物の多様な関わり』北海道大学出版会，2013年）.

山下英俊（やましたひでとし）＊第6章，第12章
一橋大学大学院経済学研究科准教授．専門は環境・資源経済学．
主要業績：『農家が消える――自然資源経済論からの提言』（寺西俊一・石田信隆と共編著，みすず書房，2018年），『ドイツに学ぶ　地域からのエネルギー転換――再生可能エネルギーと地域の自立』（寺西俊一・石田信隆と共編著，家の光協会，2013年）．

寺林暁良（てらばやしあきら）＊第6章，第7章
北星学園大学文学部専任講師．専門は環境社会学．
主要業績：「人間と自然資源のかかわりを再構築するために」（寺西俊一・石田信隆・山下英俊編『農家が消える――自然資源経済論からの提言』みすず書房，2018年），「地域・協同組織金融機関と再生可能エネルギー」（農林中金総合研究所編『地域・協同組織金融とJA信用事業』全国共同出版，2019年）．

宮内泰介（みやうちたいすけ）＊第7章
北海道大学大学院文学研究院教授．専門は環境社会学．
主要業績：『なぜ環境保全はうまくいかないのか――現場から考える「順応的ガバナンス」の可能性』（編著，新泉社，2013年），『歩く，見る，聞く　人びとの自然再生』（岩波新書，2017年）．

高橋真樹（たかはしまさき）＊第9章
ノンフィクションライター．専門はサステナブル，環境，エネルギー等．
主要著作：『日本のSDGs――それってほんとにサステナブル？』（大月書店，2021年），『こども気候変動アクション30――未来のためにできること』（かもがわ出版，2022年）．

角　一典（かど　かずのり）＊第10章
北海道教育大学旭川校教授．専門は政治社会学，地域社会学．
主要業績：『「政府の失敗」の社会学――整備新幹線建設と旧国鉄長期債務問題』（舩橋晴俊・湯浅陽一・水澤弘光と共著，ハーベスト社，2001年），「環境制御システム論による過程分析の可能性――戦後日本の河川行政と環境制御システムの変容過程」（茅野恒秀・湯浅陽一編『環境問題の社会学――環境制御システムの理論と応用』東信堂，2020年）．

山本信次（やまもとしんじ）＊第11章
岩手大学農学部教授．専門は森林政策学，環境社会学，自然資源管理論．
主要業績：「原子力災害による被害の不可視性と環境社会学の役割――『農的営み』の被害の可視化に向けて」（『環境社会学研究』25，2019年），『森林ボランティア論』（編著，日本林業調査会，2003年）．

佐藤恵利（さとうえり）＊第11章
元岩手大学農学部．専門は自然資源管理論．
主要業績：「北上市口内町における薪利用の現状と課題」（山本信次と共著，『東北森林科学会誌』21(2)，2016年）．

小笠原 碧（おがさわらみどり）＊第11章
元岩手大学農学部．専門は自然資源管理論．
主要業績：「果樹生産地域における薪利用の実態と今後の利用可能性――青森県五所川原市七和地区を事例として」（山本信次と共著，『東北森科学会誌』22(2)，2017年）．

村上 唯（むらかみゆい）＊第11章
元岩手大学農学部．専門は自然資源管理論．
主要業績：「森林組合による都市部への薪販売の現状と意義――葛巻町森林組合を事例として」（山本信次・髙田乃倫予と共著，『岩手大学農学部演習林報告』50，2019年）．

髙田乃倫予（たかだのりよ）＊第11章
岩手大学農学部助教．専門は森林政策学．
主要業績：「林業集落排水事業からみた山村の生活基盤整備政策の現状――全国市町村の動向と富山県南砺市の事例」（永田信・山岸健一と共著，『林業経済』74(6)，2021年）．

古屋将太（ふるやしょうた）＊第13章
特定非営利活動法人環境エネルギー政策研究所研究員．
専門はコミュニティエネルギー，環境社会学．
主要業績：『コミュニティ発電所――原発なくてもいいかもよ？』（ポプラ社，2013年），『コミュニティパワー――エネルギーで地域を豊かにする』（共著，飯田哲也・環境エネルギー政策研究所編，学芸出版社，2014年）．

青木聡子（あおきそうこ）＊第14章
名古屋大学大学院環境学研究科准教授．専門は環境社会学，社会運動論．
主要業績：『ドイツにおける原子力施設反対運動の展開――環境志向型社会へのイニシアティヴ』（ミネルヴァ書房，2013年），『問いからはじめる社会運動論』（濱西栄司・鈴木彩加・中根多恵・小杉亮子と共著，有斐閣，2020年）．

西村健佑（にしむらけんすけ）＊第15章
調査会社 Umewerlin UG 代表．専門はドイツ，エネルギービジネス，地方創生．
主要著作：『進化するエネルギービジネス――ポストFIT時代のドイツ』（村上敦・滝川薫・梶村良太郎・池田憲昭と共著，新農林社，2018年），『海外キャリアのつくり方――ドイツ・エネルギーから社会を変える仕事とは？』（梶村良太郎・永井宏治・金田真聡・村上敦と共著，いしずえ，2017年）．

三上直之（みかみなおゆき）＊第16章
北海道大学高等教育推進機構准教授．専門は環境社会学，科学技術社会論．
主要業績：『リスク社会における市民参加』（八木絵香と共編著，放送大学教育振興会，2021年），『地域環境の再生と円卓会議――東京湾三番瀬を事例として』（日本評論社，2009年）．

文献一覧

◎序章

丸山康司［2017］「再生可能エネルギーの導入に伴う『被害』と『利益』の社会的制御——東京都八丈島の地熱発電事業計画における取り組みを中心に」，宮内泰介編『どうすれば環境保全はうまくいくのか——現場から考える「順応的ガバナンス」の進め方』新泉社，59–84頁．

IEA (International Energy Agency) [2013], "Expert group summary on recommended practices," IEA Wind RP14 (IEA Wind Task 28: Social acceptance of wind energy projects), (http://www.socialacceptance.ch/images/RP_14_Social_Acceptance_FINAL.pdf) [accessed on 3 January 2022].

Rittel, Horst W. J. and Melvin M. Webber [1973], "Dilemmas in a general theory of planning," *Policy Sciences*, 4 (2): 155–169.

Warren, Charles R. and Malcolm McFadyen [2010], "Does community ownership affect public attitudes to wind energy? A case study from south-west Scotland," *Land Use Policy*, 27(2): 204–213.

Wüstenhagen, Rolf, Maarten Wolsink and Mary Jean Bürer [2007], "Social acceptance of renewable energy innovation: An introduction to the concept," *Energy Policy*, 35: 2683–2691.

◎第1章

環境エネルギー政策研究所［2021］「【速報】国内の2020年度の自然エネルギー電力の割合と導入状況」（https://www.isep.or.jp/archives/library/13427/）［アクセス：2021年12月12日］．

環境省［2020］「太陽光発電の環境配慮ガイドライン」（https://www.env.go.jp/press/107899.html）［アクセス：2021年6月18日］．

環境省［2021］「地球温暖化対策の推進に関する法律の一部を改正する法律案の閣議決定について」（http://www.env.go.jp/press/109218.html）［アクセス：2021年12月12日］．

経済産業省［2019］「新エネルギー発電設備事故対応・構造強度ワーキンググループ中間報告」（https://www.meti.go.jp/shingikai/sankoshin/hoan_shohi/denryoku_anzen/newenergy_hatsuden_wg/pdf/20191119_report.pdf）［アクセス：2021年12月12日］．

資源エネルギー庁［2021］「固定価格買取制度　情報公開用ウェブサイト」（https://www.fit-portal.go.jp/PublicInfoSummary）［アクセス：2021年12月12日］.
自然エネルギー人材・情報バンク［2020］「太陽光発電施設設置に係る市町村取組状況等調査結果」（https://database.shin-ene.net/archives/law/1651/）［アクセス：2021年12月12日］.
内藤悟［2019］「太陽光発電設備をめぐる地域における行政実務の現状と課題」，『論究ジュリスト』28: 70–76.
藤吉一憲［2021］「再生可能エネルギー条例の制定過程」名古屋大学大学院環境学研究科修士論文.
IEA (International Energy Agency) [2020], "World Energy Outlook 2020. Report extract outlook for electricity," (https://www.iea.org/reports/world-energy-outlook-2020/outlook-for-electricity) [accessed on 12 December 2021].

◎ 第2章

海洋産業研究会［2015］「洋上風力発電等の漁業協調の在り方に関する提言《第2版》――着床式および浮体式洋上ウィンドファームの漁業協調メニュー」（https://www.rioe.or.jp/2015teigen.pdf）［アクセス：2020年9月7日］.
風力発電施設から発生する騒音等の評価手法に関する検討会［2016］「風力発電施設から発生する騒音等への対応について」，環境省ウェブサイト（https://www.env.go.jp/air/noise/wpg/01_161125_huusyasouon_report.pdf）［アクセス：2021年5月31日］.
本巣芽美［2016］『風力発電の社会的受容』ナカニシヤ出版.
本巣芽美・丸山康司［2020］「風力発電所による近隣住民への影響に関する社会調査」，『風力エネルギー』44(4): 39–46.
American Wind Energy Association and Canadian Wind Energy Association [2009], "Wind turbine sound and health effects: an expert panel review," (https://canwea.ca/pdf/talkwind/Wind_Turbine_Sound_and_Health_Effects.pdf) [accessed on 31 May 2021].
Hattam, Caroline, Tara Hooper and Nicola Beaumont [2015], *Public Perceptions of Offshore Wind Farms,The Crown Estate*, London: The Crown Estate (https://www.offshorewind-industry.com/sites/default/files/public_perceptions_the_crown_estate.pdf) [accessed on 31 May 2021].
Hoen, Ben, Jeremy Firestone, Joseph Rand, Debi Elliot, Gundula Hübner, Johannes Pohl, Ryan Wiser, Eric Lantz, T. Ryan Haac and Ken Kaliski [2019], "Attitudes of U.S. Wind Turbine Neighbors: Analysis of a Nationalwide Survey," *Energy Policy*, 134: 1–11.

Hübner, Gundul, Johannes Pohl, Ben Hoen, Jeremy Firestone, Joseph Rand, Debi Elliott and Ryan Haac [2019], "Monitoring annoyance and stress effects of wind turbines on nearby residents: A comparison of U.S. and European samples," *Environment International*, 132(3): 1–9.

Motosu, Memi and Yasushi Maruyama [2016], "Local acceptance by people with unvoiced opinions living close to a wind farm: A case study from Japan," *Energy Policy*, 91: 362–370.

Pierpont, Nina [2009], *Wind turbine syndrome: a report on a natural experiment*, Santa fe, New Mexico: K-Selected Books.

Sustainable Energy Ireland [2003], "Attitudes Towards The Development of Wind Farms in Ireland," (https://mosart.ie/wp-content/uploads/2016/02/Attitudes-Towards-Wind-Farm-Development-Ireland.pdf) [accessed on 10 November 2021].

Wilhelmsson, Dan, Torleif Malm and Marcus C. Öhman [2006], "The influence of offshore wind power on demersal fish," *ICES Journal of Marine Science*, 63(5): 775–784.

◎第3章

相川高信［2012］「持続可能なバイオマス利用のための3原則」，三菱UFJリサーチ＆コンサルティング ウェブサイト（https://www.murc.jp/report/rc/column/search_now/sn120417/）［アクセス：2021年11月10日］.

相川高信［2020］「バイオエネルギー熱利用の戦略――産業部門での転換を中心として」，『太陽エネルギー』46(5): 24–30.

相川高信［2021］「木質バイオマス活用と市町村」，柿澤宏昭編『自治体の森林戦略』日本林業調査会，209–222頁.

FoE Japan［2020］「見解：バイオマス発電は『カーボン・ニュートラル（炭素中立）』ではない」（https://www.foejapan.org/forest/biofuel/201111.html）［アクセス：2021年11月10日］.

熊崎実編［2016］『熱電併給ではじめる木質バイオマスエネルギー発電』日刊工業新聞社.

佐藤政宗［2018］「国内の木質バイオマス発電の動向と今後」，『森林科学』83: 12–15.

自然エネルギー財団［2019］「地域型木質バイオエネルギー発電に関するFiT制度見直しの提言」（https://www.renewable-ei.org/pdfdownload/activities/BioFiTProposal_JP_201910.pdf）［アクセス：2021年11月10日］.

田中淳夫［2013］「木質バイオマス発電は林業を救う？それとも破壊する？」，Yahoo! JAPANニュース（https://news.yahoo.co.jp/byline/tanakaatsuo/20131202-00030258/）［アクセス：2021年11月10日］.

千葉恒久［2013］『再生可能エネルギーが社会を変える――市民が起こしたドイツのエネル

ギー革命』現代人文社.

Goh, Chun Sheng, Takanobu Aikawa, Amanda Ahl, Kanae Ito, Chihiro Kayo, Yasunori Kikuchi, Yasuo Takahashi, Takaaki Furubayashi, Toshihiko Nakata, Yuichiro Kanematsu, Osamu Saito and Yoshiki Yamagata [2020], "Rethinking sustainable bioenergy development in Japan: decentralised system supported by local forestry biomass," *Sustainability Science*, 15(5): 1461–1471.

IEA (International Energy Agency) [2021], "Net Zero by 2050: A Roadmap for the Global Energy Sector," (https://iea.blob.core.windows.net/assets/deebef5d-0c34-4539-9d0c-10b13d840027/NetZeroby2050-ARoadmapfortheGlobalEnergySector_CORR.pdf) [accessed on 13 December 2021].

Thrän, Daniela, Kay Schaubach, Stefan Majer and Thomas Horschig [2020], "Governance of sustainability in the German biogas sector: adaptive management of the Renewable Energy Act between agriculture and the energy sector," *Energy, Sustainability and Society*, 10(3).

◎第4章

相沢武雄［1967］『我が郷土・その限りなき発展のために』信毎書籍印刷出版部.

浦山佳恵［2007］「霧ヶ峰高原の山麓集落による高原資源の利用と生業の変遷――近世から近代を対象に」,『長野県環境保全研究所研究報告』3: 71–78.

四賀村誌編纂委員会［1985］『諏訪四賀村誌』四賀村誌刊行会.

須賀丈・岡本透・丑丸敦史［2019］『草地と日本人――縄文人からつづく草地利用と生態系』増補版, 築地書館.

諏訪教育会編［1986］『諏訪の近現代史』諏訪教育会.

諏訪市教育委員会［1971］『霧ヶ峰の植物』諏訪市教育委員会.

茅野恒秀［2020］「集落はなぜ共有地をメガソーラー事業に供する意思決定を行ったのか――霧ヶ峰麓の環境史・開発史からの考察」,『信州大学人文科学論集』7(2): 99–123.

古谷健司［2013］『財産区のガバナンス』日本林業調査会.

林野庁［1959］『部落有林実態調査報告書 11　私法人の形態をとるもの』林野庁.

◎第5章

風間健太郎［2018］「風力発電が鳥類に及ぼす影響」,『山階鳥研NEWS』276: 2–3.

蔵田伸雄［2015］「潜在的被害者の視点から見たリスク評価」,『倫理学年報』64: 80–84.

資源エネルギー庁［2020］「風力発電について」(https://www.meti.go.jp/shingikai/santeii/

pdf/063_02_00.pdf)［アクセス：2021年6月26日］.
新電力ネット［2021］「石油価格の推移」(https://pps-net.org/statistics/coal7/)［アクセス：2021年6月26日］.
本巣芽美［2016］『風力発電の社会的受容』ナカニシヤ出版.
丸山康司［2014］『再生可能エネルギーの社会化——社会的受容性から問いなおす』有斐閣.
Starr, Chauncey [1969], "Social Benefit versus Technological Risk," *Science*, 165(3899): 1232–1238.

◎ 第6章

髙橋寿一［2016］『再生可能エネルギーと国土利用——事業者・自治体・土地所有者間の法制度と運用』勁草書房.
寺西俊一・石田信隆・山下英俊編［2013］『ドイツに学ぶ　地域からのエネルギー転換——再生可能エネルギーと地域の自立』家の光協会.
寺林暁良［2017］「ドイツにおけるエネルギー協同組合の新展開」,『ドイツ研究』51: 109–116.
山下英俊・渡辺重夫［2018］「再生可能エネルギーの市場化と地域貢献をめぐる課題——ドイツの市民風力発電事業を事例として」,『環境と公害』48(1): 28–32.
AEE (Die Agentur für Erneuerbare Energien) [2021], "Neue Studie zeigt: Bürgerenergie bleibt zentrale Säule der Energiewende," (https://www.unendlich-viel-energie.de/studie-buergerenergie-bleibt-zentrale-saeule-der-energiewende) [accessed on 10 November 2021].
BMWi (Federal Ministry for Economic Affairs and Energy) [2020], "Renewable energy sources in figures: National and International Development, 2019," (https://www.bmwi.de/Redaktion/EN/Publikationen/Energie/renewable-energy-sources-in-figures.pdf?__blob=publicationFile&v=3) [accessed on 10 November 2021].
DGRV (Deutscher Genossenschafts- und Raiffeisenverband) [2015], "Energiegenossenschaften: Ergebnisse der DGRV-Jahresumfrage (zum 31.12.2014)," (https://www.genossenschaften.de/sites/default/files/DGRV-Jahresumfrage_2015.pdf) [accessed on 24 May 2016].
DGRV [2020], "Energiegenossenschaften 2020: Jahresumfrage des DGRV," (https://www.dgrv.de/wp-content/uploads/2020/07/20200701_DGRV_Umfrage_Energiegenossen-schaften_2020-1.pdf) [accessed on 5 January 2021].
Kahla, Franziska, Lars Holstenkamp, Jakob Müller und Heinrich Degenhart [2017], "Entwick-

lung und Stand von Bürgerenergiegesellschaften und Energiegenossenschaften in Deutschland," *Arbeitspapierreihe Wirtschaft & Recht*, 27, Leuphana Universität Lüneburg.

Klaus Novy Institut [2011], "Marktakteure Erneuerbare Energien - Anlagen. In der Stromerzeugung."

trend:research [2017], "Eigentümerstruktur: Erneuerbare Energien," (https://www.trendresearch.de/studien/20-01174.pdf?079581158c65184c682cca801dff295a) [accessed on 10 November 2021].

◎第7章

寺林暁良［2019］「英国におけるエネルギー協同組合の動向と役割――スコットランドの3事例をもとに」,『農林金融』72(2): 15–33.

Bryden, John and Charles Geisler [2007], "Community-based land reform: Lessons from Scotland," *Land Use Policy*, 24(1): 24–34.

Dingwall Wind Co-operative [2013], "Dingwall Wind Co-op Share Offer Document: September 2013," (http://dingwallwind.org.uk/files/2013/09/Dingwall-Wind-Co-op-Share-Offer.pdf) [accessed on 1 October 2020].

DTAS (Development Trusts Association Scotland) [2019], "Members Survey 2019."

Education Scotland [2016], "Huntlty and District Development Trust Review," (https://education.gov.scot/Documents/HuntlyandDistrictDevelopmentTrustReview310516.pdf) [accessed on 1 October 2020].

Education Scotland and Development Trust Association Scotland [2018], "Measuring Development Trust Impact" (https://dtascot.org.uk/sites/default/files/Summary%20report%20t3.pdf) [accessed on 1 October 2020].

Energy Saving Trust [2021], "Community and Locally Owned Renewable Energy in Scotland: 2020 Report," (https://energysavingtrust.org.uk/wp-content/uploads/2021/03/Community-and-locally-owned-renewable-energy-in-Scotland-2020-report.pdf) [accessed on 23 October 2021].

Haggett, Claire, Emily Creamer, Jelte Harnmeijer, Matthew Parsons and Elizabeth Bomberg [2013], "Community energy in Scotland: the social factors for success," University of Edinburgh.

HDDT (Huntly and District Development Trust) [2018], "Huntly and District Development Trust Group Company Limited by Guarantee Financial Statements 31 March 2018," (https://huntlydevelopmenttrust.org) [accessed on 1 October 2020].

HDDT [2020], "Huntly and District Development Trust Group Company Limited by Guarantee Financial Statements 31 March 2020," (https://huntlydevelopmenttrust.org) [accessed on 1 October 2020].

Henderson, James, Philip Revell and Oliver Escobar [2018], "Transforming communities? Exploring the roles of community anchor organisations in public service reform, local democracy, community resilience and social change," What Works Scotland (http://whatworksscotland.ac.uk/wp-content/uploads/2018/05/WWSExploringTheRolesOfCommunityAnchorOrganisationsInPublicServiceReform.pdf) [accessed on 1 October 2020].

Hielscher, Sabine [2013], "Isle of Gigha Heritage Trust: An Innovation History," Project Report, University of Sussex and University of East Anglia (http://sro.sussex.ac.uk/id/eprint/53353/1/HielscherIsleofGighaProjectReport.pdf) [accessed on 1 October 2020].

Hindle, Robert, Steven Thomson, S. Skerratt, R. McMorran and Paula Onea [2014], "Economic Contribution of Estates in Scotland: An Economic Assessment for Scottish Land & Estates," (https://www.scottishlandandestates.co.uk/sites/default/files/library/Economic%20Contribution%20of%20Estates%20in%20Scotland.pdf) [accessed on 1 October 2020].

Hoffman, Matthew [2013], "Why community ownership? Understanding land reform in Scotland," *Land Use Policy*, 31: 289–297.

Kruijsen, Joanneke Hélène Joséphine, Alan Owen and Donald Murray Gordon Boyd [2014], "Community Sustainability Plans to enable change towards sustainable practice: a Scottish case study," *Local Environment*, 19(7): 748–766.

Satsangi, Madhu [2007], "Land tenure change and rural housing in Scotland," *Scottish Geographical Journal*, 123(1): 33–47.

Scottish Government [2017], "Scottish Energy Strategy: The Future of Energy in Scotland," (https://www.gov.scot/publications/scottish-energy-strategy-future-energy-scotland-9781788515276/) [accessed on 28 December 2020].

Scottish Government [2019], "Scottish Government Good Practice Principles for Community Benefits from Onshore Renewable Energy Developments," (https://www.gov.scot/publications/scottish-government-good-practice-principles-community-benefits-onshore-renewable-energy-developments/) [accessed on 28 December 2020].

Scottish Government [2021], "Energy Statistics for Scotland Q2 2021 Figures," (https://www.gov.scot/binaries/content/documents/govscot/publications/statistics/2018/10/quarterly-energy-statistics-bulletins/documents/energy-statistics-summary---september-2021/energy-statistics-summary---september-2021/govscot%3Adocument/Scotland%2BEnerg

y%2BStats%2BQ2%2B2021.pdf) [accessed on 23 October 2021].

Slee, Bill [2020], "Social innovation in community energy in Scotland: Institutional form and sustainability outcomes," *Global Transitions*, 2: 157–166.

Slee, Bill and Jelte Harnmeijer [2017], "Community Renewables: Balancing Optimism with Reality," in Geoffrey Wood and Keith Baker eds., *A Critical Review of Scottish Renewable and Low Carbon Energy Policy*, London: Palgrave Macmillan, pp. 35–64.

◎ 第8章

高橋真樹［2019］「市民風車として最大のウインドファームが稼働／北海道グリーンファンド」，「全国ご当地エネルギーリポート!」ウェブサイト（https://ameblo.jp/enekeireport/entry-12433153489.html）［アクセス：2021年3月31日］.

辻村英之［2013］『農業を買い支える仕組み——フェア・トレードと産消提携』太田出版.

西城戸誠［2008］『抗いの条件——社会運動の文化的アプローチ』人文書院.

西城戸誠［2021a］「地域社会におけるアクティビズムの多様な『かたち』」，小島聡・西城戸誠・辻英史編『フィールドから考える地域環境——持続可能な地域社会をめざして』第2版，ミネルヴァ書房，31–62頁.

西城戸誠［2021b］「再生可能エネルギー開発と地域社会の受容性」，小島聡・西城戸誠・辻英史編『フィールドから考える地域環境——持続可能な地域社会をめざして』第2版，ミネルヴァ書房，145–167頁.

古沢広祐［2020］『食・農・環境とSDGs——持続可能な社会のトータルビジョン』農山漁村文化協会.

丸山康司［2017］「再生可能エネルギーの導入に伴う『被害』と『利益』の社会的制御——東京都八丈島の地熱発電事業計画における取り組みを中心に」，宮内泰介編『どうすれば環境保全はうまくいくのか——現場から考える「順応的ガバナンス」の進め方』新泉社，59–84頁.

Illich, Ivan [1973], *Tools for Conviviality*, New York: Harper and Row.（＝2015，『コンヴィヴィアリティのための道具』渡辺京二・渡辺梨佐訳，ちくま学芸文庫.）

◎ 第9章

金田真聡［2016a］「郊外団地を丸ごと省エネ改修（前編）」，『日経アーキテクチャ』ウェブ版（https://xtech.nikkei.com/kn/article/building/column/20150528/701610/052000006/）［アクセス：2021年1月31日］.

金田真聡［2016b］「郊外団地を丸ごと省エネ改修（後編）」，『日経アーキテクチャ』ウェブ版

(https://xtech.nikkei.com/kn/article/building/column/20150528/701610/060900007/)［アクセス：2021年1月31日］.
西村健佑・梶村良太郎・永井宏治・金田真聡・村上敦［2017］『海外キャリアのつくり方——ドイツ・エネルギーから社会を変える仕事とは?』いしずえ.
村上敦［2014］『キロワットアワー・イズ・マネー——エネルギー価値の創造で人口減少を生き抜く』改訂版，いしずえ.
村上敦［2017］『ドイツのコンパクトシティはなぜ成功するのか——近距離移動が地方都市を活性化する』学芸出版社.

◎第10章

伊東宏城［2001］「自然の断熱材を利用した雪の低コスト貯蔵実験」，『日本雪工学会誌』17(2): 64–65.
NPO北海道自然エネルギー研究会編［2007］『光も風も水も氷も雪もバイオもみんな宝もの——自然エネルギー入門』東洋書店.
角一典［2011］「冷熱エネルギー利用の現状と可能性——北海道沼田町と北海道美唄市の取り組みから」，『環境社会学研究』17: 171–179.
媚山政良［2003］「利雪と穀類の長期貯蔵」，『情報地質』14(2): 106–110.
さくらインターネット［n.d.］「石狩データセンター」(https://datacenter.sakura.ad.jp/location/ishikari/)［アクセス：2021年9月15日］.
北海道教育大学旭川校社会学研究室編［2012］『北海道教育大学旭川校社会学研究室調査報告 vol. 9　冷熱エネルギーによるまちづくりの現状と課題 IV　岩見沢市における取り組み』(https://www.asa.hokkyodai.ac.jp/research/staff/kado/11mokuji.htm)［アクセス：2021年9月15日］.
北海道経済産業局［2012］「COOL ENERGY 5　雪氷熱エネルギー活用事例集 5」(https://www.hkd.meti.go.jp/hokne/c_energy5/ce5.pdf)［アクセス：2021年9月15日］.
やまがたゆきみらい推進機構・山形県村山総合支庁［2014］「雪氷熱エネルギー活用事例集」(http://yamagatayukimirai.web.fc2.com/shiryoushitsu/PDF/sepyo_jirei_h29.pdf)［アクセス：2021年9月15日］.

◎第11章

泉桂子・小田中文哉・大塚生美［2018］「岩手県紫波町における薪利用の実態と今後の利用可能性」，『林業経済研究』64(3): 26–35.
植木達人［2020］「林産業の基本構造と特徴」，青木健太郎・植木達人編『地域林業のす

すめ――林業先進国オーストリアに学ぶ地域資源活用のしくみ』築地書館，第3章第6節，74–76頁.
齋藤暖生［2011］「山村における薪ストーブの普及条件の分析――岩手県西和賀町におけるアンケート調査から」，日本森林学会大会発表データベース（https://www.jstage.jst.go.jp/article/jfsc/122/0/122_0_687/_pdf/-char/ja/）［アクセス：2021年1月13日］.
新穂栄蔵［1986］『ストーブ博物館』北海道大学出版会.
鈴木淳［2013］「家庭生活の変容」，『新技術の社会誌』中公文庫，251–294頁.
田村早苗［2001］「山村の暮らしから考える森と人の関係――雪国における森林利用とその変容」，井上真・宮内泰介編『コモンズの社会学――森・川・海の資源共同管理を考える』新曜社，55–73頁.
深澤光［2001］『薪割り礼賛』創森社.
林野庁［2020］「Ⅳ 林産物」，『森林・林業統計要覧 2020』（https://www.rinya.maff.go.jp/j/kikaku/toukei/attach/pdf/youran_mokuzi2020-11.pdf）［アクセス：2021年1月13日］.

◎第12章

寺西俊一・石田信隆・山下英俊編［2013］『ドイツに学ぶ　地域からのエネルギー転換――再生可能エネルギーと地域の自立』家の光協会.
豊田陽介［2017］「市民・地域共同発電所全国調査報告書2016」，気候ネットワーク ウェブサイト（https://www.kikonet.org/info/publication/citizens-co-owned-renewables-report-2016）［アクセス：2021年9月30日］.
藤井康平・山下英俊［2015］「地域における再生可能エネルギー利用の実態と課題――全国市区町村アンケートの結果から」，『一橋経済学』8(1): 27–61.
藤井康平・山下英俊［2021］「地域における再生可能エネルギー利用の実態と課題――第3回全国市区町村アンケートの結果から」，『一橋経済学』12(1): 1–36.
山下英俊［2014］「再生可能エネルギーによる地域の自立をめざして――日本でこそ『地域からのエネルギー転換』を」，『環境と公害』43(4): 2–7.
山下英俊［2020］「地域に根ざした再生可能エネルギー事業による環境保全の可能性」，『環境技術』49(3): 133–137.
山下英俊・藤井康平［2021］「地域における再生可能エネルギー利用の実態と課題――過去3回の全国市区町村アンケートの結果から」，『一橋経済学』12(1): 67–85.
山下英俊・藤井康平・山下紀明［2018］「地域における再生可能エネルギー利用の実態と課題――第2回全国市区町村アンケートおよび都道府県アンケートの結果から」，『一橋経済学』11(2): 49–95.

和田武・田浦健朗・豊田陽介・伊東真吾［2014］『市民・地域共同発電所のつくり方――みんなが主役の自然エネルギー普及』かもがわ出版.

◎第13章

畦地啓太・堀周太郎・錦澤滋雄・村山武彦［2014］「風力発電事業の計画段階における環境紛争の発生要因」,『エネルギー・資源』35(2): 11–22.

飯田哲也・環境エネルギー政策研究所編［2014］『コミュニティパワー――エネルギーで地域を豊かにする』学芸出版社.

環境省［2019］「風力発電に係る地方公共団体によるゾーニングマニュアル（第1版）」（https://www.env.go.jp/press/105276.html）［アクセス：2021年10月30日］.

菊地直樹［2008］「コウノトリの野生復帰における『野生』」,『環境社会学研究』14: 86–100.

茅野恒秀［2009］「プロジェクト・マネジメントと環境社会学――環境社会学は組織者になれるか，再論」,『環境社会学研究』15: 25–38.

にかほ市［2021］「にかほ市風力発電に係るゾーニング報告書」.

西城戸誠［2015］「再生可能エネルギー事業における内発的発展の両義性――日本版・コミュニティパワーの構築に向けて」，丸山康司・西城戸誠・本巣芽美『再生可能エネルギーのリスクとガバナンス――社会を持続していくための実践』ミネルヴァ書房，211–249頁.

丸山康司［2014］『再生可能エネルギーの社会化――社会的受容性から問いなおす』有斐閣.

Buehring, Joern and Peter C. Bishop [2020], “Foresight and Design: New Support for Strategic Decision Making,” *She Ji: The Journal of Design, Economics, and Innovation*, 6(3): 408–432.

Devine-Wright, Patrick [2005], “Beyond NIMBYism: towards an integrated framework for understanding public perceptions of wind energy,” *Wind Energy*, 8(2): 125–139.

Horváth, Gábor, Miklós Blahó, Adam Egri, Gyorgy Kriska, István Seres and Bruce A. Robertson [2010], “Reducing the Maladaptive Attractiveness of Solar Panels to Polarotactic Insects,” *Conservation Biology*, 24(6): 1644–1653.

Wüstenhagen, Rolf, Maarten Wolsink and Mary Jean Bürer [2007], “Social acceptance of renewable energy innovation: An introduction to the concept,” *Energy Policy*, 35(5): 2683–2691.

◎第14章

寺本剛［2018］「放射性廃棄物と世代間倫理」，吉永明弘・福永真弓編『未来の環境倫理

学――災後から未来を語るメソッド』勁草書房，49–62頁．
丸山康司［2015］「再生可能エネルギーをめぐるリスクと地域資源管理」，丸山康司・西城戸誠・本巣芽美『再生可能エネルギーのリスクとガバナンス――社会を持続していくための実践』ミネルヴァ書房，3–23頁．
Bayerl, Günter und Dirk Maier Hrsg. [2002], *Die Niederlausitz vom 18. Jahrhundert bis heute: Eine gestörte Kulturlandschaft?*, Münster: Waxmann Verlag.
Bischoff, Stefan und Jörg Heidig [2020], "Lausitz Monitor," Görlitz.
Förster, Frank [1990], *Um Lausitzer Braunkohle, 1849–1945*, Bautzen: VEB Domowina-Verlag.
Gürtler, Konrad, Victoria Luh und Johannes Staemmler [2020], "Strukturwandel als Gelegenheit für die Lausitz: Warum dem Anfang noch der Zauber fehlt," *Aus Politik und Zeitgeschichte*, 6-7: 32–39.
Seibert, Holger, Antje Weyh, Oskar Jost, Uwe Sujata, Doris Wiethölter und Jeanette Carstensen [2018], "Die Lausitz: Eine Region im Wandel," *IAB Regional*, 3: 3–63.
Staemmler, Johannes Hrsg. [2021], *Wir machen das schon: Lausitz im Wandel*, Berlin: Ch. Links Verlag.
Staemmler, Johannes, Jana Priemer und Julia Gabler [2020], "Zivilgesellschaft im Strukturwandel: Vereine und Stiftungen in der Lausitz," Institut für transformative Nachhaltigkeitsforschung Brochure.
Wahlström, Mattias, Piotr Kocyba, Michiel De Vydt and Joost de Moor eds. [2019], "Protest for a future: Composition, mobilization and motives of the participants in Fridays For Future climate protests on 15 March, 2019 in 13 European cities," (https://protestinstitut.eu/wp-content/uploads/2019/07/20190709_Protest-for-a-future_GCS-Descriptive-Report.pdf) [accessed on 10 October 2021].

◎第15章

田口理穂［2012］『市民がつくった電力会社――ドイツ・シェーナウの草の根エネルギー革命』大月書店．
BDEW (Bundesverband der Energie- und Wasserwirtschaft) [2021], "Die Energieversorgung 2020 Jahresbericht," (https://www.bdew.de/documents/6851/Jahresbericht_2020_final_Aktualisierte_Fassung_10Mai2021.pdf) [accessed on 1 September 2021].
BNetzA (Bundesnetzagentur) [2021], "Monitoringbericht," (https://www.bundesnetzagentur.de/SharedDocs/Mediathek/Berichte/2020/Monitoringbericht_Energie2020.pdf) [accessed

on 1 September 2021].

Bruns, Elke, Dörte Ohlhorst, Bernd Wenzel und Johann Köppel [2010], *Erneuerbare Energien in Deutschland: Eine Biographie des Innovationsgeschehens*, Berlin: Universitätsverlag der TU Berlin.

Fraunhofer ISE [2021], "Stromgestehungskosten erneuerbare Energien (Juni 2021)," (https://www.ise.fraunhofer.de/content/dam/ise/de/documents/publications/studies/DE2021_ISE_Studie_Stromgestehungskosten_Erneuerbare_Energien.pdf) [accessed on 1 September 2021].

Fray, Martin [2012], "Spielweise für alte Module," *Sonne Wind & Wärme*, 2.

Krause, Florentin, Hartmut Bossel, Karl-Friedrich und Müller-Reißmann [1980], *Energie-Wende: Wachstum und Wohlstand ohne Erdöl und Uran*, Frankfurt am Main: Fischer Verlag.

Moser, Albert [2017], "Erweiterte Verantwortung der Verteilnetzbetreiber," RWTH Aachen, Presentation on 06/08/2017 in Berlin.

SWB (Solar-Wasserstoff-Bayern) [n.d.], "Solar-Hydrogen: the Project in Neunburg vorm Wald," Broschüre der Solar-Wasserstoff-Bayern GmbH.

Wiese, Andreas, Martin Kaltschmitt, Ulrich Fahl und Alfred Voß [1992], "Vergleichende Kostenanalyse einer windtechnischen und photovoltaischen Stromerzeugung," *Elektrizitätswirtschaft*, 91(6): 291–299.

◎第16章

尾内隆之［2019］「エコロジカルな日常生活の可能性——政治による変革，政治の変革」，田村哲樹編『日常生活と政治——国家中心的政治像の再検討』岩波書店，166–190頁．

環境政策対話研究所［2021］「欧州気候市民会議〜脱炭素社会へのくじ引き民主主義の波〜 La Convention Citoyenne pour le Climat: Climate Assembly UK」（https://cdn.goope.jp/61503/210428131110-6088e05e991b5.pdf）［アクセス：2021年12月5日］．

気候市民会議さっぽろ2020実行委員会［2021］「気候市民会議さっぽろ2020最終報告書」（https://eprints.lib.hokudai.ac.jp/dspace/handle/2115/80604）［アクセス：2021年12月5日］．

篠原一編［2012］『討議デモクラシーの挑戦——ミニ・パブリックスが拓く新しい政治』岩波書店．

三上直之［2020a］「気候変動と民主主義——欧州で広がる気候市民会議」，『世界』933:

174–183.

三上直之［2020b］「欧州の市民が議論した『新型コロナと気候変動』」，『科学』90(12): 1087–1093.

三上直之［2022］「気候民主主義へ——地域発・若者発の転換」，『世界』952: 175–185.

柳瀬昇［2015］『熟慮と討議の民主主義理論——直接民主制は代議制を乗り越えられるか』ミネルヴァ書房.

Climate Assembly UK [2020], "The Path to Net Zero: Climate Assembly UK Full Report," (https://www.climateassembly.uk/report/read/final-report.pdf) [accessed on 5 December 2021].

Convention Citoyenne pour le Climat [2020], "Les Propositions de la Convention Citoyenne pour le Climat," (https://propositions.conventioncitoyennepourleclimat.fr/le-rapport-final/) [accessed on 5 December 2021].

Elstub, Stephen and Oliver Escobar eds. [2019], *Handbook of Democratic Innovation and Governance*, Cheltenham: Edward Elgar.

Mikami, Naoyuki [2015], "Public Participation in Decision-Making on Energy Policy: The Case of the 'National Discussion' After the Fukushima Accident," in Yuko Fujigaki ed., *Lessons from Fukushima: Japanese Case Studies on Science, Technology and Society*, Cham: Springer, pp. 87–122.

◎終章

宇沢弘文［2000］『社会的共通資本』岩波新書.